主　编：陈　恒

光启文库

光启随笔

光启文库

光启随笔　　光启讲坛
光启学术　　光启读本
光启通识　　光启译丛
光启口述　　光启青年

主　编：陈　恒

学术支持：上海师范大学光启国际学者中心

策划统筹：鲍静静
责任编辑：周小薇
装帧设计：纸想工作室

走出天下秩序

近代中国变革的思想视角

萧功秦 著

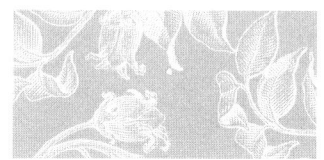

图书在版编目（CIP）数据

走出天下秩序：近代中国变革的思想视角 / 萧功秦著. —北京：商务印书馆，2022（2022.7重印）
（光启文库）
ISBN 978-7-100-19905-6

Ⅰ.①走… Ⅱ.①萧… Ⅲ.①中国历史 — 近代史 — 研究 Ⅳ.①K250.7

中国版本图书馆 CIP 数据核字（2021）第088533号

权利保留，侵权必究。

走 出 天 下 秩 序
近代中国变革的思想视角

萧功秦 著

商 务 印 书 馆 出 版
（北京王府井大街36号 邮政编码 100710）
商 务 印 书 馆 发 行
山东临沂新华印刷物流
集 团 有 限 责 任 公 司 印 刷
ISBN 978-7-100-19905-6

2022年2月第1版　开本 889×1194　1/32
2022年7月第3次印刷　印张 11½

定价：68.00元

出版前言

梁启超在《清代学术概论》中认为,"自明徐光启、李之藻等广译算学、天文、水利诸书,为欧籍入中国之始,前清学术,颇蒙其影响"。梁任公把以徐光启(1562—1633)为代表追求"西学"的学术思潮,看作中国近代思想的开端。自徐光启以降数代学人,立足中华文化,承续学术传统,致力中西交流,展开文明互鉴,在江南地区开创出海纳百川的新局面,也遥遥开启了上海作为近现代东西交流、学术出版的中心地位。有鉴于此,我们秉承徐光启的精神遗产,发扬其经世致用、开放交流的学术理念,创设"光启文库"。

文库分光启随笔、光启学术、光启通识、光启讲坛、光启读本、光启译丛、光启口述、光启青年等系列。文库致力于构筑优秀学术人才集聚的高地、思想自由交流碰撞的平台,展示当代学术研究的成果,大力引介国外学术精品。如此,我们既可在自身文化中汲取养分,又能以高水准的海外成果丰富中华文化的内涵。

文库推重"经世致用",即注重文化的学术性和实用性,既促进学术价值的彰显,又推动现实关怀的呈现。文库以学术为第一要义,所选著作务求思想深刻、视角新颖、学养深厚;同时也注重实用,收录学术性与普及性皆佳、研究性与教学性兼顾、传承性与创新性俱备的优秀著作。以此,关注并回应重要时代议题与思想命题,推动中华文化的创造性转化与创新性发展,在与国外学术的交流对话中,努力打造和呈现具有中国特色的价值观念、思想文化及话语体系，为夯实文化软实力的根基贡献绵薄之力。

文库推动"东西交流"，即注重文化的引入与输出，促进双向的碰撞与沟通，既借鉴西方文化，也传播中国声音，并希冀在交流中催生更绚烂的精神成果。文库着力收录西方古今智慧经典和学术前沿成果，推动其在国内的译介与出版；同时也致力收录汉语世界优秀专著，促进其影响力的提升，发挥更大的文化效用；此外，还将整理汇编海内外学者具有学术性、思想性的随笔、讲演、访谈等，建构思想操练和精神对话的空间。

我们深知，无论是推动文化的经世致用，还是促进思想的东西交流，本文库所能贡献的仅为涓埃之力。但若能成为一脉细流，汇入中华文化发展与复兴的时代潮流，便正是秉承光启精神，不负历史使命之职。

文库创建伊始，事务千头万绪，未来也任重道远。本文库涵盖文学、历史、哲学、艺术、宗教、民俗等诸多人文学科，需要不同学科背景的学者通力合作。本文库综合著、译、编于一体，也需要多方助力协调。总之，文库的顺利推进绝非仅靠一己之力所能达成，实需相关机构、学者的鼎力襄助。谨此就教于大方之家，并致诚挚谢意。

清代学者阮元曾高度评价徐光启的贡献，"自利玛窦东来，得其天文数学之传者，光启为最深。……近今言甄明西学者，必称光启"。追慕先贤，知往鉴今，希望通过"光启文库"的工作，搭建东西文化会通的坚实平台，矗起当代中国学术高原的瞩目高峰，以学术的方式阐释中国、理解世界，让阅读与思索弥漫于我们的精神家园。

上海师范大学光启国际学者中心

2020年3月

作者小序

正如一位哲人所说的那样，理解一个时代的人们如何思考问题，比理解这个时代的人们如何行动更为重要。

这是因为，自从人类进入文明时代以来，人的行动就是受主体的思想支配的。历史行动者的思想、观念与思维方式，对其本人的行为选择的影响，就是本书考察近代中国百年史的一个基本视角。

全书贯穿的一个基本线索是，近代以来不同时期的当政者、士绅知识分子、革命精英与变革者，在面对西方挑战与危机时代的困境时，他们固有的文化定见、思想理念、特定的思维模式，以及主体性的浪漫主义的激情等，总是会自觉或不自觉地支配、影响他们所做出的历史性行动与选择。

而这些行动的结果，又会持续地反作用于历史行动者，使他们在特定的思想气氛的影响下，产生新的"应对之道"，人们从这种"应对之道"中，既可以看到传统思想观念的顽强的惯性力量，也会发现新思潮的朴素粗放的活力。无论如何，思想、浪漫幻觉，甚至"非理性"激情，影响或支配人们的行动，始终是历史考察中不可忽视的问题。

由于思想观念的参与，我们可以发现，历史上的困境、环境的压力与外来的挑战，行动者运用固有的思想理念对挑战与压力的理解，以及他们在这些思想理念支配下采取的历史行动与选择，这些因素之间，就会形成持续的相互作用，思想与行动之间的这种互动关系，也就构成了人类文明历史演变的基本轨迹。

从这一思想视角考察中国百年史，是有助于人们从更深层次上理解思想观念在历史上的作用的，也有助于人们从总体上重新把握近代以来的中国大历史的丰富复杂的脉络。

当然，本书也特别注意到文化、思想、理念背后的社会结构因素。本书特别考察了中西文明结构的不同。作者认为，中国前现代的"非细胞体"的"墙砖型"的社会结构，影响了中国人对外部世界的观念，以及应对西方挑战的方式。

本书还指出，极端保守的儒家官学文化，往往会在钟摆效应的作用下，形成西化浪漫主义、激进主义与"建构理性主义"的温床，并由此而产生"观念的陷阱"。所有这些复杂丰富的思想流变，都会对行动者的历史性选择产生影响。而这些都构成了中国近代思想史与政治史的丰富内容。

由于文化与思想的惯性，这些在历史上影响人们行动选择的思想观念，仍然对后世的人们有影响，正因为如此，当代人也可以从历史中人的思想与行动的互动关系中，获得必要启示。

在分析历史的过程中，作者还进而指出，历史启迪我们，"有方向感的经验主义"与常识理性，是避免形形色色的激进主义、浪漫主义、教条主义与保守主义的合理思想选择。

本书中的各篇文章，以不同的篇幅，或详或略地关注到了鸦片战争、英法联军战争、戊戌变法、清末变革与立宪、辛亥革命、民初政争、五四思想运动等重大历史事件，作者力求通过对这些历史重大事件的分析，呈示出清中期到20世纪初期的中国百年史的演变脉络与宏观大势。

实际上，这些内容合起来，也构成了作者对近代以来中国变革史的一种解释框架。

目录

作者小序　　　　　　　　　　　　　　　　3

从华夏文明到晚清变革

走出天下秩序　　　　　　　　　　　　　3
从千年史看百年史　　　　　　　　　　　31
戊戌变法与中国早期政治激进主义　　　　75
近代中国人对西方立宪政治的文化误读　　108
清末新政与中国开明专制道路的失败　　　129
从变革的视角梳理晚清七十年历史　　　　145

20世纪初的思想新潮

辛亥革命民主思潮的观念考察　　　　　　165
新文化运动与观念型知识分子的兴起　　　184
五四文化浪漫主义的历史影响　　　　　　199
知识分子如何避免观念的陷阱　　　　　　205
儒家的乌托邦传统与近代激进主义　　　　221

严复对近代激进改革观的批判　　　　　　　229
"严复悖论"与中国现代化的困境　　　　　　252

中外文明融合的回顾与前瞻

文化失范与现代化的困厄　　　　　　　　　283
近代中国变革的三种两难矛盾　　　　　　　290
中华帝国文明为什么近代受挫于欧洲文明　　310
从20世纪革命到改革时代　　　　　　　　　328
传统文化可以给我们什么精神资源　　　　　343

从华夏文明到晚清变革

走出天下秩序
——百年中国文化心态演变的历史考察

华夷等级秩序与古代中国人眼中的世界

我们祖先创造的华夏文化,是在远离古希腊、古罗马、古埃及与古巴比伦等古代文明的黄河流域发展起来的。华夏先民活动的范围,又处于相对独立、相对隔绝的地理环境中,难以与世界其他地区的早期先进文明进行双向的文化信息交流。华夏文化是在没有广泛吸收其他古代异质文化信息和文化营养的特殊历史条件下,以独创的方式萌发并成熟起来的。[1] 农耕自然经济的自给自足性,东方地理环境与西方世界的远距离而形成的相对独立性、

---

[1] 必须指出的是,在华夏文化进入东汉以后,由于佛教的传播,中外文化交流出现了一些新的机会,但那时中国传统文化的基本格调和内部规范早已定型并成熟了。参见拙著《儒家文化的困境》第一章第一节"华夏文化圈与外部世界",四川人民出版社,1986年,第4页。

封闭性和内向性,以及其他各种因素的配合,导致华夏文明具有早熟性的特点。这种文化早熟性,对于华夏民族的文化心理、价值观念与思维方法,无疑具有深刻的影响。

由于华夏先民是在与其他先进古代文明相隔绝的特殊条件下创造和发展自己的文化的,那么,古代先民就不可能具有世界各种异质文化多元并存这样一种文化心理。华夏先民们在主观上从来未曾意识到古希腊、古罗马、古埃及、美索不达米亚这些古代先进文明,作为与华夏文明不同的异源的文化实体的存在。[1] 他们自然只能把自己的华夏文化以及这种文化包含的价值规范,作为普天之下文明存在的唯一形态。

正因为如此,中国古人没有分属于不同文明的国家多元并存的国际观念,而只有天下观念,在华夏人看来,天下是九州以内的华夏人与这一分野之外的"夷狄"共同构成的。既然先民们享有的文明,也即后来儒家所称的"礼乐教化"的价值规范,是九州分野以内的华夏人所独有的,那么,他们自然处于天下的中心,相对于四周的"蛮夷"来说,他们便是"中国"。《说文解字》称"夏者,中国之人也",正是华夏先人自我中心意识的明确阐释。而根据中国的方位关系,周边的民族则被称为"北狄""东夷""南蛮"与"西戎"。这些用语正是华夏人由于不能与其他先进文明相邻而产生的自我中心的文化优越意识的自然流露。

---

[1] 参见拙著《儒家文化的困境》,第10页。无论在《山海经》《尚书》《禹贡》《春秋》《左传》和其他儒家早期经典的记载中,我们都很难发现古代中国人有过对世界上不同文明共同体多元并存的观念的痕迹。

除了上述观念外，华夏人还具有另外一种文化观念，即把文明由内向外辐射传播，视为文化传播的唯一形式的观念。这种观念集中表现在孟子所概括的"吾闻用夏变夷者，未闻变于夷者也"。在古代中国，先民确实没有文明彼此可以互鉴与多元文明可以相互交融的观念。

古代华夏人的中心辐射型的文化传播模式，具有两重性。就积极方面而言，它成功地同化和融合了僻远落后的"四夷"部族，并不断地强化了古代华夏人的文化优越意识心理。在漫长的历史岁月中，这种文化优越感与自信，有助于华夏民族的内部凝聚，有利于中国传统文化始终保持着一种从未间断的历史连续性与稳定性。

另一方面，从消极方面而言，应看到，这种中心辐射型的文化传播观念，把九州以外的其他民族仅视为华夏文化的单方面的受赐者，从而也易于导致形成自我中心意识，以及对来自其他民族的文化信息的漠视态度，而且会进一步助长"以尊临卑"的文化定见。这些文化心理特点，对中国传统文化以后的发展，尤其是传统文化在遭受近代西方文化冲击之后的历史命运，无疑具有消极影响。

中央集权的郡县制封建王朝自秦汉建立以后，历经隋、唐、宋、元、明、清各代，中央集权制度不断强化，中央朝廷与藩邦各国之间，便以华夷等级观念为基础，建立起一种特殊的"国际"关系，即"华夷"等级秩序。儒家的天下观念，把上尊下卑的等级观念与价值态度投射到中国与外国的关系领域，从而形成这种以中华帝国为中心的、以尊临卑的华夷等级秩序。中国与"四夷"的关系，俨然成为"君臣等级关系"。根据这种华夷等级秩序，中国的历朝皇帝与士大夫，把向四夷藩邦属国传播高度繁荣的儒家文化，视为儒家"加惠四海、视民同仁"的道义上的责任。而"夷狄"诸国不远万里，万邦来朝的兴隆场面，也足以宣扬中国王朝的统治威力。这种状况和精神气氛，反过来自然也有利于帝国的统治者巩固自己在百姓中的权威性。

另一方面，长期以来慕尚儒家礼乐教化的藩邦属国的统治者，也乐于充当恭谦臣仆的角色，并以向中央王朝进贡礼品的代价，获得与中原王朝互通贸易的机会，并在这种华夷君臣等级秩序下，获得汲取儒家先进文化的机会。中华帝国与周边民族之间，就形成这样一种以华夷秩序为基础的互动关系。中原王朝与四邻诸国及部族的这种等级秩序，是华夏文化传播方式、传统文化心理、儒家正统纲常观念与现实政治、经济利益等诸多文化因素、经济与社会因素复杂的结合物。

为了维持这种关系的等级性和稳定性，中央王朝为周边藩邦规定的朝贡礼仪制度是极为严格的。根据规定，后者必须定期地或不定期地派遣贡使，向作为"天下共主"的中原皇帝献上该地出产的各种珍奇礼物，恭行"以臣事君"之礼，以此表示向心归顺的诚意。

另一方面，中国各代皇帝则按相应规格，赐予对方相当优厚的赏赐，作为"天下共主"对异邦的酬赏与鼓励。这一礼仪随着时代推移不断严格，从唐宋至明清的一千多年里，中国的皇权在不断强化，各国贡使觐见中国天子的仪礼规定，从明代的一跪三叩首，演变到清代觐见规定的礼仪次数增加为三跪九叩。

千百年来，无论是中国皇帝、朝野士大夫与庶民百姓，还是外邦酋长或国君，都把这种金字塔形的等级秩序，视为天经地义。现代意义上的平等的国际观念，以及古希腊罗马以来欧洲盛行的外交关系与外交规则，是古代中国人所从来不曾想象的。

清帝国的文化优越意识与清人对外部世界的幻觉

传统的华夷等级秩序体现的文化自满与文化尊严，到了近代，就开始遇到了西方文明的挑战，儒家文明此前对于这种挑战是完全没有任何准备的。

乾隆五十八年（1793），当时的英国国王乔治三世派遣马戛尔尼勋爵为特使，以补贺乾隆皇帝八十寿辰为由，来华请求扩大通商事宜，然而，这位英国特使入京以后，拒绝在觐见乾隆皇帝时行三跪九叩之礼，他认为，按照欧洲通行的国际规则，英国与中国是国际上平等的两个国家，他只愿意行欧洲通行的屈膝礼，来表示对中国皇帝的敬意。入殿时，他就采取了这一做法。[1] 乾隆皇帝当时极为恼怒，降旨令其早日出境，而英方提出的全部要求，按闭关自守的传统惯例，本来也是要全盘拒绝的。

直到很久以后，一位正统士大夫对这一交涉事件耿耿于怀，

---

1 〔英〕斯当东：《外国使节觐见档案汇编》，转引自〔美〕马士：《中华帝国对外关系史》第一卷，张汇文等译，生活·读书·新知三联书店，1957年，第60页。

他以极为鄙夷的口吻来回顾这位"野蛮的"英国使节拒绝跪拜的行为："乾隆五十八年，（英吉利）进贡，皇心喜其远夷之效顺，爱而畜之，隆以恩宠，而奸夷志满意溢，不思答报，反潜滋其骄悛。"[1]而皇帝则发表了一通那段著名的大言高论："天朝无所不有，原不籍外洋货物以通有无。特因天朝产茶叶瓷器，是西洋各国及尔国必需之物，是以加恩体恤。"[2]乾隆皇帝与中国士大夫官僚的上述这些言论充分表明，他们的文化优越感，是建立在以中国为中心的华夷等级秩序与国际知识极度贫乏、完全不了解外部世界的真实情况的文化定见的基础上的。

在大清王朝的精英们看来，中外关系，只能以居高临下的天下中心观念为基础，他们总是以自己固有的文化观念来判断这种关系，他们首先要把对方纳入到夷狄的范畴内来理解，并要求对方以华夷等级秩序的"以卑临尊"的规矩来"安分敬制"，而这种观念如此深入到当时中国人的精神世界之中，使中国人不可能摆脱这种观念来看待西方新兴的文明大国。

又过了23年，嘉庆二十一年（1816），处于重商主义发展阶段的英国的国王希望加强与中国的贸易，并希望中国能改善通商环境，又派出了一位新的使节阿美士德前来北京，这位特使与其副使马礼逊仍然坚决不肯入殿下跪。

嘉庆皇帝于是下达逐客令，凡该使臣带来的"贡礼"一概不

---

1 方东树：《病榻罪言》，转引自拙著《儒家文化的困境》，第35页。
2 刘锦藻：《清朝续文献通考》卷300，商务印书馆，1936年。

收，派人伴押这个"桀骜不驯"的"贡使团"立即出境，并附上了一封给英国国王的上谕，这份上谕的大意是：皇上对远隔重洋的英吉利国王"笃于恭顺"，遣派贡使来天朝效忠之事，"深为愉悦"。但对贡使在即将觐见的庄严时刻拒绝入殿下跪的无礼行为加以谴责，皇帝考虑到不能因使臣失礼，而抹杀该国王在数万里外奉表纳诚的好心，决定赐给白如意、大朝珠、大荷包，以表怀柔远夷之意。

该上谕中更有意思的是下面一段话："天朝不宝远物，凡尔国奇巧之器，也不视为珍异，只要尔国国君能使尔国百姓和睦安泰、护好尔国疆土，朕就予以嘉许。以后尔国也不必时时派遣使臣不远万里前来朝贡，以免长途跋涉之苦。"皇帝还在上谕中称，"只须尔等倾心效顺天朝"，就是向心王化。[1]

以文化史角度来看，清朝君臣与英国使节之间觐见礼仪的冲突，反映了中国传统文化中的华夷等级秩序和文化优越感，以及与现代国际外交观念的严重对立和冲突。这种文化观念冲突发生在一个庞大封闭的古老帝国与一个由资本主义新文明武装起来的殖民帝国之间，从而预兆着一个沉湎在以尊临卑的自我感觉中的古老民族，在被迫进入国际化的竞争的时代，将不得不为此付出惨重的代价。阿美士德来华事件发生于鸦片战争以前24年，这一事件标志着封闭的农耕帝国与近代工业文明之间的碰撞的悲剧必将来临。

---

[1] 梁廷枏：《粤海关志》卷23，广东人民出版社，2002年。

是什么原因,使清王朝的皇帝、百官和士大夫们,对国际社会的认识幼稚到如此地步?为什么他们无法分辨出近代英国与传统夷狄之间存在着如此明显而根本的区别?这是因为自乾隆中叶以来,原来的四口通商改为只有广州一口通商。清代法令规定,不准中国人出洋,不准"夷商"在广州住冬,不准"夷商"购置中国书籍和学习中国语言文字。甚至有人因教授洋商学习汉文而于乾隆二十四年被处于斩首的案例。[1] 后来又增加了不允许夷人进入广州城的规定。19世纪中期以前的大清中国的社会风气的闭塞,是令现代人不可思议的。一个民族的孤陋寡闻,对国际信息的极度贫乏,与传统华夷秩序的妄自尊大相结合,使当时的中国人对外部世界的知识,处于幼稚荒谬的阶段。

综上所述,在西方挑战即将来临的时代,清代中国人的文化自满,是由以下这些因素相互结合而固结起来的,这些因素是:以尊临卑的华夷秩序,居高临下的朝贡体系,闭关自守的海禁政策造成的对世界认识的极度贫乏,自我中心的民族文化心理,再加上专制皇权的崇拜又进一步桎梏了中国人独立思考的能力与对外部世界的求知欲望。清中叶大兴文字狱以后,中国知识界的普遍麻木进一步助长了知识贫乏产生的自我中心幻觉。这种封闭时代的文化优越意识注定将给近代中国带来沉痛的悲剧。[2]

---

1 转引自张德昌:《清代鸦片战争前之中西沿海通商》,载《清华学报》十卷一期(1935年1月)。
2 有关这一方面的论述,可参考拙著《儒家文化的困境》第一章"近代中西文化冲突的历史背景"。

两次战争的启示：文化定见如何影响统治精英的决策

一个民族长期历史中形成的文化定见，必然影响这个民族的决策精英在特定历史时期所做出的历史性选择。所谓的文化定见，就是特定时代的社会成员，在历史中约定俗成地形成的、支配或影响他们对外部事物进行判断的思维方式与价值观念。众所周知，人类在面对环境压力与挑战而做出行动选择时，他的头脑中并非一张白纸，而是有一套由既定的文化观念、价值系统与知识构成的"软件"系统，人们正是经由这一文化的"软件"系统，对外部事物的相关信息做出判断与选择的，本节试图从文化定见这一角度，来考察二次鸦片战争时代的清朝决策精英们，是如何在传统文化的影响下来应对西方挑战的。

1839年6月，在林则徐虎门销烟以后，鸦片战争暂时并没有爆发，英国议会以多数票否决了对华开展战争的议案。1840年4月，英国财政大臣弗朗西斯·巴尔宁在议会表示英国政府已经答应给对华贸易商人提供250万英镑的赔偿。[1]而在中国方面，林则徐因禁烟有功，道光已经下旨将其提升为比两广总督地位更显赫的两江总督。林则徐不久后即将走马上任。

按理说，鸦片战争并没有因禁烟事件而爆发。然而，在虎门销烟以后一个多月，发生了一件很小的林维喜事件，使中英矛

---

[1] 〔美〕特拉维斯·黑尼斯三世、弗兰克·萨奈罗：《鸦片战争：一个帝国的沉迷和另一个帝国的堕落》，周辉荣译、杨立新校，生活·读书·新知三联书店，2005年，第85页。

盾突然激化，此事也成了鸦片战争爆发的引线。分析这一大事件的小原因，对于理解当时中国人的文化思维对于历史的影响很有意义。

事情的简单经过是这样的，1839年7月12日，一个名叫林维喜的香港当地农民，被一群醉酒闹事的英国水手打伤致死，林则徐要求英国商务代办义律交出凶手，英国商务代办一则无法查证出谁是凶手，二则即使查出，也不愿意将该犯交给中国。这是因为，按当时的清朝律法，被引渡的英人将以"杀人偿命"的习惯法，被判处斩首，此前，一位英国水手放炮庆祝时，就因炸死一名中国当地百姓而被广东官府处死，而按当时欧洲人公认的国际刑法，没有谋杀动机的因伤致死罪，不应剥夺生命。

由于英方始终没有交出人犯，林则徐为了对英方施加压力，下令把所有英国商人及其家属统统驱赶出广州与澳门，8月26日，英人全部被驱逐于香港九龙一带的海船上[1]，任其在海上漂泊，并下令断其饮水与食物，且在岸上所有水泉中放入毒药。当时正是广东夏天最炎热的时候，船上的英人为了获得淡水不得不上岸取水，却发现水里已经施放了毒药而无法饮用。[2]

三天后，林则徐下令派兵对海船进行火烧。晚间运载英国商民的船舶受到凌厉火力攻击。由此而烧死的西班牙、英国商民

1　茅海建：《天朝的崩溃》，生活·读书·新知三联书店，1995年，第126页。
2　广东省文史研究馆译：《鸦片战争史料选译》，中华书局，1983年，第190页。

十人左右[1]，由此引发了中英鸦片战争的首次军事冲突。几个月以后，得知此消息的英国议会，也以多数票决定与中国开战。

林则徐为什么这样做？林则徐在1839年9月上旬给道光皇帝的奏折中，陈述了他以这种强硬方式对英人施压的八个理由，这些理由如下：

一、该夷兵船笨重，只能取胜外洋，惟不与之在洋接仗，其技即无所施。（该夷兵船）至口内运棹不灵。一遇水浅沙胶，万难转动。

二、夷兵除枪炮之外，击刺步伐，俱非所娴。而其腿足缠束紧密，屈伸皆所不便。若至岸上更无能为，一至岸上，则该夷无他技能，且其浑身裹缠，腰腿僵硬，一扑不能复起，不独一兵可以手刃数夷，即乡井平民，亦尽足以制其死命。

三、贸易者，彼国所以为命。英人如不能与中国贸易，则无以生存。

四、该国从伦敦来至中华，路途遥远，须历海程七万里。故该夷决不至与中国开仗。

五、该国现系女主，在位四载，年仅二十岁。其叔父恒有觊觎之心。内顾不遑，窥边何暇。

---

1 《英国首席商务监督文告》，1840年6月26日发布，参见《时事日志》九卷二期（1840年6月）第六篇，载广东省文史研究馆译：《鸦片战争史料选译》，第199页。

六、安南人曾诱其巷战，乘夜火攻，七船俱成灰烬，知彼万不敢以凌他国之术，窥伺中华。

七、中国禁烟，英国商人即将二万余箱，和盘托出。

八、英人无中国提供的茶叶大黄，就无以为生，故无力与中国抗争。[1]

这段记载于清朝官方文献《筹办夷务始末》第八卷中的史料，极为重要珍贵，这是被后人视为"放眼看世界第一人"的林则徐本人给道光皇帝的奏折，其所列举的八大理由，没有一件是真实客观的。

林则徐在当时是最有卓识的中国官员，也是近代以来受人尊敬与令后人景仰的伟大爱国者。然而，恰恰就是这样一个当时最为杰出的精英人士，对西方的认识也竟然如此浅陋贫乏，与明代徐光启不可同日而语，可见传统文化定见的无形支配力是何等强烈。他在字里行间表达的"以尊临卑"的文化优越感与文化优越意识，与自有清以来的官僚士绅如出一辙，基本上看不出有什么区别。

道光皇帝阅读了这份奏折后，批了六个字："众口一词，信然。"可见他早就听到过臣僚们众口一词的议论，如今在他所信任的林则徐的奏折中，再次得到确证，于是道光皇帝因此下谕，对英商予以严惩，以示天威。

---

[1] 《筹办夷务始末》卷八，转引自蒋廷黻编著：《近代中国外交史资料辑要》，湖南教育出版社，2008年，第67—70页。

1839年12月6日起，林则徐宣布永远停止与英国的商业贸易[1]，从此以后闭关绝市，断绝与英国一切的贸易往来。

几个月以后，林则徐下令在香港水池里施放毒药，以禁止英国船上难民饮水的消息在英国引起巨大轰动。此前，反对派认为英国方面错误在先，不能对数以百万计的中国人受鸦片毒害这件事无动于衷，反对发动对中国的战争，但林维喜事件及林则徐强硬的处理方式在英国引起的"极端憎恶"，却使议会中的主战派得到了民意的支持。主战派幸灾乐祸地找到了对中国开战的机会。

1840年4月初，英国议会对是否应对中国进行战争进行辩论，主战派称这是一场"正义"的战争，虽然他们也声称自己是"强烈反对鸦片贸易的"，然而，他们认为，"中国政府的行为不能被认为是有理由的，它逮捕了我们的商人，把我们的侨民驱逐出了澳门，把毒药放在水里，这些所证实的暴行，英国是有理由向中国要求赔偿的，如果这种赔偿不能通过和平谈判取得，就不妨诉诸武力"。[2]

于是英国议会关于对华对战争表决的天平，向对主战派有利的方向决定性地倾斜了过去。经过三天辩论，才以271对262票的9票微弱多数通过政府提案。

在这种情况下，英国议会以多数票决定与中国开战。1840年6月28日起，英军总司令宣布封锁广州所有河道，在发布的开战公

---

[1] 《时事日志》八卷七期（1839年11月）第七篇，载广东省文史研究馆译：《鸦片战争史料选译》，第184页。
[2] 广东省文史研究馆译：《鸦片战争史料选译》，第226页。

告下面，还以附件方式，列举了林维喜事件中，林则徐强行驱逐在华的全部英国臣民于海上，并引火焚烧的情况。[1]

中英鸦片战争从此爆发。这场战争的结果是众所周知的。

林则徐与道光为什么会这样做？人们对外部事物做出反应时，头脑中不是一张白纸，而是先有一种固有的观念，外部事物的信息则必须通过这个认知框架来处理，大清帝国的统治精英所做的判断与选择，是深受长期支配他们的文化定见的影响的。

这种认知框架构成的这种文化定见，无形中影响支配并制约着皇帝、达官贵人、知识精英与百姓大众的思维习惯、价值观念与判断事物的能力。它们相互结合，妨碍着人们用常识与理性来正常判断。林则徐这位历史伟人，也显然并没有从固有的文化观念中摆脱出来。这样的态度，并非林则徐个人所有，它实际上也是当时中国精英判断问题的普遍具有的固有态度。

其实，只要我们把他放在那个时代的特定文化背景中，这种矛盾并不难理解。林则徐以他的忠诚与热情来尽职时，他的使命感与责任心是通过他对西方事物的文化三棱镜来体现的，这就使他不能不受特定的文化定见与思维方式的支配。

必须指出的是，中英之间在实战中军事力量对比极为悬殊，虎门战役第一仗的沙角、大角之战，中国军队表现出高昂的战斗意志与牺牲精神，清军共战死282人，伤462人，而英军伤38人，

---

[1] 《时事日志》八卷七期（1839年11月）第七篇，载广东省文史研究馆译：《鸦片战争史料选译》，第184页。

无死亡。[1]

中英双方的军事实力根本不在一个层次上，鸦片战争的失败本应是中国在战后痛定思痛的新起点，却被中国人泛道德主义地理解为邪恶压抑了正大光明。秉持着这种在受到屈辱挫折与失败之后产生的悲情与逆反心理，在原有文化定见的支配下，不可能产生自觉学习西方文明的意愿。皇帝在深宫里依然故我，战后的统治精英与社会大众，都没有对战争失败原因进行认真反思。[2] 这就决定了文明冲突势必在新的条件下再次重复出现。中西文明冲突将在此后使中国付出更大的代价。

鸦片战争失败后，清政府不得不妥协，《南京条约》签订以后，英国从此可以按西方的国际关系惯例来处理中外贸易关系，并为在中国扩张自己的经济势力找到了立足点。然而，中国关于停止鸦片贸易的要求，却由于战争失败国的弱势地位，而没有能在《南京条约》中提出来，也无法在双边协议中解决。到了英法联军战争即第二次鸦片战争时，英法列强作为胜利方，则又得寸进尺地将鸦片以药品名义输入中国。

鸦片战争以前，曾经自以为是强者的大清统治者，以居高临下的方式要求取缔鸦片贸易。清廷取缔鸦片，这本来是正当要求，然而，却被用强大工业文明武装起来的英国，以战争暴力予以压制。从此以后，中国作为失败的弱者，对于强者的先进的

---

[1] 茅海建：《天朝的崩溃》，第227页。
[2] 参见蒋廷黻：《中国近代史》第五节"不平等条约的开始"，吉林出版集团股份有限公司，2016年，第27—29页。

近代工业文明，就怀有一种强烈的道德上的厌恶、排拒与逆反心理，而难以认识西方文明的正面意义。"仇人之学不可学"，就成为中国正统士大夫阶层内心共识。中国的正统派士绅几乎都成为反对西学的保守派，原因就是如此。

在这种情况下，西方将鸦片通过战争强加于中国的反道德性，更加强了人们"夷夏大防"的心理，由此产生了强烈的排外主义定式，而向西方学习的趋势则受到这种正义的排外观的阻挠。

处于强势地位的英国的对华鸦片贸易，乘战争胜利之东风，在中国长驱直入。这又反过来强化了中国士大夫与民间人士排斥西方现代文明的保守趋势，这可以解释，为什么在鸦片战争后的二十年中，中国没有在学习西方方面有所进步。这种保守逆反心理也成为长期阻碍中国通过变革开放而走向现代化的巨大观念与心理障碍。清帝国从皇帝到士绅官僚都不服输，战后的反入城斗争更加强了这种定式。鸦片战争没有成为中国反思文化落后、开启文化自觉的起点，中国仍然如过去一样基本上不变。要克服传统、保守的文化定见，中国还需要走很长的道路，还要经历许多磨难与挫折。

直到二十年以后的英法联军发动的侵华战争中，人们仍然能看到华夷等级秩序与对外部世界知识与信息的极度贫乏相结合所形成的文化定见，仍然支配着清王朝统治精英的思维与价值取向。

当咸丰皇帝在英法联军的压力下，被迫接受56项通商条款，在各项所议条款已经谈妥，即将在通州谈判的最终阶段，1860年9月17日，在双方即将达成协议的最后时刻，联军总司令额尔金向中国代表提出，英法联军的大部军队可以不进北京城，留在通州，但要求中国同意由英法联军的一支一千人组成的护卫军进城，伴随英法代表签署协议。他还要求，在仪式结束后，由他本人将英国女王的信亲自交给中国大清皇帝。[1]可以肯定，志得意满的联军总司令绝不会按中国人要求的行大礼的方式觐见中国皇上的。额尔金的这一要求，遭到中国谈判代表的强烈反对。[2]因为，这将挑战华夷等级秩序，按这一古老的规矩，洋人觐见中国皇帝时，是必须下跪，并恭行三跪九叩大礼的。

咸丰无法接受英法代表对华夷等级秩序的挑战，勃然大怒。他还认定，英法联军要求让一千士兵作为仪仗队进京，就是重演中国古代的"鸿门宴"的阴谋。于是下令立刻将英法谈判代表与卫队共计39人，全部作为人质抓捕起来。[3]当僧格林沁抓捕英法方的谈判代表巴夏礼时，愤怒地问："为什么你昨天谈判时不解决向中国皇帝参拜的问题？现在是教会外国人如何对中国大臣与贵族讲礼貌的时候了。"[4]

39个英法谈判代表与卫队作为人质被抓，其中有2人当场被僧格林沁下令斩首示众，18人在狱中受到虐待致死，另外活着的19人在后来被迫交给联军时，绝大多数都受到严重的身心虐待。英

---

1 〔英〕斯坦利·莱恩-普尔、弗雷德里克·维克多·狄更斯：《巴夏礼在中国》，金莹译，中西书局，2011年，第295页。
2 同上书，第296页。
3 同上书，第296页。
4 同上书，第239页。

法联军认为清廷把英法谈判代表作为人质杀害,是违背国际公法的,于是在1860年10月18日,由英法联军总司令额尔金决定,采取了火烧圆明园的野蛮报复行径。用他本人在日记中的话来说,这是对中国皇帝的惩罚。[1]

清廷在失败之后不得不妥协,签订《北京条约》与《天津条约》。此后英法联军撤军回国,而咸丰在逃到热河之后再也不愿意回到北京,其原因是担心一旦回到京城,万一英法联军从天津再过来,又要面临是否接受英法公使要求直接向皇帝递交国书的难题。顺便一提的是,咸丰的这一决定,又恰恰是让他的妃子,后来的慈禧通过"祺祥政变"在中国执政长达半个世纪的原因。

综前所述,我们可以看到,作为人类历史上从未中断过的文明连续体,华夏文明自古以来,具有强烈的文化优越感,但在传统时代,这种文化优越感是建立在以尊临卑的华夷等级秩序与朝贡体系的基础上的,由于地理环境远离其他古代文明,由于专制传统政治对等级尊严的高度需要,华夷等级秩序具有彰显这种文化自我意识与帝国尊严的政治功能,封闭自守又进一步强化了这种上尊下卑、居高临下的文化优越感。

自19世纪中期中国面对西方挑战以来,以这种文化优越意识为基础的对外交涉,就陷入困难,林则徐在鸦片战争中处理涉及案件的方式,以及咸丰皇帝在英法联军之役决策中的文化定见,

---

[1]〔英〕额尔金、沃尔龙德:《额尔金书信和日记选》,汪洪章、陈以侃译,中西书局,2011年,第220页。

充分说明华夷秩序与知识贫乏造成的决策错误，是引发中国近代以来对外交涉不断陷入挫折、失败与屈辱境地的主观原因。

从文化自尊到文化自虐：激进反传统思潮的崛起

在近代中国人的精神生活史中，有一种特殊的思潮值得注意，那就是从19世纪60年代到80年代，即从同治到光绪中期，在中国士绅官僚阶层与百姓中，出现一种我们可以称之为"泛教化论"的思潮，其特点就是，将西方文明通过武力来压迫中国，看作是洋人自愿向中国投诚的特殊方式。

"泛教化论"的提倡者是当时著名的大学者俞樾，他把西方人的"心计之奇巧，器械之精良"曲解为"天实启之"，"使之自通于中国"，然后预言"中国有大圣人，将合大九州（包括欧洲与美洲）而君之，以复神农以上之旧"。[1]

同样的曲解，还表现在李元度的论断中，他把西方近代文明的"舟车、器械、天文、算学"曲解为"天始使（洋人）染于尧舜孔孟之教"的工具，从而得出如下结论："当此中天景运，圣教被于绝域，必自今日始矣。"[2]

西方侵略中国的种种信息的意义，经过"泛教化论"者的曲解作用的过滤，统统变成了与正统儒家观念体系中的"华夷等级

1　俞樾：《国朝柔远记》序，王之春辑：《国朝柔远记》，朝华出版社，2019年。
2　李元度：《与友人论异教书》，《皇朝经世文续编》光绪十四年刻本。

秩序""天下中心论""礼教普世论""用夏变夷论"相一致的东西。洋人的轮船大炮,统统变成了实现"圣人之学"在全世界普及的工具与"上天诱导洋人渐染孔孟之教"的媒介物。提倡者以此来证明"吾知百年内外,尽地球九万里,皆当一道同风,尽遵圣教,天下一家,中国一人之盛,其必在我朝之圣人无疑矣"[1]。

这批包括乾嘉学派大师俞樾在内的知识界精英人物,这些被当时中国人尊崇为"士林华选"的儒家的学者,居然对深重的民族危机抱有如此颠倒的认识,这令后人难以理解这种心态是怎么发生的。

人们在现实中产生的屈辱和挫折感无法经由正常、合理的方式疏导宣泄时,为了摆脱这种焦躁心理对人的精神身体的不良刺激,往往会不自觉地把导致心理挫折的客观现实,重新加以主观的、一厢情愿的"理解"和改变,以减轻精神上的焦虑与痛苦,以此来维系心理上的平衡。从文化心理学的角度来解释,那就是近代受挫折与充满文化焦虑的士大夫,以曲解的手段,来形成一种心理防御机制,形成对已经失效的文化优越感与儒家文化意识的维护。然而,这种心理防御机制是以抵制对现实的客观认知的方式来实现的,当人们越是在下意识中将心理防御机制作为摆脱精神刺激的手段时,人们的思想行动对客观现实不自觉的背离和歪曲也就越为严重。通过不自觉地背离客观现实来寻求心理安慰和平衡的心理畸变,正是理解庚子事变和义和团运动中的群体性

---

[1] 俞樾:《国朝柔远记》序。

的、非理性的排外心理的钥匙。

在冷峻现实中屡遭屈辱和碰壁之后，中国正统派知识精英并没有改弦更张，相反，挫折和屈辱在他们心目中，却不断激发出一种更为情绪化的、盲目的、非理性的自我补偿心理，以此来保持正统士绅知识阶层的文化优越感不受到挑战，直至达到庚子事变和义和团运动这样一种畸形的反抗形式。

光绪二十六年（1900）六月，《中外日报》一篇时论曾对正统士大夫在义和团运动前夕的一般社会心理有一段精辟的分析：

> （其时），通国臣民上下，以复仇为雪耻，以积愤思报怨……然不究己之所以弱，而恶人之强；不求人之所以胜，而讳己之败；力有未逮，则务为大言以快之，愤无所泄，则多作丑辞以詈之。又亲见争战之事，利钝立见，耻相师法，则颇冀神怪，积非为是，一倡百和。而所谓清议者，实起于斯时矣。其势一成，莫之能改。同是谓之君子，反是谓之小人。恶直丑正者，以为公评，矫情动众者，坐致时誉，虽以疆吏达识，辅臣运谟，无益补救。[1]

庚子事变中，非理性的排外思潮与义和团的民间朴素爱国主义运动奇妙地结合交融在一起，中国儒家正统派走向了极端保守

---

[1]《中外日报》（1900年6月9日）《论近日致祸之由》，转引自中国历史学会编：《义和团》第四册，上海人民出版社、上海书店出版社，2000年，第182页。

主义。当一个古老伟大的民族处于迅猛变化的时代，由于落后和作茧自缚而遭到种种欺凌、蒙受侵略的苦难的时候，当这个民族的社会精英们，以幻想中的国粹主义的胜利和"精神胜利法"作为摆脱灾难的基本手段的时候，这就必然导致这个古老民族的悲剧。[1]

在19世纪与20世纪之交，中国经历的这场巨大灾难，最终摧毁了近代中国正统士大夫阶层的文化优越感，非理性的、保守派的排外主义从此寿终。此后相当一段时期内，近代中国人的文化优越感被一种文化自卑心态所取代。

众所周知，发端于1915年的新文化运动内部的激进的全盘的反传统主义思潮，是新文化运动的重要组成部分。陈独秀在《敬告青年》中宣称"固有之伦理、法律、学术、礼俗，无一非封建制度之遗"，"吾宁忍过去国粹之消亡，而不忍现在及将来之民族，不适世界之生存而归削灭也"。[2] 这种激进反传统主义思想可以说是新文化运动的宣言，这种话语在当时占有优势地位是毋庸置疑的。

这种激进的全盘反传统主义的强烈程度，在吴稚晖、钱玄同等人的著述中表现得最为典型，吴稚晖喊出"把线装书扔到茅坑里去"的著名口号，钱玄同提出要"废除汉字"，在他看来，"二千年来用汉字写的书籍，无论那一部，打开一看，不到半页，必有

---

[1] 参见拙著《儒家文化的困境》第六章。
[2] 陈独秀：《敬告青年》，转引自《中国现代思想史资料简编》，浙江人民出版社，1982年，第5页。

发昏做梦的话","初学童子则终身受害不可救药"。[1] 他还说:"欲使中国不亡,欲使中国民族为20世纪文明之民族,必以废孔学灭道教为根本之解决,而废记载孔门学说与道教妖言之汉文,尤为根本解决之根本解决。"[2] 在他看来,为废孔学而废汉文之后,可用世界语取而代之。陈独秀则对钱玄同的激进反传统思想予以坚决支持。他认为自古以来汉文的书籍,几乎每本每页每行,都带着反对"德""赛"两先生的臭味。

毫无疑问,20世纪初期中国现代思想史上的激进反传统主义,是前无古人、后无来者的独特文化现象,钱玄同的极端反传统主义,体现了一种知识分子对本国文化的近乎自虐的严厉批判。

一种人类历史上从未中断过的古老文明,一个最具有文明优越意识的民族,在20世纪初期,却产生了人类历史上最剧烈、最激进、全盘性的自我否定思潮。人们在咒骂祖先创造的文明的过程中,似乎产生一种强烈的心理快感。"五四"以后相当一段时期内的这种带有文化自虐心理的反传统主义,确实是世界文化史上极为罕见的现象。

众所周知,在20世纪历史上,几乎所有的非西方民族,在走向现代化的发展历程中,都曾不约而同地诉之于本民族的古老传统,以此来强化民族凝聚力与认同感,来推进本民族的现代化进程。日本是如此,以"复兴传统的土耳其"为号召的土耳其基马

---

1 钱玄同:《中国今后之文字问题》,转引自《中国现代思想史资料简编》,第417页。
2 同上书,第420页。

尔是如此，以"印加帝国"作为民族共识的来源的秘鲁现代化精英也是如此，而中国的知识界主流，却选择了与传统文化公然决裂的方式来批判传统，来唤起民众，来启动本国的现代化运动，可以说，这是人类精神史上奇特的吊诡景象。

英国著名历史学家汤因比曾经说过，中国是人类有史以来的26种文明中，唯一一个没有中断过的古老文明，然而在20世纪初期，这个唯一没有中断的文明中，却出现了一代最激烈、最彻底地誓与本民族文化传统决裂的新人。

历史证明，这种激进反传统主义造成的严重后果，就是民族自信心的缺失，以及对于民族凝聚力的消解。严复对这种激进全盘反传统主义思潮进行了深刻的批判，他指出，当人们把旧价值完全抛弃，"方其汹汹，往往俱去"，"设其（传统）去之，则其民之特性亡，而所谓新者从以不固"。他还认为只有"阔视远想，统新故而视其通，苞中外而计其全，而后得之，其为事之难如此"。[1]

综上所分析，自近代以来，中国人的文化心态，经历了复杂多变的不同阶段：从鸦片战争以前以天下自我中心观为基础的儒家文化优越感，到19世纪同治光绪时代的心理防御式的泛教化论，再到1900年庚子事变时极端的国粹保守主义的恶性膨胀，此后，崇洋媚外与文化自卑心态也在19世纪与20世纪之交开始在国人中蔓延。到了新文化运动，又产生了激进的全盘反传统主义思潮。中国人文化心态的一波三折，从极度自信到极度反传统，这

---

[1] 严复：《与外交报主人书》，《严复集》第3册，中华书局，1986年，第560页。

种思潮的钟摆过程，就这样展示在我们后人面前。

走出天下秩序：在文明互鉴中焕发真正的文化自信

到了1978年以后，中国人在痛定思痛以后，把握了全球化发展的历史机遇，把对外开放作为基本国策，从此，中国通过文化互鉴，利用了人类社会发展的优秀科技、经济、文化成果，与世界各国一起，共享全球分工与文化互动的巨大利益。中国的GDP总量，已经稳居世界第二位，中国的人均GDP，从1978年人均300美元，到21世纪20年代超过10000美元，从孔夫子至今的中国，已经经历了80代人，而在这一代人的30年时间里，中国人的生活水平获得前所未有的提升。中国通过改革开放而实现的现代化业绩，震撼了世界。

近些年来，中国人的文化心态，从极端反传统到重新恢复文化自信，可以说，40年来的中国的改革开放，就是中国人通过文化互鉴走向文化自信的历史过程。新时代的文化自信，就是中国与各国之间文化互鉴的历史结果。

中华民族是人类历史上唯一没有中断过的文明，数千年来，中华文明具有独特的价值与魅力，具有很强的凝聚力与鲜活的生命力，但这些优点必须在与其他文明相互学习、取长补短的过程中，才能充分发挥作用。

考察与反思中国近代以来中国文化经过的历史教训，对于中华民族未来的繁荣与发展，具有重要的意义。近二百年的近代历史表明，一个拒绝文化交流的民族，是无法发展的，也无法建立起真正的文化自信。在进入现代化之时，一个民族的文化自信，必须以坚实的现代化基础作为保障。

中国近代思想家严复指出："一国之存立，必以其国性为之基。"而一个民族的国性，存于中国传统文化的经典之中。[1] 正是在这个意义上，对本民族文化的守护与自信，是民族生存与发展的根基。另一方面，每个民族都必须对自身的文化优劣之处，具有理性清醒的自我认识。

由于一个民族在长期历史中形成的文化定见具有的强大历史惯性，我们必须注意三个问题。

第一，在国力强大的同时，要保持冷静理性的态度，防止文化自大心理随着国力发展而膨胀。[2]

第二，要防止在发展过程中，虚骄的民族主义心理膨胀。华

---

[1] 严复：《读经当积极提倡》，《严复集》第2册，第331页。
[2] 一个典型的例子就是湖南某教授出版了一本《文明源头与大同世界》。该书作者声称，经过他的研究，"华夏历史有三百余万年"，"华夏文明是世界文明的源头"，据此书称，古苏美尔文明、古埃及文明、古希腊与古罗马文明都是由中国移民创造的，德国人的祖先日耳曼人与法国人的祖先高卢人都是由中国的赤狄与白狄演化而来，日本人、东南亚人、印第安人都是来源于大湘西，不但英语来自于古汉语，而且英国人也来自于大湘西的英山。这些天方夜谭式的虚妄大话，在社会上广泛流传，有人认为，这种观点可以提高中国人的文化自信，有推荐者赞赏这本书说："华夏先进了一万年，落后了一百五十年。"这些违反历史常识的、游谈无根的奇谈怪论，在社会上居然能长期通行无阻，并在一些人群中产生很大的影响，足以说明，虚骄自大心理在一部分中国人中确实存在并有其影响力。一种类似于19世纪同治光绪年间的"泛教化论"式的文化心理，正在中国社会上沉渣泛起，死灰复燃。参见杜钢建：《文明源头与大同世界》，2017年。

夏大地幅员广大，文化悠久，近代却备受屈辱，承受了深重的苦难，而又在较短的时期内迅速强大起来，这就会在相当一部分国民中，产生一种把长期压抑的屈辱感通过高亢激昂的方式予以发抒的群体潜意识心理。这样，就会在社会上形成一种高调、张扬、亢奋的民族主义。

第三，强调文化自信的同时，也要保持对本民族文化消极因素的批判精神，要防止无原则地把传统文化符号图腾化。从中国两千年传统帝制历史来看，儒学被赋予了准宗教化的、信仰主义的功能，用以支撑封建国家权威。中国的传统价值体系与旧的专制结构是如此同构，中国儒学为体现其维系传统政治系统的功能，又是发展到如此宗教化的程度，以致"存天理、灭人欲""重道抑器""重体轻用""厚古薄今"。从20世纪以来的历史来看，由于这种儒学文化与旧专制结构的同构性和非世俗理性化，这就使用心良苦的对传统价值的回归，转而变成对专制主义政治权威的回归。儒学对人心的钳制作用，是以牺牲其向世俗理性的转化来实现的。

美国著名文化学者丹尼尔·贝尔说："在人类历史上，有两个民族久经磨难，而又能奇迹般地保持自己的独特性，主要靠的就是一种对伟大文化传统的记忆，那就是犹太民族与中华民族。"[1]

最近的40年，又是中国改革开放的黄金时代，也是200年来中国发展最好的时期，拥有了40年改革开放经验的这一代中国人，

---

[1] 丁学良：《不敢恭维：游学世界看中国》，中华工商联合出版社，2000年，第70页。

应该比过去几代的中国人，有更强的反思精神与历史眼界，来重新审视鸦片战争的历史过程。

一个真正具有文化自信的民族，在文化心态上，应该是雍容大度、坦然从容的。在我们民族陷于困境与危机中时，我们不能沉湎于悲情民族主义，用感情代替理性；当我们民族走向强盛时，我们也不能受虚骄、高调、张扬心态的支配。一个成熟民族的真正自信表现在理性内敛，因为我们有足够的力量来保护自己的利益，也有足够的气度与胸襟，来迎接全球化过程中的任何挑战。

从千年史看百年史
——从中西文明发展路径看近代变革

> 万古长存的山岭并不胜过转瞬即逝的玫瑰。
>
> ——黑格尔:《历史哲学》

在本文中,我尝试通过比较中西文明演进的路径,来分析传统中国文明存在的一些结构性的缺陷,并以此解释中国近代化为什么失败,以及当代中国改革开放在文明史上所具有的重要意义。可以说,这是一个相当宏观的课题。我们将涉及文明的比较,不同文明社会的社会结构,涉及一个国家的历史文化传统对其后来现代化过程的制约与影响。

我在本文中对历史上的制度演变过程进行考察,受到了新制度主义的研究方法的启示。新制度主义本来是经济学中的一个重要学派,它也是当代经济学中的主流思潮。如果说传统的制度主义是把有形制度或成文制度作为研究对象,那么新制度主义则扩大了研究范围,它把人们在社会生活中形成的各种游戏规则、习俗、惯例,包括潜规则,也作为制度来予以认识,这样就大大扩展了研究范围,提高了对社会演化过程的解释力。在新制度主义看来,制度就是人们在适应环境挑战的过程中形成的、用来约束人们行为的游戏规则,新制度主义特别注意考察一种历史上的制度,是如何在适应环境过程中逐渐形成的,一种制度是通过什么路径进行演化的。新制度主义提出的试错理论以及路径依赖理论,对于我们研究人类的制度文明的演化机制的历史学者来说,在方法论上特别有启示意义。这种方法给文化研究提供了新的活力,它已经逐渐扩展到政治学、社会学与其他学术领域。我也尝试运用这一理论方法,对中西文明中的制度演进做出自己的解释。

从近代中国应对西方挑战失败谈起

中国近代化的失败原因,学术界存在着两种解释,一种解释认为,如果没有西方帝国主义侵略,中国可以缓慢地通过自己的"资本主义萌芽",同样能发展出资本主义来,根据这一解释,这一"必然"过程却由于西方列强的侵略而被迫地中断了,于是中国沦为半殖民地半封建社会。然而,这种解释有一个很大的缺陷,即它是从外部因素来解释问题。它不能回答,日本同样是东方国家,同样受到西方的挑战,同样受到西方资本主义的经济压迫与文化冲击,为什么日本却能成功地经受这种挑战的压力,发展为东方最发达的资本主义国家,而中国则相反。我们必须从中国文明与日本文明作为两个应对西方挑战的文化主体这一视角,根据它们在应对西方挑战过程中表现出来的应对能力,去寻找造成这种不同历史结果的原因。不同的文化主体应对西方挑战有不同方式,从这个角度来考察非西方国家近代化的不同结果,涉及一种新的历史研究范式——文化范式。

梁启超在戊戌变法前夕回忆说,在甲午战争前夕,他跑遍了整个北京城的书铺,却买不到一张世界地图,尽管此时已经离鸦片战争有半个多世纪。为什么大多数中国人对来自西方列强的挑战到这时仍然如此麻木,如此无动于衷?这是因为当时的科举考试不需要考生懂得世界地理的知识,中国知识精英完全被吸引到科举考试中去了,他们在价值观念上具有高度同质性,士绅阶层内部缺乏最起码的多元分化,难以产生知识分子士大夫个体的思想变异,以适应已经出现了的新的环境挑战。

另外还有一个同样很有说服力的例子,1866年日本思想家福泽谕吉出版了一本介绍西方的小册子,仅仅在出版后的一年的时间里,这本小册子就发行了25万册。而中国江南制造局自1856年开始出版介绍西方的书,在此后30年时间里,总共加在一起,只销售了1.3万册。如果再考虑到日本人口只有同时期中国人口十二分之一,日本国土面积只有中国国土的二十七分之一。这个数字对比就更令人吃惊了。这个例子很能说明近代中国人对西方挑战的迟钝与麻木达到了何等地步。我们还可以举出大量类似的例子。例如,根据当年清朝驻英国首任公使郭嵩焘在日记中的记载，他在国内招聘赴英国随员十几人，居然没有人应招。以上这些例子说明一点，那就是当时的整个中国的士绅知识精英阶层在思想观念上表现出了高度的保守性与同质性。在这种极度保守麻木的精神气氛下，像郭嵩焘这样少数主张改革的人，就会在广大士大夫中显得十分孤独，他们被视为千夫所指的"士林败类"。事实上，当年的洋枪队长戈登在给他母亲的信中也写到了这一点，他在信中写道："我觉得中国是一个很奇怪的民族，他们对一切改革都很冷漠，只有李鸿章一个人除外。"中国近代士大夫阶级在民族陷入如此严重的生存危机时，表现出如此强烈的封闭性与保守性。由此可见，生活于不同文化中的人对西方挑战的适应能力，确实有巨大的文化差异。如果用文化范式解释中国近代化的挫折与失败，以及日本近代化的成功，确实比前面所提到的教科书范式，更具有说服力。

要研究近代中国文化为什么不能成功应对西方挑战，从一个更深的层次上看，就是中国传统的文化模式，缺乏一种对变化了的环境做出能动反应的能力。当古老的中国文明不得不与另一种强大的西方文明相碰撞与冲突时，它就会陷入持续不断的被动与挫折，并最终使近代中国陷入民族生存危机的境地。中国传统文化向现代化的转变的挫折，可以由此得到解释。

为什么近代中国缺乏对外部挑战的适应能力？对这个问题的考察不能仅限于近代。这是因为，一种文明或文化对外部环境的适应力，是在千百年集体经验的基础上形成的。对中国文明的适应能力的考察，就必须以千年的长焦距作为基础。下面，我尝试把西欧文明与中国古代文明各自的演变路径进行比较,来分析西方的竞争性文明与中国的抗竞争性文明的区别,我们将分析,中国文化由于什么原因,从而缺乏一种内在的自发的演化机制,难以像西方社会那样产生资本主义。本文还将把日本与中国这两个东方国家应对西方挑战的文化适应性相比较,来进一步说明这些问题。最后,我们还将说明,这一对文明的演化能力的分析,对于理解当代中国从非市场经济向市场经济体制的转型,对于理解20世纪80年代以来的改革开放具有特殊的意义。

欧洲文明的演化方式:小规模、多元性与竞争性

一种文明的基本特点,只有通过与其他文明进行比较才能把握。这是因为人们总是生活在自己的文化中,对于自己的文化特点,往往由于熟视无睹而"不识庐山真面目"。西方文明的基本特点,被一个近代中国人把握住了,这个人就是中国19世纪以来最敏锐的思想家严复。严复在他早期发表的《上皇帝书》《原强》等重要时论中,就强调了西方文化的两个基本特点:一是多元并存的小规模性,二是这种多元性产生的竞争性格。他指出,在欧洲,"一洲之民,散为七八,争雄并长,以相磨淬,始于相忌,终于相成,各殚智虑,此日新而彼月异"[1]。在严复看来,这些散布在欧洲大地上的独立的多元并存的国家,在竞争中求生存,而

---

[1] 严复:《原强》,《严复集》第1册,第11页。

竞争又磨砺出它们的竞争能力与生命力,从而使它们的生存与发展能力在"彼此唱和"的竞争中,日新月异,最终发展到一个新的文明高度。严复还认为,在欧洲大地上,独立的共同体之间的"互相砥砺,以胜为荣,以负为辱"的竞争,从古代、中世纪,一直延续到现代而从来没有中断过。[1]严复还指出,这种竞争性表现在西方社会生活的各个方面,"盖其所争,不仅军旅疆场之间,自农工商贾,至于文词学问,一名一艺之微,莫不如此。此所以始于相忌,终于相成,日就月将,至于近今百年,其富强之效,有非余洲所可及者。虽曰人事,抑也其使之然也"[2]。概括地说,这种竞争性贯穿古今,广泛存在于欧洲生活的各个领域,并伸展到西欧所有地区。

严复还注意到,欧洲文明这种竞争性的文化性格的形成,与欧洲地理环境的多样性,以及地势之支离破碎直接有关。更具体地说,欧洲存在着山地、丘陵、平原与曲折多变的海岸区域,生活于这些不同地理环境的人,发展出不同的生活方式,包括不同的经济生活、语言、宗教,形成多元的民族。地理环境的差异性,形成生活方式与民族的差异性,他们很难融合成同一民族,他们只能在竞争中求得生存发展。

严复的这一发现在今天看来,仍然有值得强调的必要。因为他实际上是从文明的结构层面来切入问题,而不仅仅是从各民族

---

[1] 严复:《拟上皇帝书》,《严复集》第1册,第66页。
[2] 同上。

的观念文化角度来抽象地思考问题。他注意到欧洲文明的小规模性、多元并存性，以及长期竞争性这些结构性因素之间的关联。正是这种结构性因素，导致竞争性的普遍存在，使西方文明存在一种在多元竞争中形成的、内在的演化的机制与强大的文明生长能力。这种竞争性文明如何演变为生气勃勃的资本主义文明？这一点严复并没有进一步做出分析。严复在当时还不具备这样的理论与知识，对这个问题做出进一步的判断。

关于欧洲资本主义的起源与发生机制，学者们有过很多的解释，经济学家、历史学家与社会学家都各自做出不同的理论分析，这些解释对于我们理解资本主义产生均有积极作用，这里我要特别指出新制度主义经济学的研究成果。因为这一研究视角特别有助于对欧洲文明与中国文明的演化路径的不同进行比较，从而能够给予我们有益的启示。

欧洲中世纪的国家与城市如何发展出资本主义？新制度主义经济学家提出了这样一种相当简洁明快的解释：欧洲地理的多样性，有利于形成独立的小国家或小共同体，有些小国家的统治者为了强化自己的竞争能力，通过无数次的尝试，逐渐形成这样一些新的办法：采取吸引具有资本、技能与知识的人才的政策，来增强自己的生产能力与财富。为了保护与留住资本与人才，他们进而发展出一套能有效地、稳定地保护工商业、私有产权、个人创新自主性的制度环境。此外，为了让自己领土上的生产经营者能有安全感，这些小国统治阶级也逐渐学会了接受规则的自我约束。统治者之所以这样做，主观上固然是为了增进王国的税收基础，而在客观上则有利于形成资本、人才相结合，具有强大的生产力制度环境。在这样一些国家或城市共同体里，资本能够得到更好的回报，投资人又能生活得既安全又自由，这样的国家与地区就具有了示范效应。于是，越来越多的企业家、资本与知识人就会从其他地区源源不断地流动到这样的国家与地区。这些地区进入良性循环，于是就相对于其他地区具有了经济上的、人才资源上的与制度上的区位优势。

这样的情况为什么会进一步引发整个欧洲的资本主义化？根据新制度主义经济学家的解释，这种新型的城市或国家，例如威尼斯、热那亚、佛罗伦萨、尼德兰可以源源不断地吸引越来越多的资本与人才，从而使资本、人才、技术、劳动力结合起来，造成经济的进一步繁荣与国力的强盛。在这种情况下，其他的欧洲国家不得不对此做出自己的选择：有些国家不甘落后，纷纷为了自身利益而仿效先进国家，而另外还有一些保守的国家，如西班牙、俄罗斯、奥地利，则故步自封，继续保持原有的封闭性、专制性。于是，处于保守地区的企业家就会行使自己"用脚投票的权利"。他们纷纷离开这样的国家，到新兴社会去寻找发财机会。中世纪大批企业家与人才的"退出"的行动，是一种"用脚投票的权利"，这种权利对一个国家或城市的统治者构成了有效的压力。在这种压力下，当保守地区的统治者意识到，只有留住人才、资本与企业家，才能在商战与富国强兵上不败于他国时，他们也就在左右徘徊之后，不得不为了留住资本、人才，从而纷纷仿效先进国家，建立起保证企业家利益与安全自由的制度，统治者也不得不接受法律来约束自己的机会主义行为。

于是，我们就可以看到，在欧洲中世纪后期，一种新兴的资本主义制度与文化就由点到面，逐渐扩展起来。这种资本主义的文化的特点是：通过法律制度来保护私有产权、个人自由，无须特许的投资；另一方面，由商业派生出来的道德与价值观也逐渐在这种制度环境中发展出来——商人们也学会了守时、诚实、以礼待人与守信用；政府学会了按法律来约束自己，不敢为所欲为，政府与公民双方都在这一互动过程中自我更新。这种建立起资本主义性质新制度的国家数量不断扩大，最后达到了整个欧洲地区国家总数的临界多数，整个欧洲也由量变到质变，从封建社会演变为资本主义社会，欧洲各国的封建政治体制，逐步转向君主立宪政体和选举民主政体。资本主义就这样，在欧洲由点到块，由块到面，最终连成一大片。德国学者柯武刚（Wolfgang Kasper）与史漫飞（Manfred E.Streit）在其《制度经济学》一书中，曾相当详细地从新制度主义经济学视角描述了西欧资本主义演变的这一过程。[1]

新制度主义经济学就是以如此简洁的分析，解释了资本主义发展的演化机制。众所周知，资本主义并不是预先根据某种理性原则的人为设计，而是人类在无意识的试错与适应环境过程中演变过来的。

---

[1] 参见〔德〕柯武刚、史漫飞：《制度经济学：社会秩序与公共政策》，韩朝华译，商务印书馆，2000年。

从以上我们所介绍的资本主义演化的机制来看，我们可以从这一考察中得出一个重要结论，那就是，并不是前现代人类的所有的社会结构，都能自发地演化出资本主义的。只有在欧洲这样的特殊环境里，才能产生真正意义上的资本主义。更具体地说，资本主义只有在存在着这样一种结构的地区才能产生：那里分布着多元并存的小规模共同体，这些共同体又各自具有资源的自主性、人员的流动性、边界的开放性，同时这些共同体之间又存在着竞争性。所有这些结构因素的结合，再加上一些特定的历史条件，才有可能出现有利于资本主义的文化基因的突变，并且在这一突变的示范作用下，最终构成资本主义文明得以演化的基础。正是这些因素的结合，才产生了西欧的资本主义文明的突破。

为什么这些条件，即小规模、多元性、分散性、自主性、流动性、开放性与竞争性，对于资本主义文明进步具有不可替代的意义？下面，让我们对此予以更具体的解释。

首先，共同体的小规模、分散性、自主性，有助于形成文化变异。更具体地说，只要一个社会板块中上存在着分散的、独立自主的个体，这些个体总是要竭尽自己的智能，追求自身的利益最大化，总是要运用自己可以独立支配的各种资源与潜能，来争取更好的存活机会，来应对复杂多变的环境挑战。这些微观个体在适应自身环境变化过程时，就会出现不同方向的试错性的选择，出现不同的试错路径。这种情况相当于分子的无规则运动，无数个体的试错中，就必然会出现不同的变异，其中有些变异或创新由于不适应环境而被淘汰，有些试错路径则能适应新环境而被保留下来,并进一步强化,这就使该个体具有了更强的竞争力。在环境压力下,这些个体或小共同体比其他同类就具有更强的存活能力。例如,有利于保护私有产权的制度,以及对统治者行动进行约束的法律,这些游戏规则或制度,就颇为类似生物体在适应环境过程中出现的基因突变或变异。

其次,小共同体彼此边界的开放性,有助于自主个体的横向流动性,正是这种跨政区的流动性,使得具有良好效能的小共同体的制度环境,对其他地区的个体具有更大的吸引力,自主的个体可以携带着自己的优势竞争效能,通过行使"用脚投票的权利",聚集到对自己更有利的地区去。这样,在诸多共同体多元并存的环境中,形成优者更优、劣者更劣的马太效应,某些建立新制度的地区,相对于其他地区更具有"区位优势"。在区位优势的刺激下,边界的开放性与流动性又进一步助长了一个优势文化由点到块、由块到面地扩散。这正是西方文明演化的重要路径,也是资本主义文明战胜封建城邦文明的重要机制。亚当·斯密很早就注意到跨政区的竞争对于资本主义产生的作用,这种作用可以由新制度主义的上述理论进一步得到印证。例如,有限政府的观念、个人不可剥夺的基本权利的观念作为竞争环境中形成的资本主义基因变异,正是在这种条件下,逐渐深入人心。

最后,以上两方面条件相结合,就自然形成适者生存、不适者淘汰的铁律。在多元竞争的强大压力下,越来越多的个体选择这种新制度,直到出现临界多数,于是整体就发生质的变化,竞争性原则提供了优势选择得以普及的机制。这种新制度就会传播到其他国家地区。正如一位德国社会学者所说的那样,"欧洲的不统一曾经是我们的幸运"。其实,在先秦时代,各诸侯国的边界开放条件下出现的游士自由流动及百家争鸣,也是类似的情况。

正是在这个意义上,小规模性、多元性、分散性、个体自主性、流动性、边界开放性,以及在上述结构因素基础上的竞争性,是竞争性文明演化的重要结构条件,也是资本主义文明演化最为重要的结构条件。

中国文明的同质性与板块性特点

从春秋战国到秦汉时代,中国古代文明走的是大一统的帝国文明的发展路径。事实上,中国历史上也曾经有过先秦时代那种小规模共同体多元竞争格局,从结构上看,七国相争的局面,也具有小规模、多元性、自主性、边界开放性、人才的流动性,以及彼此之间的竞争性的结构特点,这种结构颇接近于欧洲小规模多元竞争体制。但这一体制并没有长期维持下来。由于种种地理环境、人文环境以及本文下面要分析的一些原因,中国后来却就走上与西欧发展不同的历史道路,即通过远古分散的部落并存,发展为西周分封制社会,再进一步发展为春秋战国的诸侯纷争的多元体制。战国时代各国的均势平衡,最终被秦王朝的大一统所取代,中国最终演变为秦以后的中央集权的帝国体制。我们可以把中国自秦大一统以后两千年的文明,称为"王朝文明",这是以大一统的皇帝—官僚专政王朝的周期性轮替为基本存在形态的文明。王朝文明的特点是：一个王朝崩溃了，经过短期的分裂，然后又成为另一个新的大一统的专政帝国。秦汉以后，经由三国两晋南北朝，此后就是隋、唐、宋、元、明、清。大一统的中央帝国，即王朝文明，成为中华文明的基本存在形态。

为什么中国会走上大一统中央帝国的发展道路？为什么中国不是像西欧那样，始终保持着小规模、多元性、分散性、自主性、流动性的竞争性文明？对于这一问题，可以通过中国特殊的地理生态环境与人文环境来予以解释。

中国文明发展的地理环境的第一个特点，是黄土高原的地理生态的相对同质性，同质的松散黄土层、小型冲积平原、温带气候，最适宜于发展单一的自给自足的小农经济。从甘肃到山东东海之滨，密密麻麻、星罗棋布的龙山文化的考古发掘中，我们可以看出先人生活遗址中的器物大体雷同，这表明小农生产方式及生活方式的相似性。小农生产的单一性，决定了人们生产方式、生活习性、价值观念，以及社会组织结构诸多方面的同质性。

中国文明发展的第二个环境特点，是在这些农耕共同体之间，并不存在使它们长期彼此隔绝的天然地理屏障。散布在黄河流域与长江流域的这些同质的农业村社小共同体，均可以不受障碍地彼此沟通与相互影响。华夏地理环境的相对无障碍性，可以使这一广大地区内的各部族、各诸侯国家的人，在语言、思想观念上交往相当自由，孔子、商鞅、韩非子周游列国，从来用不着随身带翻译，就是一个例子。当欧洲大地上，异质的小共同体发展为分属于不同的语言、风俗、宗教的民族与国家时，在华夏大地上，正是小共同体之间这种不受阻碍的相互交流导致你中有我、我中有你，逐渐在文化上形成同质体的华夏文明的大板块。

第三个地理环境特点，是华夏文明与其他古代文明之间进行文化交往相当困难。首先，华夏文化与其他古代文明相比，是旧大陆诸多文明中最远离古代文明交流圈的文明。众所周知，古埃及文明、美索不达米亚文明、古希腊罗马文明与古印度文明之间，存在着广泛持久的文明互动与交流。印度虽然离地中海相对较远，但印度西北部的旁遮普山口却很容易被外来的征服者打开，异族人只要进入这些山口，就可以如洪水般涌入恒河平原。正因为如此，那些身材高大的雅利安人、追随亚历山大东征而来的希腊人，以及此后的突厥人、阿拉伯人、波斯人，甚至埃塞俄比亚人，都可以浩浩荡荡地进入印度文明的中心地带。相反，华夏文明却被远远孤立在东方一隅。华夏文明四周被其东面的大海、北面的戈壁沙漠与西伯利亚寒原、西面的青藏高原、南面的热带丛林所环绕，这些巨大的地理屏障切断了它与外部世界的广泛交流。我们可以把华夏文明的这种封闭性称为巨大的地理"焖锅效应"。正是这种地理焖锅，使华夏文明在成熟以前，极少从其他文明中获得异质文化的信息与营养的滋润。我们可以把这一地理环境内的生活形态大体雷同的、具有同质性的各部落与共同体，比喻为"焖锅里的芋艿"，而在这一焖锅的内部，在漫长岁月中彼此之间的战争与相互交流，如同慢火，使其中一个一个同质的芋艿，逐渐煨熟成为"你中有我、我中有你"的芋艿糊。这一比喻可以形象地解释华夏地理环境为什么会导致这一地区的文明走向大一统。这种同质个体在"焖锅效应"中的互动，最终导致板块型的中央集权帝国文明的出现。由于这个"焖锅"特别大，里面大大小小的"芋艿"特别多，一旦后来演变成统一的大帝国，这一文明共同体就具有巨大的规模效应。在前资本主义时代，农业帝国的巨大体量具有抗衡外来民族冲击、保持民族长期生命持续力的巨大优势。

前面我们已经提到，中国在早期文明发展过程中，也存在过小规模、竞争性、开放性的时代。春秋战国时的华夏大地上，散布着七八个实力相近的国家。人们要问，为什么春秋战国体制，不能像欧洲那些独立自主的国家那样，在长期相互对峙与竞争中延续下来？

这种情况之所以没有出现，实际上还是因为早在先秦时代，诸侯国家在文化、宗教、语言、风俗方面已经具有了"你中有我、我中有你"的同质性。相对而言，同质的个体比起异质的个体，在互动交流过程中，尤其在战争过程中，很容易融合为一个整体。这就是西周初期一千八百余国，在兼并战争中国家数目越来越少的原因。到了战国时代，只剩下七个国家，最后又由七国演变到秦王朝的大一统。这也是中国统一以后，即使再次出现分裂，最终仍然会"分久必合"的原因。相反，欧洲各民族在宗教、文化、语言各方面彼此异质，即使罗马帝国形成了大一统，仍然难以长期把这种统一帝国保持下去。

我们可以发现，秦汉大一统是同质共同体互动的必然趋势，另一方面，大一统专政帝国反过来又运用高度的国家权威进一步采取同化政策，通过书同文，车同轨，罢黜百家，独尊儒术，以及统一的官吏选拔制度，同样的重农抑商政策，进一步加快了华夏共同体内部的文化同质性过程。

在这种"一道同风"的中央集权官僚体制下，由于各地区之间的同质性，因而也不存在各地区之间的竞争性，古代中国已经不再可能出现先秦时代多元竞争格局体制下出现的某一地区相对于其他地区的区位优势。先秦时代士人阶层可以通过不断流动到有利于发挥自己才能的国家去，而到了大一统时代以后，情况就变了。

正因为如此，我们就可以理解以下这个著名故事：史载，西汉王朝建立以后，张良称病，杜门不出，自称"以寸之舌而帝王师，此布衣之极，于良足矣，愿弃人间事，从赤松子游"。事实证明他的明哲保身是有远见的。在汉高祖建国过程中，萧何、张良、韩信立有大功，被世人称为"三杰"，其中只有张良得以善终。为什么张良在西汉建国以后，没有想到采取"用脚投票的权利"，到其他地方去建功立业，或采取其他的办法来避祸，而非要采取如此下策，以消极的退隐来苟全性命？这是因为，中国已经不再具有战国时代那种小规模、多元性、竞争性、流动性的社会环境，在西汉以后大一统的政治条件下，士人不能像先秦时代那样，可以自由自在地离开一个他不满意的国家而投奔到另外的国家。他们在为皇帝效忠之外求得功名的机会与空间根本没有。如果他一旦感觉到已经失去皇帝的信任，或已经被皇帝视为功高震主的威胁，除了寄情于山水之间明哲保身，或退隐于林泉之外，他实在没有其他选择。

从此以后，在郡县制帝国高度有效的控制下，帝国内部某一地区很难产生制度上的变化，并以此来吸引各地的人才，形成人才的区位优势，而士人也不可能通过自由选择效忠对象来发挥自己的才智。帝国的统治者也不必担心自己会面对其他地区的优势、挑战与压力。中央政府既然不用担心人才流动到某一地区去，当然也不必多此一举，为了留住人才而采取某种特殊的优惠政策，并约束自己的专断行为。

中国文化的核心概念——"分"

由同质个体构成的社会，这种社会是通过什么方式凝聚成一个整体，其内在的结构如何？它的结构凝聚力是一种什么样的凝聚力？为了进一步考察中国文明的结构特点，我们可以通过对古代思想家提出的概念进行分析，来认识其中的奥秘。

早在战国时代，荀子就发现了一个重要事实，即中国这样的社会，必须要用"分"来保持社会的等级秩序，什么是"分"？《辞海》中把"分"解释为"名分""职分"，儒家要求每个社会成员都要安于自己的"分"，"各守其分，不得相侵"。"分"是中国文化中最为核心的概念，它提供了中国社会组织形成的基本原则，是同质体构成的社会秩序的关键所在。

用社会学的概念来解释，所谓的"分"，就是按社会中各人所承担的功能角色，把人按其所承担的功能，划分在不同等级中，每个人按自己的名分、职分去尽责，同时，每个人都按照这个等级的规格，享有相应的地位、荣誉、权力及各种稀缺资源的供给。由于从皇帝、百官到士农工商，每个社会成员都分别在社会上承担着特定的功能，因此，按照功能的大小而把人划分到一个上尊下卑的等级秩序中去，并以此来确定各人获得的财富、名誉、权力、地位及稀缺资源的多少，这样，一旦实现了"各守其分，不得相侵"，那么，人人各得其所，就可以有效地避免无休止地对稀缺资源如财富、名誉、地位、权力的争夺，整个秩序的平衡也就得以保证。"分"的原则正是中国人文秩序的关键秘密所在。

为什么中国这样的社会，需要用"分"的办法来实现社会秩序稳定？我们可以引用先秦思想家们的思考，作为对此的解释。《荀子·富国》里是这样说的：

> 人之生不能无群，群而无分则争，争则乱，乱则穷矣，故无分者，人之大害也，有分者，天下之本利也，而人君者，管分之枢要也。
>
> 人生而有欲，欲而不得则不能无求，求而无量度分界，则不能不争，争则乱，乱则穷，先王恶其乱也，故制礼义以分之。

在荀子看来，在社会中，人们只有组织为群体才能生活。而这样的群体中，如果没有"分"，人们之间就会发生无法妥协的争端，这种无分之争，只有通过"分"来实现"量度分界"的功能，才能通过规范而得以防止。而礼义体现的"分"，是先王用来维持秩序的。

荀子在《富国》篇里还提出一个非常独特的解释，那就是"欲恶同物，欲多而物寡，寡则必争矣"。所谓的"欲恶同物"，意谓每个人所希求（"欲"）的，与所厌弃（"恶"）的，与他人是相同的，实际上，荀子所说的"欲恶同物"，反映的正是同质个体的喜好与厌恶的相似性，也即小农经济中的个体在生产方式与消费方式上的大体相近似性。也就是说，"马铃薯"与"马铃薯"的喜恶是相似的。根据荀子的解释，"欲恶同物"的同质个体之间，由于你所要的也就是我所要的，你没有的也是我也没有的，两者之间存在争夺，就很难形成异质个体之间的互补效应，就会是"有你无我，有我无你"的无"分"之争，这种无分之争，就必然导致"争则乱，乱则穷"的恶性循环。因此，在这样的社会里，用"分"来划分人群，才能保证社会秩序稳定和谐。

相反，我们可以发现，由异质个体构成的社会，例如，在古代希腊，从事畜牧业的部落与从事农业的部落之间的需求恰恰是相反的，前者有多余的羊肉，但却没有粮食，后者则相反。于是，前者为了获得粮食，后者为了获得肉食品，就会通过商业契约进行交换，以互通有无，满足各自的需要。正是这种异质共同体或个体之间的契约关系，以及以契约为基础的契约商法，而不是按"分"分配的原则，就自然成为多元异质体结构的社会秩序基础。

用什么字最能确切表达中国文化的特点？"分"就是表征中国文化的最为核心的概念。如果每个人都从内心认同"分"所规定的等级秩序的合理性，并认同根据这一等级来分配资源，那么这样的社会秩序就可以有效地避免纷争，整个社会就可以变得井然有序。这样的社会里，竞争不但是不需要的，而且，竞争就意味着超越"分"的界限，因此，竞争反而是社会整体稳定的威胁。

近代学者王国维对"分"的防乱功能，有一个极为精辟的见解。王国维在研究商朝到西周的王位继承制度的演变时，注意到一个重要现象，那就是商代的王位是兄终弟及，叔侄相承，但到了西周，就改为直系嫡长子继承。他发现这一制度演变的根本原因是，商代的"兄终弟及制"造成了统治家族内部不断在不同支系之间转换继承人，这样就很容易形成频繁的血肉相残的内斗。而以先天的"长幼有序"的资格作为判断继承资格的标准的嫡长制，即根据先君长子这一天赋资格，就可以有效地避免他人或旁支的僭越。

接下来，王国维提出了一个对于理解中国文化中的"分"的功用十分重要的问题，他提出，为什么君王不能从众多儿子中选择一个最为贤明、智慧而又健康的儿子来继承王位，而非要做这样一个死板的嫡长子继承制，预先确立嫡长子作为继承人？古代君王并非不知道，嫡长子未必在众子中最贤明，而在众子中未必没有比嫡长子更贤明、更有才干的儿子，他们为什么偏要这样做？王国维的解释是，嫡长制能有效地防止对王位的争夺。他在《殷周制度论》中指出：

> 天下之大利莫如定，其大害莫如争，任天者定，任人者争，定之于天，争乃不生。[1]

王国维这短短一段文字，可以说是理解中国文化的三十字箴言。这三十个字虽然针对的是王位继承制这样的具体问题而发，然而，它却从根本上把握、揭示了中国文化的一个要害问题，那就是按照天然的资格、身份、年龄、嫡庶这些可以"量化"的"分"的标准，来分配稀缺资源，由于标准是客观的、有形的、天赋的、可以凭据的，是看得见的，因此，以此为标准来确定继承人，就可以有所凭依，这就能有效地避免皇子之间的争夺惨剧，从而保持秩序的稳定，这就是王国维所说的"任天（赋）者定""定之以天，争乃不生"。相反，"贤能""智慧""善恶"这样的标准，是因人的主观感受而有所不同的，难以用客观、有形的标尺来衡量的，是无法"量化"的，每个人都可以自称自己是最为贤能的，这就会使众多王子及聚集在他们周围的既得利益权贵，都可以参与到王位争夺中来，形成"任人者争"的恶斗局面。正因为如此，王国维进而指出：

---

[1] 王国维：《殷周制度论》，《观堂集林》卷十，中华书局，1959年。

> 故天子诸侯之传世也，继统法之立子与立嫡也，励世用人之以资格也，皆任天而不参以人，而以求定息争也。[1]

我们可以从王国维的这一精辟论断里，体悟到"任天而不参以人"对于稀缺资源的分配是何等重要，这正是中国古人采取"分"的文化手段解决矛盾的关键所在。"求定息争"，即以抑制"无分"的竞争来追求稳定，是对"分"的功能的最好注解。这一特点又是以同质体构成的结构为基础的。因此，中国文明选择了"分"作为秩序的核心价值，就意味着选择了以固定的身份、资格、等级之类的标准来防范个体之间的竞争，以此来形成秩序。

如果我们理解了中国文化的基本精神，那么，这种社会的组织原则也就容易理解了。我们可以从先秦商鞅《商君书·开塞》的观念中，找到中国社会稳定的基础：

> 分定而无制不可，故立禁。禁立而莫之司不可，故立官，官设而莫之一不可，故立君。君乃管分之枢要也。

如果说，荀子从思想角度论证了"分"这一核心概念的重要性，那么，商鞅的这段话则找到了与"分"的原则相对应、相匹配的组织方式。商鞅上述这段话的重要性在于，它解释了君主专制、官僚政治、禁忌性法令对于维护"分"的准则所具有的不可

---

[1] 王国维：《殷周制度论》，《观堂集林》卷十。

或缺的功能。商鞅说的是，"分"是通过一系列禁令制度来规范的，禁令则必须由官僚来实施，而官僚组织又必须由专制君主来统驭。因此，君主是实现"分"的仲裁者，是组织结构中的最终因素与关键因素。这里，"分""制""禁""官""君"这五个环节就构成中国政治的组织有机体。更具体地说，以皇帝—官僚为基础的中央集权体制，是在组织上最能体现以"分"原则的政治结构。

礼、名、器：确定"分"的符号化手段

然而，有了上述这些文化因素，是不是就足以保障以君主为主体的秩序自动地得到社会各阶层的遵从？用什么办法能有效地让所有的人都按既定的游戏规则活动？换一个说法，在中国这样的传统社会里，人们凭什么要听皇帝的旨令？人们凭什么一定要遵从君主个人的意志？法家只是提出君权独尊的重要性，但并没有提供足够有效的办法，主张严法苛刑的商鞅实际上并没有真正解决这个问题。然而，西汉以后的儒家思想家们，却从帝国文明用来维持秩序的手段里，发现了君主之所以能保持至高权威，并受到臣民尊崇的根本原因。那就是"礼治"与"名教"。

司马光在《资治通鉴》卷首有一段开宗明义的话，对"礼"进行了相当长的一段评说，能给我们以很大的启示：

> 臣闻天子之职莫大于礼，礼莫大于分，分莫大于名，何

谓礼，纪纲是也，何谓分，君臣是也，何谓名，公侯卿大夫是也。

夫以四海之广，兆民之众，受制于一人，虽有绝伦之力，高世之智，莫不奔走而服役者，岂非以礼为之纪纲哉！是故贵以临贱，贱以承贵，上之使下犹心腹之运手足，根本之制枝叶，然而能上下相保而国家治安。[1]

司马光在这里实际上提出一个关键问题：为什么普天之下聪明人那么多，有力量的人也那么多，但天下百姓却偏偏要去听从一个被视为人君的人的旨令？为什么人们无不服从他的权威与意志？人君作为一个个人来说，未必在德才方面什么特别了不起之处，但他却能有效地控制着整个社会，其关键是什么？司马氏这一问题，可以说是中国文化中的重中之重，他的问题，可以帮助我们理解中国社会凝聚力的关键。他的评说对于理解中国人的政治文化，对于理解中国儒家思想的核心价值观念，均具有十分重要的意义。

司马光指出，关键就是"礼"。可以说，礼是中国文化的基础，理解了礼，就理解了中国文化的一大部分。什么是礼？礼的原生义是指敬神，后来引申为对等级秩序的发自内心的虔诚敬重，以及为表示敬意而举行的隆重的仪式。礼的实质就是，用发自内心的对神祇的敬畏心，来承顺等级秩序。这就是所谓的礼

---

[1] 司马光：《资治通鉴》卷一，中华书局，1956年，第2页。

治。礼治要求社会成员各安其分，遵守礼制，不得越位。

礼的功能就在于起到统一纲纪的作用，可以划分出贵贱等级来。由于在贵贱等级中有了高低，于是"贵以临贱，贱以承贵，上之使下，犹心腹之运手足"，人们就可以"上下相保而国家治安"了。[1] 由此可见礼起到的规范作用。礼就是中国这样一个郡县制国家生活中的社会游戏规则。只要人人认同这样的规则，一个社会就有了秩序。这将是一个十分和谐的稳定的社会。特别要指出的是以敬神之心来顺从人君的等级秩序，才能达到真正的秩序有效性。这是礼这一概念最值得玩味之处。

礼是通过什么方式来实现把人分为等级，并使人能自觉地遵从这一等级秩序的呢？司马光继续指出：

> 夫礼，辨贵贱，序亲疏，裁群物，制庶事。非名不著，非器不形，名以命之，器以别之，然后上下粲然有伦。此礼之大经也。[2]

由此可以看出，礼是通过"名"与"器"这两个因素相结合来实现的。这里的名就是名位、名分、名号，或爵号；这里的器，就是用具，指的是用来象征名位高低的器具、礼器，如杯、盘、尊、鼎之类。名的功能是为社会成员在等级秩序中定位，这就是

---

1 司马光：《资治通鉴》卷一，第2页。
2 同上书，第4页。

"名以命之";而器则通过具体形象,把名所定的地位予以表征出来,这就是"器以别之"。有了名与器的结合,整个社会的高下之分,就可以凸显出来,达到"上下粲然有伦"的功效。

司马光指出,名与器是礼的载体,如果没有名与器这两个要素,礼的功能就无法体现出来。甚至它的存在都会没有意义,正因为如此,名与器是君主独断的工具。这也是古人所说的"名器既亡,则礼安得独在哉。唯名与器不可以假人,君之所司也"。

我们可以用军衔制度来说明名与器相结合的意义。"名"相当于军队里的军衔,军衔中的"上将""中校""少尉""下士",这些称呼把职位高下明确地标识出来,起到等级组织中划分等级的作用。军衔制度可以使军队里的各级将士借以确定自己与他人之间的上下层关系。"器"则相当于军衔制中用以标识军衔高下的肩章。人们可以通过肩章上的符号,如金板三颗星、双杠二颗星、单杠一颗星来确认对方的等级高低。器是区别等级高下的符号,足以使人们知道等级,并立即确定自己在其中的地位。军衔与肩章的结合,就起到了"名以命之,器以别之"的等级作用。

古人对于确定等级秩序在人心目的的权威性,可以说是用尽了心思,根据《曲礼》的说法,天子死曰"崩",以"山崩地裂"来暗示天子之死对于百官与庶民的严重程度。诸侯之死曰"薨",《曲礼》解释这是"崩"的余声,以形容其严重程度仅次于天子之死。以此类推,大夫之死曰"卒",庶人之死曰"死"。儒家正是通过这种词语来表征"死"在程度上差别,从而使"分"的概念深入人心。此外,中国古代礼制中,天子的夫人曰"后",诸侯夫人曰"夫人"，大夫之妻曰"妇人"，凡此种种用词上的等级不同，可以在人心中不断地强化社会上尊卑等级的高下之分不可逾越的印象。通过这种名称上反复不断的暗示，整个社会以尊临卑的上下有序状态，就得以在人的精神领域中牢固地确定下来。

有了"名"的高下之分，还必须用器皿这些形象的标志符号来加以区别，才能强化社会成员心中的等级高下的意识。正因为如此，天子祭祀要用牺牛，即纯白毛的牛；诸侯则等而下之，使用的牺牲是肥牛；士则以猪羊祭祀。以此类推。

为了说明器的功能，我们可以引用萧何治未央宫的故事作为例子。萧何把未央宫修筑得极为壮丽，刘邦见到后大为不满，他恼怒地指责萧何说，宫殿造得如此壮丽，是不是要把我放到火上烤，让我成为第二个秦始皇？萧何解释说："天子以四海为家，非壮丽无以重威。"这一解释立刻使刘邦心悦诚服了。这是因为，以举世最壮观的宫室这个"器"来表示皇帝的名分地位之尊严与神圣不可侵犯，这无疑起到激发天下百官与百姓发自内心的敬畏感的作用，这对于帝国统治者力图臣服万民、节省统治成本至关重要。

在中国儒家看来，"天尊地卑，乾坤定矣，卑高以陈，贵贱序矣"。既然"天尊地卑"的关系是万古不易的，那么人世的等级之不可改变，也就有了宇宙论上的最终的根据。把礼的秩序提升到宇宙与天命的位置，就可以大大增加这一人间秩序的权威性与神圣性。

综上所述，在儒家看来，光靠人君的权威与外在的禁令还不足以使"分"成为社会成员自觉遵奉的准则,只有把"分"的规范加以礼仪化、符号化,内化为社会成员立身行事的自觉标准,变为礼,即变为"人事之仪则,天理之节文",才能真正保证社会有序状态的真正实现。

如果要问用哪一个字能概括中国文化的基本特点,我认为"分"就是这样的字,"分"可以说是中国文化中的最核心概念,如果我们把握了分、制、禁、官、君的有机关系,并进而把握了礼、名、器对于巩固"分"所承担的功能,那么,整个中国文化的内在组织凝聚方式的秘密就呈现在我们面前。甚至可以说,所有的其他价值与概念都只有环绕着"分",才获得它的意义。所谓仁德,就是把对"分"的尊重,内化为人心中的是非标准,这就是孔子所说的"克己复礼为仁"的根本含义。所谓的"道",即事物当然之理,就是以"分"为基础的人文秩序;所谓的伦常道德,就是维护"分"的道德自觉性。为什么中国文化特别重视孝?因为孝亲是培养对"分"的体认的最佳训练方法。

这种以"礼""名""分"为基础的社会凝聚方式有什么特点?在这种社会结构里,"礼"所关注的是名分、等级、器、上尊下卑,这些恰恰是与个性无关的。个性的自主性在其中没有安顿之处。因为个性是与礼的要求相矛盾、相冲突的,礼制压抑个性的发展,并把个性的张扬视为对结构稳定的威胁。以礼、名、器为核心的传统儒家文化,是通过禁忌体系来实现社会的有序性的。个人权利均是没有意义的,个人权利意识并不是中国儒家的价值概念。

"分"的核心意义，就在于以固定的等差安排，来抑制个体自主的选择与竞争。在中国传统社会里，社会整体运作过程的最基本特点，就是根据"任天而不参以人"的"安分敬制"原则，来禁扼社会中的微观活力，并以此来实现社会整体的静态有序性。任何超出这种传统有序性的思想行为、经济因素和文化变异，都将被视为对社会稳定的根本威胁，并由强大的国家机器和社会正统思想力量来加以铲除和排斥。中国儒家是一种以"分"的原则组织起来的文化，在秦汉以后的中国传统文化中，"分"把所有的人划分到不同的等级中去，并以礼、名、器来强化人们的等级意识。个体只能在这一等级秩序的"格子"里，按儒家价值规定的模式活动，而且个人的活动方式也受制于礼教模式的规范。这是中国文化完全不同于西方文化的关键。

宋代大儒吕祖谦曾以数以十计的"不"字来显示传统的"安分敬制"的原则所具有的禁忌性。这段议论显然可以帮助人们认识秦汉以后的儒家官学文化是以禁扼个性的张扬，并在"分"的名义下来安排人的活动为特点的。中国传统社会典型的静态社会图景是通过这些禁令来实现的。这就为人们理解中国文化的"抗竞争性"特点提供有力注解：

> 朝不混市，野不逾国，人不侵官，后不敢以干天子之权，诸侯不敢以僭天子之制。公卿大夫不牟商贾之利，九卿九牧相属而听命于三公。彼皆民上也，而尺寸法度不敢逾；一毫分寸不敢易。所以习民于尊卑等差阶级之中，消其逼上

无等之心，而寓其道德之意。是以民服事其上，而下无以觊觎。贱不亢贵，卑不逾尊，一世之人皆安于法度分寸之内，志虑不易，视听不二，易直淳庞，而从上之令。父召其子，兄授其弟，长率其属，何往而非五体六乐、三物、十二教哉？[1]

与西方社会相比，天下大一统以后的中国历朝统治者，既没有春秋战国时代外部竞争对手的压力，又可以凭借对全国稀缺资源的垄断，通过全国统一的科举取士制度，从社会各阶层中获得源源不断、取之不尽的秀异人才来为自己效忠。君主永远处于"买方市场"的优势地位，他们就无须考虑去迎合士人的意愿，创造宽松的自由环境，并鼓励人才按自己的个性发展。相反，为了防争泯乱，历朝制度的演变方向则着眼于防止"乱臣贼子犯上作乱"，防止"大权旁落"的威胁，这一制度演变的结果是人为地制造出形格势禁的文化气氛。中央高度集权是为了防止对皇权的威胁，其结果就是"万里之远，皆上所制命，上诚利矣，其害何如。此外寇所以凭陵而莫御"。宋人这一段话相当准确地揭示了这一结构的特点。

细胞与砖墙：中国文化与欧洲文化的比较

前面，我们把西欧文明与传统中国儒家文明各自的特点进行

---

[1] 朱彝尊：《经义考》卷120《周礼一》。

了比较，前者是以小规模、多元性、分散性、流动性与竞争性的方式而存在的，虽然漫长的历史中也有过教权至上的中世纪黑暗时代，但这一结构特点并没有根本改变。而后者则以大一统、一元性、集权性、安分敬制性的方式存在。从结构上看，欧洲文明更像是一个由无数自主活动的细胞聚合而成的生命体，中国古代文明更像一个由无生命的砖块按固定的标准整齐堆砌而成的巨大墙体。

首先，让我们来考察一下西方文明的生命潜力。综上所述，西方文明具有小规模、多元性、自发性、微观个体的竞争性、开放性，以及流动性，所有这些因素，恰恰是生物体共有的特性。欧洲文明上述这些特点，造成两个重要的能力：第一种能力是自主个体细胞所具有的微观试错机制；第二种能力是个体的多元性所具有的适应环境挑战的微观变异能力，使一个文明整体具有了对环境变化的反馈能力与适应能力。正是这两种能力的结合实现了整体的演化趋势。

为什么演化只能在这种结构中发生？从新制度主义角度来看，一种文化对新事物的适应，首先是一个分散化的试错过程。这种试错过程的作用就是应付我们的这种无知状态。因为人类对复杂事物的认识是有局限性的，个体的差异使人们在应对挑战时，可能存在着创新与变异，然后是一个自然淘汰的过程。有些变异特别能适应新挑战，它就对其他个体起到示范作用，其他个体纷纷向它仿效。多数人接受了变异，成为共同准则。西方文明结构具有通过小规模个体的自主选择与变异，来形成微观个体的试错机制,以及竞争个体之间存在的区位优势的特点。一旦时机成熟,就会产生资本主义文明的巨大动力。这是一种在结构上有助于社会内在机制生长的文明。

前资本主义的西方文明自罗马帝国崩溃后,从此无力建立起庞大的帝国秩序,因而也不可能产生统一帝国文明带来的规模效应,但却具有强大的发展潜质。这是因为,无数自主的个体在多元性的内在竞争过程中,却存在个体变异的广阔空间。一旦出现了有利于资本主义生产力的个体变异,并进而使这一变异特性扩展到整个欧洲其他地区,就会由点到面地发展出强大的资本主义生产力与文明。这种文明远比以"分"为基础的中国文明具有强大的发展优势。虽然西欧文明的潜在活力在前现代并没有显示其价值,但一旦产生资本主义,就会如同中子碰撞,激发出巨大的能量。

正是在这个意义上,微观个体的自由,对于一个种族应对复杂多变的危机,提供了各种可能的选择,社会就可以通过对这些个体的选择进行筛选,从中挑选出收益最大、成本最低、风险最小的那种办法,来应对环境挑战。正因为如此,个体的自由、个人行为的不受约束,是文明进步的主要动力。正如一位西方思想家所说的,只有当无数微观个体将其获得的知识与所处的特定环境进行调适,文明才能得到累积性的进化,社会才能在应对偶然事件中,获得文明发展的更多动力。

下面,让我们看一下中国文明的砖墙结构性质。只要我们再读一下前面引证的吕祖谦那段由十二个"不"字结合而成的议论，就可以理解，中国以"分"为基础的传统文化所关注的是把社会成员变成工厂里由砖模制造出来的整齐划一的砖块，然后以机械的方式把这些砖块凝固成农业帝国的巨大墙体。如果砖头出现任何差异性、自主性、多样性，无疑是对墙体安全的威胁，必须予以修整。如果不能修整到划一的程度，则这块砖头就必须废弃，哪怕它是用玉制成的。对于城墙来说，不合"分寸"的砖头就如同废物。一个要求臣民安于法度分寸之内的文化，一个"习民于尊卑等差阶级之中"，使其"志虑不易，视听不二"的文化，注定要把个体的自主性与竞争性，视为"逼上无等"。这是一个"反个体竞争性"的文化。传统的儒家文明如同一块墙体一样，将注定以农业帝国的精致化作为其发展途径，它对环境挑战与变化的适应力是相对迟钝的。

让我们先搁置这些或许过于抽象的理论言说，通过中国传统的游士阶层的消失这一例子，来考察中国文明的性质。如前所述，春秋战国时代在结构上与西欧前现代社会有类似之处，由于多元国家并存，小规模、多元性、自主性、流动性与各国之间的竞争性，也是这一时代的结构性特点。与这一结构相对应的是，奔走于各国之间的游士阶级特立独行，交通王侯，有独立的道德观念与英雄气质。用司马迁的说法，他们言必信，行必果，重承诺，舍生取义，杀生求仁，视死如归，赴汤蹈火而不辞。先秦游士的这些特点颇与日本的浪人，或欧洲中古的骑士相类似。这些生活于民间的游侠，一直存在到西汉初年。班固称他们"温良泛爱，振穷周急，谦退不伐，亦皆有绝异之姿"。

游侠体现的是一种多元性、小规模性、竞争性、流动性的价值取向。先秦时代的伯夷、叔齐、孔子、墨子、老子、荀子、李斯、韩非子、苏秦，由孟尝、春申、信陵、平原君所养的那些侠士，以及战国贵族所供养的"鸡鸣狗盗之辈"，他们所代表的多元的价值观，以及他们作为社会自主的个体面对环境所具有的自主选择能力，正体现了先秦中国社会中所具有的一种难能可贵的微观试错与社会变异的机制。春秋战国时代百家争鸣所体现的文明进步与繁荣，正是这一阶层文化活力最雄辩的体现。

然而，大一统时代的到来，意味着他们悲惨命运的开始。到了汉武帝时代，著名游侠郭解全家因细故而遭到族灭，从此以后，游士阶层被帝国统治者当作异端予以镇压，从此走向消亡。班固与当时许多士大夫都称赞汉武帝诛杀郭解的做法。他们认为，游士"背公死党之议成，守职奉上之义废"，游侠"结私交"，形成与政府不同的权威。游士们"设诈谋"，"驰逐于天下以要时势者"即以迎合政治上与中央离心者的政治需要。他们还认为，游士的价值就是一种"士为知己者用"的私忠，所有这些都是与大一统时代所要求的臣民对帝国君主的公忠，以及建立在对"名分"之上的无条件顺从皇帝的礼法相背离。正因为如此，在他们看来，游士的存在是对中央集权专制国家的直接威胁。

游侠被清洗，是此后中国文化发生大转向的一个重要里程碑。它意味着中国先秦以来社会上存在的多元性、小规模、流动性、竞争性组织结构的最终消失。而西汉以后的中央专制国家对稀缺资源的全面垄断，实际上是剥夺了中国社会通过小规模自主性的个体的微观试错方式来寻求发展之路的机会。从此以后，中国走上的是另一种类型的社会演变路径。

在中国，士绅知识分子取代了游士的地位。帝国统治者利用国家垄断的名位权力资源吸引并供养士绅官僚精英。但供养的条件就是士大夫必须为中央集权的国家所用，国家用统一的价值规则选拔人才，并约束士大夫知识分子精英。但国家对礼名器的垄断，形成了社会上的上下等级秩序。另一方面，也限制了社会进步所需要的个人选择空间。以下故事最能说明士大夫自主性的丧失以后他们的命运：

> 上（汉武帝）招延士大夫常如不足，然性严峻，群臣虽素有爱信者，或小有犯法，或欺罔，辄按诛之，无所宽假。汲黯谏曰："陛下求贤甚劳，未尽其用，辄已杀之，以有限之士恣无已之诛，臣恐天下贤才将尽，陛下谁与共治天下乎？"上笑而谕之曰："何世无才？患人不能识之耳。苟能识之，何患无人，夫所谓才者，犹有用之器耳。有才而不肯尽用，与无才同，不杀何施？"[1]

在汉武帝看来，士大夫知识分子唯一的用途在于为帝国效忠，一个不能为帝国再效忠的士人就是废物，留着也是没有意义的。

这种大一统文化，到了宋代更为变本加厉。由于汉代以来

---

[1] 司马光：《资政通鉴》卷十九，第637页。

的各代皇朝难以解决大权旁落的困境，于是新建立的宋王朝做出一个具有革命意义的重大制度变动，明代思想家顾炎武对此种变动，做出如下概括性的评论：

> （宋）收敛藩镇之权，尽归于上，一兵之籍，一地之守，皆人主自为之，欲专大利而无受其害，遂废人而用法，废官而用吏，禁防纤悉，咸柄最为不分，故人才衰乏，外削中弱，以天下之在而畏人，是一代之法度有以使之也。[1]

如果说西汉时期剥夺了社会民间的自主性试错机制，但还多少保留了地方官府的自主性，那么到了宋代，地方政权原本就十分有限的自由处置权，因地制宜的对环境变化的变通权、主动性、活力、微观自主性，也就从此就被进一步剥夺了。其后果与代价就是：

> 今之人君者，尽四海之内为我郡县犹不足也，人人而疑之，事事而制之，科条文簿日多于一日，而又设之监司，设之督抚，以为如此，守令不得以残害其民矣，不知有司之官，凛凛焉救过之不给，以得代为幸，而无肯为其民兴一日之利者，民乌得不穷，国乌得不弱。[2]

前人这一段评语相当准确地揭示了这一结构越来越走向作茧自缚

---

[1] 顾炎武：《日知录》卷八，甘肃民族出版社，1997年。
[2] 顾炎武：《郡县论一》，《顾亭林诗文集》，中华书局，1983年，第12页。

之困境的封闭趋势。

正是在这个意义上，中国文明史实际上是一部以压抑个性与地方自主性，来实现宏观稳定为原则的文明的盛衰史。大一统、同质性、一道同风的思想与意识形态，对人性的格律化，成为以"分"为精神的中国文明的基本特点。这一点可以解释，在漫长的人类历史上，为什么西方会发展出对人类文明有划时代伟大贡献的资本主义文明，而中国则走向沉睡与封闭。黑格尔在《历史哲学》中说过一句极具哲理意味的名言："万古长存的山岭并不胜过转瞬即逝的玫瑰。"在文明演进的比较上，这句格言同样有用。

对中国近代化失败的文化解释

用两种文明的不同结构类型来解释中西文明近代的冲突，严复可以说是近代中国第一人。在严复看来，中国文化的基本精神是"以止足为教""相安相养""防争泯乱"，这是一种以"安分敬制"为本位的非演化性的文明。在中国，如砖石般整齐划一，一道同风，文化上的求同思维，可以形成超级专制帝国，一方面可以利用规模效应，发展出高度文明，但这种结构注定难以产生宏观的活力。

严复是中国近代思想家中最早认识到中西文化立国精神的不同的人，在他看来，中西文明立国精神的不同，对于一个国家的政治制度层面有着极为重要的影响。这种立国精神上的根本差异，反映在中国传统政治制度层面，就是"禁非有余，而进治不足"。当西方"竞争性"文化与中国"防争泯乱"的文化相抗衡时，后者就必然陷入极为被动的境地。严复还指出，如果这两种文明老死不相往来，各走各的路，也无所谓好坏之分，但近代一旦接触，其胜负就立即决定了。

以"防争泯乱"为基本原则的专制政体，在多大程度上决定了中国早期现代化过程中"综合反应能力"消极特点？严复对此曾进行了一系列分析。

严复认为，正是这种专制政体抑制了社会成员，包括官僚士绅精英与下层民众的微观活力与主动性。他指出，自秦以来，专制统治的主人，为了维护自己的政权不再受到他人的争夺，用"猬毛而起"的法令，来约束人们的行为，而这些法令十之八九皆是"坏民之才，散民之力，漓民之德者也"。[1]他还指出，中国的统治者，以钳制民众的主动性这种高昂代价，来换取统治上的便利与安全。专制政体不知不觉地使民众"弱而愚之"，其结果就使中国人在外敌威胁面前失去主动的自卫能力。这就如同"其卑且贱"的"奴产子"，无法与"其尊且贵"的贵人相斗一样。而且，更严重的是，庶民既然无权过问地方与国家的公共事务，那么，这种政治与公共事务方面的能力与兴趣也无从发育与培养，其结果也就是"通国之民不知公德为何物，爱国为何语"。这种"舍一私外无余物"的"苦力"与爱国者战，"断无一胜之理"。[2]

---

[1] 严复：《辟韩》，《严复集》第1册，第36页。
[2] 严复：《法意》，《严复集》第4册，第985页。

严复的这一分析，对我们认识中国清王朝对西方挑战的文化应对能力，具有重要的意义。首先，这种社会难以产生在思想、精神心智与能力上足以应付复杂多变的国际形势的人才。传统文化与政治体制窒息了这种能力的生长机制。而且，这种政治倾向性随着专制政治的完备而愈演愈烈。用严复的话来说，"其弊之甚，其害必有所终，故自与外国交通以来，无往而不居其负"[1]。

而且，更为严重的问题是，一旦中国在面临来自西方侵略而形成的日益深重的危机，产生要求变革的愿望时，由于在长期封闭的、大一统的体制下的中国人，从官僚、士绅到一般下层民众，基本上受的是同样的文化训练、经受的是同样的文化冲击，视野、态度也大多雷同，社会分化的水平很低，价值与观念态度的多元化程度很低，各种观念、价值与政治主张之间缺乏制衡与缓冲，由于这个文明中的知识精英与政治精英受"分"的文化规范而具有的高度同质性，其结果是，一种思潮成为主流，就会压倒另一种思潮，也就是一种倾向总是"掩盖"与压倒了另一种倾向。一种思潮崛起，大都一呼百应，形成两极化的震荡现象。用严复的话来说，"至于事极而返，则横议蜂起，溃然如堤堰之决。居上者欲捧土而彰之，而世风民气，遂不可问矣……"[2]。严复所揭示的这一特点，解释了中国自甲午战争以后，陷入两极震荡的根本原因。

1　严复：《原富》，《严复集》第4册，第907页。
2　同上。

其次，我们可以发现，大一统文化对社会成员起到价值同质化的作用。在西方挑战出现后，这一文明又很难产生应付西方挑战的新路径。当外部挑战来临时，这种试错机制无法在社会内部通过小规模、多元性、竞争性、开放性的方式来形成，科举制下的士大夫难以产生具有世界眼光的人才只是这一现象的表现。在本文开头时所举的那些例子，何以在中国层出不穷，其原因就可以由此迎刃而解。

再也没有比中国洋务运动与日本明治维新的比较更能说明问题的了。表面上看，中国清王朝的中央集权专制政治比日本分散的幕府政治更容易通过接受西方挑战而走向现代化。因为大清王朝已经有了有效能的中央集权的国家官僚体制，科举制在人才选拔上也似乎更为开放，更为公平，按西方早期学者与观察家的逻辑，当时的中国只需稍稍调整政策，改革一部分官僚机构，运用这一自上而下的现成行政体制来推行现代化政策，就足以有效地推进中国的富强。日本要实现本国的现代化进程，则必须先改变封建制结构，统一分散的藩国体制，使日本中央集权化。中国只需走一步，日本却要走两步。根据这种判断，中国比分散为265个藩的四分五裂的日本，似乎更容易推进本国的现代化。

然而，历史证明情况恰恰相反。日本通过明治维新，迅速崛起并打败比日本更早与西方接触的中国。从此中国陷入难以摆脱的民族危机。美国学者赖肖尔在他的《近代日本新观》对这一结果做出了颇有说服力的解释，他指出，一直延续到19世纪的日本的封建藩国制度，在形态与结构上都十分接近于欧洲中世纪的封建制。而恰恰是这种封建制的同构性，使日本成为非西方民族中唯一成功地实现了现代化的国家。那么，为什么分裂的日本比中国更容易进行现代化？

首先，从宏观整体结构上看，日本恰恰具有前面所说的小规模、多元性、分散性的结构特点。日本在分封体制下，被分为许多大大小小的藩国，这种多元体制比单一的中国大一统的中央集权官僚国家，在结构上更富于变化，日本二百多个藩国各自形成小规模的多元的试错主体，因而更能对外部的挑战与环境的变化做出不同的反应。这其中以萨摩、长州、土佐、肥前这些新重商主义的经济力量最为显著。长州藩就在很早以前与西方有交往，这比单一的中国中央集权制度更具有适应能力。这些多元共同体能够做出不同的反应。

相反，中国大清王朝体制下，中央王朝国家是唯一试错主体，而且，王朝国家受意识形态教义束缚更大，人们更难从这一教义中摆脱出来。中国的大一统官僚体制对全国的严密控制，使中央政权有力量粉碎一切被它视为异己的非法的地方反应。国家意识形态强有力地制约了试错主体的选择路径，形成强烈的路径依赖性。

其次，从社会个体层次来进行比较，封建制瓦解过程中出现的游离武士具有革命性。日本分封制结构里形成的武士阶层，相当于先秦时代的游士阶层，他们具有更大的自主性与游离性，他们作为自由个体，一旦游离出来自谋出路，比科举制度下的中国士绅更不受传统价值的束缚，失去晋升机会的下层武士则由于体制对他们没有吸引力而致力于研究洋学，这样他们就很容易在近代化过程中成为对日本现代化做出重大贡献的企业家、海运王、留学生、政治家与精英人物。例如岩崎弥太郎、板垣退助、大隈重信、伊藤博文，均出身于各藩的武士家庭，正是这些人成为明治维新的中坚力量，转化为现代化的精英。

中国的情况恰恰相反，科举考试公平地从社会上吸纳精英人才的制度，使几乎所有的人都能通过迎合国家确定的价值标准，通过科举这唯一通道，获得权力、地位、名望与各种稀缺资源，科举制度的合理性，使中国士大夫阶级维护现行秩序方面远甚于日本。科举制度录用人才方面的公平性，也阻止了人才向其他方向流动，使青年热衷于经典与八股。士绅精英对传统体制的保守倾向，妨碍了改革派的出现。这正是中国洋务运动的问题所在。

中国变革的千年史意义

如果从千年史的角度来看，近百年的中西文明碰撞，从文明结构上看，是多元竞争性文明与大一统的"安分敬制"性文明之间的碰撞，中国近代的挫折与失败，与后者的同质性、板块性结构，缺乏演进与适应能力有关。改革开放以前形成的经济上"统购统销，统分统配，统进统出"计划体制，同样是一种同质性、板块性的、以"单位所有制"的"分"为基础的组织结构，这样的体制虽然有其特定历史条件下的合理性，也为中国的现代化初期阶段奠定了基础，但微观竞争力与适应新环境的能力不足，不利于现代化的进一步发展。中国当代变革意义就在于，在改革的推动下，由于激活了社会内部的微观个体、地方与企业的竞争活力，这就使一种社会微观个体多元性、自主性与流动性相结合而形成的竞争性机制，在中华大地上得以蜕变演化出来。强大的国家力量与社会多元的结合，让中国经济焕发出巨大的能量，正是在这一意义上，中国改革开放的历史，具有千年历史上结构大转型的里程碑意义。

中国自20世纪80年代开始的大变革之所以具有如此强大的生命力，就在于这一改革在保持国家威权对于社会宏观秩序的连续性控制的同时，又能把社会成员、企业、社团共同体、各省、各县、各乡镇、各村与个体，从板块型的计划体制中分离了出来，使它们在市场经济领域与社会生活领域中，成为相对自主、相对多元的利益主体。集权政府运用国家权威，保持政治稳定的同时，又激活了微观利益主体的主动性。形成无数多元的、小规模的主体之间的竞争性关系结构。而社会政治的宏观稳定与社会多元之间，保持着互相依存的关系。

正如经济学家们指出的，没有任何力量，比竞争产生的能量更强大；没有任何竞争，比像地方作为利益主体为增长进行的竞争那样，产生如此巨大的推动社会变迁与经济增长的力量。有经济学家指出，过去二十多年里，中国经济已经事实上演变成"财政联邦主义结构"。巨大的经济体分解为众多独立决策的地方经济，创造出地方为经济增长而激烈竞争的局面。相对自主的地方政府之间的竞争，导致地方对基础设施的积极投资，导致有利于投资增长的政策环境的改善。

尽管这种竞争存在着过度投资、重复建设、资源重复配置等消极现象，但地方间的竞争，却具有小规模、多元性、自主试错的特点，这就能从根本上减少了集中决策的失误，这些在各省、各县、各城镇、各企业的多元利益主体之间的竞争，也充满了"始而相忌，终于相成""相互砥砺，争雄并长"的故事。利益主体之间的贸易联系，也在这一竞争过程中不断加强，这又成为经济繁荣的决定性因素。中国将在这一改革历史进程中，最终告别自己的千年结构，并向一种新的文明蜕变。当然，这一文明肯定会具有自己的民族特色。

从这一大转型视角来思考问题，我们就不至于迷失大的历史方向，不会因为改革中出现的一些消极现象而手足无措。

近二百年的中国近代化过程，近四十年的中国改革过程，都表明中国不可能简单地照搬西方的体制，一个在前现代世界上就具有超大规模的东方文明国家，在与近代以来西方文明的交流过程中，绝不可能在消失自我的过程中变成另一个西方化的"他者"；相反，它在吸取世界文明的同时，将保留本民族文化的重要特质。

未来的中国文明会是一种什么样的结构？集中的国家权威与充满活力的多元社会、文化与经济，在未来的中国，会以一种什么样的方式有机地结合在一起？严复说"非新无以为进，非旧无以为守"，新与旧、传统与创新，将以什么方式融合在一起？这是二百年来的"世纪之问"，也是未来不断挑战中国人的疑难问题，我们民族也将在生活实践与集体经验中接近它。

戊戌变法与中国早期政治激进主义

戊戌变法是中国近代历史上第一次以皇帝的权威合法性为基础的、自上而下的大规模推进体制更新的变革运动。直到鸦片战争以后近60年的1898年，中国才终于真正获得了一次来之不易的变革机会。然而，这场变革却以失败的悲剧而告终。

在以往的研究中，学者们更多是着眼于从保守派的顽固抵制，来探求这次变法失败的原因，本文所关注的中心问题是，这场传统专制政体下的变革运动的客观制约条件是什么？变法运动的失败，在多大程度上与变法者本身的不成熟有关，以及与他们在固有的文化观念的支配下所做出的激进政治选择的失误有关？在上述研究的基础上，本文将进而分析戊戌变法派人士的政治激进主义的基本特征及其产生的文化根源。

清末近代化的创新阶段

我们可以把清末现代化大体上划分为两大阶段,从洋务运动到甲午战争为第一阶段,从此后的戊戌变法到清末新政为第二阶段。

以洋务运动为中心的前一阶段可以称为"政策创新"阶段,其基本特点是,清政权是利用现存的"祖制"作为推行变革的手段的。执政者只不过运用这种现存的国家权力结构来推行不同于过去的新的政策。这一特点决定了统治精英内部在价值观念与利益分配方面的矛盾与冲突并不十分严重。

而在以戊戌变法与清末新政为标志的后一阶段,可以称之为"体制创新"阶段。推进变革的政治精英已经认识到,由于传统体制的僵滞性与专制政治、文化的强大惰性,局部的政策调整远不足以解决民族生存危机;推进更大规模的制度创新是摆脱危机和实现富国强兵目标的必由之路。为了使这种制度创新得以实现,这就涉及必须对传统的政治运作程序、官僚制度、政治参与的固有方式、对社会进行动员的方式等进行变革。这种体制性变化,是第二阶段不同于第一阶段的最主要特点。

就戊戌变法运动而言,这种体制创新运动面临哪些基本矛盾与问题?

首先,戊戌变法面临的最大困难是,它引发政治认同危机与政治冲突的可能性较之洋务运动更大。这是因为,第一,它涉及对人们习以为常的"祖制"进行幅度更大的变动;第二,由于外患日迫，这种体制创新又必须在相对有限的时期内取得效果，这样，就在两个方面产生远比过去更为激烈和尖锐的矛盾冲突。第一方面是新旧意识形态与价值观念之间的冲突。在体制变动过程中人们对于变革的心理承受力和接受力，也会遇到前所未有的新的困难和问题。更大幅度的变革对人们传统观念、传统价值的冲击比前一阶段的政策创新远为强烈得多。第二方面是体制创新所产生的权力与利益分配变动所引发的利益冲突。由于传统官僚体制下权贵与官僚群体原有的既得利益，在新的变革时期受到严重的挑战。变革者不但面临意识形态保守派的反抗，同时也面临那些因既得利益受到影响而不满变法的权贵官僚势力的反抗，尽管后者在民族危机急剧深化的情况下，原先可能也支持变革。变革派面对的最为致命的危险是，以上两类反对势力形成反对变革的政治同盟。这种政治同盟在政治权力与意识形态方面所拥有的雄厚资源，足以扼杀羽毛未丰的新生改革力量。

其次，体制创新阶段的变革面临的困难是，就中国而言，变革是在更为严峻的危机形势刺激下被引发的。这就使变革者心态上的焦虑感、激愤感这些主观因素，较之过去更容易支配其政治选择并对变革产生影响。另外，民族危机的深化所造成的大幅度的变革，就有可能引起社会整合的困难。这样，改革者的主观愿望与客观可能性之间，就会出现脱节。这种脱节，又会使官僚体制内部人数众多的支持渐进改革的温和派，与主张更为激进改革的变法主流派之间产生分歧与矛盾，并有可能使后者加入反对派的阵营。这就使矛盾冲突进一步加剧，改革的难度增加。

正因为如此，变法运动存在着两种前途。一种是变法派精英能够积极争取温和派的支持，并在改革初期尽量减少对官僚既得利益的明显冲击，使之尽可能保持中立，避免保守派与既得利益者之间构成反对改革的政治同盟，这样，改革就能在充分利用现存体制提供的权力运作条件的情况下，步步为营地、逐步地实现改革者所期望的目标。

另一种前景则是由于变法者没有采取合理的战略与策略，其结果是保守派、既得利益者，甚至相当一部分改革温和派结合为反对变法的政治同盟，改革就会在这种强大的政治攻势下遭到失败。事实表明，戊戌变法正是沿着第二种前景发展并导致最终失败的。

下面，我们将从中国早期现代化过程的体制创新阶段的战略与策略角度，对这场变革进行分析研究。

改革的有利因素：新共识在官绅阶层中出现

应该指出的是，甲午战争以后的中国确实存在着一系列有利于变法的条件。

首先，相对于后来的清末新政时期而言，戊戌变法时期的清政权仍然具有相对充分的政治资源与政治效能，来有效地实施对全国的控制并自上而下地推行各种政令措施。

其次，甲午战争以后，政治精英要求变革的共识程度，较之过去有所增加。《马关条约》的签订、德国对胶州湾的强占，在中国统治精英与士绅中业已产生一种前所未有的危机感，他们在通过更大幅度、更为迅速的进一步变革以拯救民族这一点上，形成过去所没有的新的共识。最能说明这一事实的例子是，参加强学会的，不但有康有为、梁启超这样的青年知识精英人物，而且还有袁世凯、聂士成这样的新军将领，身任军机大臣或地方督抚要职的高层官僚，如翁同龢、孙家鼐、李鸿藻、王文韶、张之洞、刘坤一也都成为强学会的会员和赞助人。而且，值得注意的是，甚至连那些以保守著称的人士也开始出现态度上的新变化，徐桐奏请调湖广总督张之洞入京来主持全国的改革，连于荫霖这样的极端保守的人士也认为，"徐图而渐更之"的"不立其名"的变法也还是可取的。新的共识，表明进一步改革可能引起的人为的阻力实际上已经比过去大为减少。这无疑是体制创新的有利因素。

然而，就中国当时的最高权力格局与中国传统官僚体制的特点而言，进一步的更大幅度的体制创新，却存在着一系列严重的困难。它们构成变革集团必须认真看待的前提和制约条件。

慈禧与光绪：最高权力层的二元格局

自光绪皇帝于光绪十三年（1887）亲政到戊戌变法时期，最高权力结构存在着一种特殊的组合，那就是慈禧太后与光绪皇帝共同分享皇权的合法性。

造成这一最高权力结构"二元化"的历史原因，首先是自同治初年以来，慈禧太后就执掌了最高权力，并运用这种权力，在数十年中组织起从中央到地方的重要官僚班底，这样，她就在广大官僚的簇拥中，形成至高的权威。

其次，光绪皇帝本人并不是嫡传的皇位继承人，他成为皇帝是由慈禧太后选定的。这位亲政后的皇帝，必须以听从太后的意志作为对这种恩赐的还报。而太后也以取得皇帝的这种还报视为当然的权利。

另外，不容忽视的一点是，慈禧太后与光绪皇帝在个性与心理上存在着相当大的差异，这对于最高权力的运作具有至关重要的影响。慈禧太后精明强干，在政治角逐的长期斗争中具有丰富的阅历和经验，她具有强烈的权势欲，具有一种要求他人对自己绝对服从的家长制人格，并也确能通过自己的能力使这种权势欲不断地得到满足。与此相反，光绪皇帝在个性气质上则是一个较为文弱而且也较为缺乏主见的人。就政治智慧与意志能力而言，光绪皇帝至多只能属于"中主"这样的水平。他心地较为单纯，较少心计。

太后与皇帝在性格上的巨大反差与光绪皇帝从小在慈禧严格管束下长大的生活经历，使慈禧太后在心理上对光绪皇帝具有一种无形而又巨大的威慑力和控制力。这种特殊的权力关系，使光绪皇帝并不具有一个在位皇帝所应拥有的正常权力地位。这一事实本身就应是为皇帝设计改革策略的变法派应该予以充分考虑的基本前提。

从政治倾向方面来看，必须指出的是，慈禧并非是变法不可逾越的障碍。慈禧太后本人并不应该被简单地划归入保守派之列。从以往的历史来看，早在同治初年，她就力排权贵们的保守势力，对洋务运动予以积极支持，甲午战争的失败也同样给她以巨大的刺激和精神震撼，使她对进一步加大变革幅度也持较过去更为积极的态度。正如一些研究者所指出的，像发布"明定国是诏"这样的政治大事，如果没有慈禧同意，是不可思议的。[1] 在变法开始，慈禧对康有为似乎也并无恶感，她甚至还为康有为奏折中表现出来的一片热忱和胆量所感动。随后她"命总署大臣详询补救之方，变法条理"[2]。

然而，必须指出的是，慈禧认为，变法必须是有限度的，她反对像日本那样的"更衣冠、易正朔"，认为这样做会得罪祖宗，因而是断不可行的。这种情况表明，太后更多地属于那种并不反对有限变法的既得利益者类型。

这种权力关系的复杂性与两位最高执政者之间的潜在紧张和矛盾，是推行新的变革运动的极为重要的制约性因素，由于传统专制政体下的制度创新必须以最高权力中心的指令与自上而下的权威合法性作为基础。这种最高权力关系的二元化及其内在的矛盾，使各级臣僚与政治精英在认定效忠对象时，就面临着两难局面。其结果便是，人们可以根据自己的政治倾向、价值观与个人的既得利益，在皇帝与太后两个最高权威之间，选择和认定自己

---

1 孔祥吉：《康有为变法奏议研究》，辽宁教育出版社，1988年，第230页。
2 苏继祖：《戊戌朝变纪闻》，《中国近代史资料丛刊·戊戌变法》第1册，上海人民出版社，1957年，第331页。

的效忠对象。

这种清末时期政治效忠的两极化趋势,将有可能导致这样一种情况:改革派可以以光绪皇帝为权威合法性的正统,而保守派与对激进改革不满的权贵们则可以从太后那里获得保护与支持。而双方都可以理直气壮地认定自己的政治效忠选择是合法化的、光明正大的。

由于传统专制政治是一种高度封闭性的政治,宫廷内部的权力资源分配的实际状况对于绝大多数外人而言,始终笼罩着一层神秘的面纱。这种情况增加了戊戌变法时期的青年改革者们对权力格局判断的困难,也影响到他们做出合乎实际的正确决策。事实上,当这些变法派人士后来惊异地发现,恰恰是他们力图排斥的慈禧太后才掌握着远比光绪皇帝更大的权势时,他们的败势已经无可挽回。

综上所述,由于慈禧具有事实上的至高权威,具有无可争议的精神上和心理上的支配影响力量和地位,无论从个人的意志力和魄力上,从光绪与太后之间长期形成的固有关系上,还是从传统习俗、伦理和法统上,这位年轻的皇帝都无法逾越太后这道巨大的权威屏障,去独立从事一番改革事业。

在这种皇权二元化的条件下,是不是改革就注定必然失败?显然不能得出这种过于简单化的结论。

在光绪客观上一时还没有足够的实力与意志去抵制和排斥太后所拥有的最高权威和潜在的"否决权"的条件下,在太后并没有构成对进一步改革不可逾越的障碍的情况下,尽可能地安抚这位太后,并缓和两者之间的矛盾,在太后可能容忍的最大限度范围内从事变法，防止两极化的态势，至少在初期阶段，是使变法运动取得顺利进展的必要条件。

官僚政体下的体制创新的"适度性"

除了上述清王朝最高权力中枢特殊的历史条件是改革者必须充分考虑的制约因素外，传统政治体制本身的特点和性质，则是制定改革战略必须考虑的更为重要的因素。

美国学者亨廷顿在对后发展国家的改革进行比较时曾指出，如果传统政体原来已经拥有了一个大规模的官僚制度，其功能已经专门化，而且其官员又是基于传统的成就标准从社会上甄选出来的，那么，改革官僚体制就会显得相当困难。他认为，集权化的官僚帝国，如俄国、中国和奥斯曼帝国的改革，就比日本那种封建性的分封制的改革困难得多。因为，在分封制的情况下，从事现代化变革的具有传统权威合法性的君主，可以从社会中直接地、大批地引用更多的新人，来充实自己另起炉灶的新的政治中心，而无须顾忌传统贵族的意见。然而，在集权的官僚政体条件下，君主固然可以提拔少数个人，但却不可能变更整个官僚阶级。他必须把新旧人员小心翼翼地混合在官僚体制内，只有这样，才能在维持旧式官僚的声望与利益的前提下，发挥新官僚的作用，否则就会引起原有的官僚势力的剧烈反抗。[1]

---

[1] 参见〔美〕塞缪尔·P. 亨廷顿：《变动社会的政治秩序》第3章，张岱云等译，上海译文出版社，1989年。

亨廷顿还指出，正因为如上原因，在传统官僚体制下的改革派皇帝实际上处于少数派的地位，他只有采取缓进的方式才可能取得成功。因为"过于激烈和过于迅速的行动，常常会导致潜在的反对者转变为积极的反对者"[1]。

传统集权政体的变革之所以必须采取渐进的方式，除了前面所指出的旧体制对新式官僚的容纳程度受到结构上的极大限制之外，还因为广大的传统官僚接受的是保守的价值和意识形态的训练，他们所遵循的规则、规矩、行为方式早已约定俗成，并根深蒂固。他们是按照传统的成就标准，就中国而言，是按照官学化的儒家标准和科举取士的方式，从社会中选拔出来的。维护这种传统价值和与此相应的价值观念，不但是他们维持自己的信仰所必需，而且也是维护他们的既得利益所必需。推进变革事业的决策者，必须正视这一事实。

这就意味着，改革精英切忌公开、全面地对传统价值与意识形态宣战或与之决裂，而只能在约定俗成的传统规范所能容忍的最大限度内，来推进变革的措施。只有这样才能减少认同分裂，使改革可以在不致发生政治体制内部严重冲突的条件下顺利地进行。由此可见，传统官僚集权政体下的变革面临着复杂的矛盾和严重的困难，一方面，改革精英集团迫于外部深重的危机，不得不加大变革的速度和幅度，他们必须在相对有限的时间内，以卓有成效的较大幅度的改革来避免外部危机的深化；另一方面，就

---

[1] 参见〔美〕塞缪尔·P. 亨廷顿：《变动社会的政治秩序》第3章，张岱云等译。

传统体制所能容纳的有效变革的程度而言，就改革所受到的限制条件而言，必须采取渐进的较为平缓的方式，又必须使这种改革的幅度不至于越出某种限度，以避免内部矛盾的激化。只有这样才能防止内部政治认同上的分裂和冲突的激化，使改革得以成功。操之过急，反而会葬送改革。

传统君主政治下改革成功的条件是相当苛刻的，改革者总是面临着两难选择。如何掌握改革合适的"度"，是一门真正高超的艺术。改革者所需要的政治判断力、智慧、技巧，平衡各种政治力量的能力，他对政治"火候"的辨识能力，正如一位研究后发展国家现代化的学者所指出的那样，也许更胜过历史对于一个成功的革命者所提出的要求。

正因为如此，那种仅仅根据一个改革者与传统观念与价值决裂的彻底精神、道德勇气和胆量来作为判断其历史地位高下的看法和标准，显然是浅陋的。因为这种泛道德主义的观念和标准无助于理性地认识历史上的改革成功或失败的真正原因。

"费边式"战略对专制变革的意义

在分析戊戌变法以前，引述亨廷顿对土耳其现代化之父基马尔取得成功的改革战略的研究是十分有意义的。亨廷顿把这种被他称之为"费边式"的战略概括为以下这些方面。[1]

1　参见〔美〕塞缪尔·P. 亨廷顿：《变动社会的政治秩序》第6章，张岱云等译。

首先，基马尔不是把改革所要求解决的所有问题同时提出，并一起解决，而是相反，他谨慎地把一个一个的问题分开，这样就能避免保守的反对者联手对付他的机会。在某项改革上，一些人反对他，而另一些人则可能保持中立或沉默。而转到下一项改革时，后者可能反对他，而先前反对他的人则可能转过来支持他。这样，他在每一个具体的改革措施上得到相当数量的人，甚至多数的人的支持。

其次，在基马尔所拟定的改革次序上，这位奥斯曼帝国的改革家是从可以取得最大多数人支持的问题上开始，然后逐步移向可能遭遇到最大阻力的问题上去。这种先易后难的战略成功的秘密就在于，改革决策者可以从较容易着手进行的改革所取得的成功中，获得新的威望资源，并运用这种资源来支持下一步更为艰巨的改革动作。而不断取得的成功又能增加改革者本身的信心和经验，这种信心与经验对于应付难度越来越大的改革就显得格外重要。

最后，基马尔在推进某一项具体改革措施时，经常暗示已经到此为止，并无继续向前推进的意图。而不是把全部计划和盘托出。他的改革计划的最后结果是什么，这只是他和他的少数亲信的机密。用基马尔自己的话来说，在时机尚未成熟以前贸然提出所有的问题，只会徒然使"愚昧者和反动者"得到毒害国家的把柄。他认为他有绝对的信心使所有这些问题在适当的时候得到妥善的解决，而且民众最后必将感到满意。推进某一项变革的条件一旦成熟，又采取闪电式战略，迅速地、出其不意地加以坚决推行，使反对者来不及有充分的时间积聚力量来阻止改革。亨廷顿把这种具有高度政治技巧和智慧的改革方式称之为"费边式"的改革战略，这种方式把宏观上的渐进与微观上的快进别具匠心地结合在一起。

奥斯曼帝国是一个相当典型的传统官僚集权制的国家。土耳其早期现代化改革，为什么能在基马尔的主持下取得相当的成功？

这是因为基马尔所采取的上述改革战略，成功地解决了前面所提到的传统集权官僚制国家所特有的严重矛盾，即作为在人数上只占少数的改革精英，与人数广大的受传统规范与约束的既得利益官僚—贵族集团之间，在价值与观念上的对立。少数作为先觉者的改革精英，包括具有改革导向的君主，绝不可能等到大多数旧官僚和贵族都进步到与他们拥有同样的价值观念时才能进行改革，外部压力所造成的日益严重的民族危机，不允许改革者等候那样漫长的时间。这固然是集权国家改革所面临的一个十分不利的条件，但集权国家改革却还有一个有利于改革的条件，即一旦握有实权的君主本人意识到改革对于本人和本民族生存的必要性，他就可以运用传统君主制赋予他的至高的权威合法性资源，自上而下地推行改革措施，没有任何人可以对这种权威提出挑战。

基马尔战略的基本特点是，充分地利用传统的权威合法性来引导变革过程，而在每项改革措施推出时，他的改革战略又能使支持他的力量总是大于反对他的力量。这也就是说，从整体上看，保守派或恪守传统秩序的人是大多数，而主张变革的现代化推动者处于少数地位。而在局部的每一个具体改革问题上，改革精英又可以运用自己已经执掌的权力资源，使自己的变革措施得到相当人数的支持，并不致引起危及变革的重大阻力。集权官僚体制下的变革成功是相当困难的，但又不是不可能的。基马尔在土耳其早期现代化变革过程中取得的成功便是一个具有说服力的事例。

进入戊戌变法时期的中国清王朝正面临着同样的问题。当时中国清王朝已经拥有一位有改革导向的青年皇帝，有着迫使中国政治精英与知识精英走向变革的日益严重的外部危机，中日甲午战争之后的中国广大士绅官僚已经比过去任何时候更能理解更大幅度的变革对于本民族生存的重要意义，虽然他们对于变革仍然有着欲拒还迎的复杂心理。一批更具有世界知识与国际视野的献身改革事业的青年政治精英已经开始崭露头角，并在社会上和上层政治圈中引起注意。中国新的改革者们能否形成一股具有理智的态度和成熟的政治智慧的政治势力，并充分地重视中国改革的各种政治与社会的制约条件，无疑将决定中国这次改革的历史命运，也将决定中国未来的前途。

戊戌变法人士的求变心态的基本特征

这里指的求变心态，指的是一种在特定的历史背景与文化氛围条件下形成的要求变革的心理态势。它包括那些要求变革的群体共有的思维方式、心理特征、观念与价值态度和对变革的情感状态。这些因素相互结合，形成一种相对稳定的特殊的意识—心理结构。必须指出的是，这种深层的意识—心理结构未必是变革者自己在理性层面自觉地意识到的，它也并不具有明显的理论逻辑性，但它却能在变革者的言论与政治行为中体现出来，并内在地制约着变革者们以特定的方式来对待现实，并做出相应的政治选择。研究这种支配戊戌变法派人士的激进的求变心态的基本特征，对于认识这一激进的变法运动的政治选择及其后果，具有十分重要的意义。

大体上，以康梁为代表的戊戌变法派的激进改革观大体上表现在以下这些方面。

康梁改革观的第一个特点，是他们认为改革必须是急剧而迅速的、快刀斩乱麻的。用康有为在《上清帝第五书》中的话来说，那就是："外衅日迫，间不容发，迟之期月，事变之患，旦夕可至。"他进而认为，在这种极度危急的情况下，"皇上与诸臣，虽欲求为长安布衣而不可得矣"。因此，只有急剧的、快速的改革才能使中国起死回生，在戊戌变法派看来，一切渐进的、缓和的变革，已经是"远水不救近火"，无济于事。杨深秀所说的改革就是"死中求生"，"救火追亡犹恐不及"[1]，最清楚地体现了这种求变心态。

这种变革心态的第二个特点是它与传统的"断裂性"。戊

---

[1]《山东道监察御史杨深秀折》，《戊戌变法档案史料》，中华书局，1958年，第15页。

戊变法派人士认为，变法必须是全面的"大变"，而不是部分的或局部的"小变"。最能表达这种心态的是康有为在呈光绪皇帝第五份奏书中所说的"能变则存，不变则亡，全变则强，小变仍亡"。

造成这种与传统"断裂"的"全变论"的一个重要原因，用康有为的话来说，乃是因为他们认定，旧体制是"千疮百孔"的"朽木粪墙"，而且，旧体制又是一个整体，要变动就必须全变，因为"举其一不改其二，连类并败，必至无功"。康有为曾用过这样的比喻："譬如一殿，材既坏败，势将倾覆，若小小弥缝，风雨既至，终至倾压，必须拆而更筑，乃可托庇。"[1]因此，对于旧制度，必须"尽弃旧习，别立堂构"[2]。尽管他们也多少认识到，要做到"更筑新基"，在方法上仍须做出"全局统算"，但康有为向光绪皇帝建议"统筹全局"的目的，是为了"全变之"。同样，康有为在回答李鸿章"是否变法就应尽撤六部"这一问题时，也表现了这种思维方法。他说"今为列国并立之时，非复一统之世，今之法律官制皆一统之法。弱亡中国，皆此物也"[3]。尽管在实际上他还不是一个革命者，但在他的观念与不自觉的层次上，已经显示出一种颇具革命性的文化思维的倾向性。在康有为的思想中已经显示出20世纪以后一种更为彻底的、全面的反传统主义思潮的先声。

---

1 康有为：《康南海年谱自编》，《戊戌变法》第4册，中华书局，1958年，第145页。
2 康有为：《上清帝第四书》，《戊戌变法》第2册，第175—178页。
3 同上。

第三个特点，是他们从泛道德主义的立场，主张"新与旧"之间的"水火不容性"，认为两者之间不存在妥协的可能。在他们看来，既然"旧物"已经被证明没有存在的价值，那么，顽固地坚持保守旧物，只能是出于道德上的邪恶与腐败。他们把新旧之争，简单地归结为"正邪之争"。

事实上并非所有反对激进改革的官员均是由于道德上的邪恶，而往往是由于观念与对改革效果的认识上的分歧。这种"新旧水火不容论"态度可能导致的消极后果是，变法派有可能孤芳自赏地把所有反对或不同意自己的政治观念的人（其中有相当数量的人实际上是支持有限改革的温和的稳健派或中间派）都视为反对改革的"旧派"或"敌人"来加以定位。

与此同时，他们把"老臣"与"小臣"简单地归类到"保守"与"改革"的两叉分类的框架中去。在受到光绪召见时，康有为就认为，以资格迁转而取得高位的老臣，无论从年龄、精力还是从对新知识的了解与掌握上，均不能胜任改革的大任，因此，他认为，"皇上欲变法，惟有擢用小臣，广其登荐，不吝爵赏。其旧人且姑听之"[1]。在这里，康有为却忽视了一个重要事实，那就是，并非所有的老臣都反对变法，而且，老臣所具有的在传统官僚集权体制下从事政治运作的丰富经验，恰恰是少壮派的新进官员所缺乏的。而这种经验对于在旧体制下取得改革的成功又是至关重要的。

---

1 康有为:《上清帝第四书》,《戊戌变法》第2册，第175—178页。

维新派人士的求变心态的第四个特点，是对激进变法的简单化的乐观预期。这些改革者一方面对中国危机的前景充满了焦虑，另一方面又对改革的前景充满了一种不成熟的乐观心态。康有为在受光绪皇帝召见时称："泰西讲求三百年而治，日本施行三十年而强，吾中国国土之大，人民之众，变法三年可以自立，此后则蒸蒸日上，富强可驾万国。以皇上之圣，图自强在一反掌间耳。"康氏还在《进呈〈日本明治变政考〉序》中认为，与日本相比，中国有更为有利的条件，首先，中国是"广土众民"，十倍于日本。其次，中国的皇帝"乾纲独揽""号令如雷霆""无封建之诸侯，更无大将军之为霸主"，因此，皇帝只要下定决心，自上而下地发号施令，四海以内就不存在反抗这种由皇帝发出的改革圣旨的力量。他还认为，由于中国与日本在民俗文化方面相近，只要以日本为借鉴，中国的改革也就"易如反掌"。"大抵欧美以三百年而造成之治体，日本效欧美以三十年而养成之，若以中国之广土众民，近采日本"，那么，其结果将是"三年而宏规成，五年而条理备，八年而成效举，十年而霸图定矣"。[1]

康有为变法战略的四个方面失策

如前所述，在君主集权制条件下进行改革面临的基本问题，是少数先进的改革精英与多数相对保守的官僚的对峙。这一事实

---

[1] 康有为：《进呈〈日本明治变政考〉序》，《戊戌变法》第2册，第4页。

就决定了改革的策划者在改革伊始阶段必须尽可能地在多数人能够赞同、理解或持中立态度的领域进行变革，以尽可能地减少改革的阻力。其次，改革派在羽毛尚未丰满的情况下，必须以渐进的方式来建立权力基础，并力求在改革一开始就使当时最高权势者慈禧太后保持至少中立的态度，而绝不能激化两宫之间原已存在的矛盾。这一点对于减少政治阻力是至关重要的。

然而，康有为等改革派却在一系列重大战略问题上采取了完全相反的做法。

（一）先声夺人的改革声势

与土耳其的基马尔相反，戊戌变法一开始，康有为就把改革的通盘计划公开于世，并把矛头公开地明确地直指他所认为的反对改革的政敌与传统的官僚体制。当军机处诸大臣问及应如何变法时，康有为首先提出"宜变法律，官制为先"的基本原则。当时李鸿章问道："然则六部尽撤，则例尽废乎？"康有为明确表示："诚宜尽撤，即一时不能尽去，便当改之，新政乃可推行。"[1] 这无疑是在变法派在政治上站稳之前就公开向以六部为中枢的传统官僚体制宣战，并以撤除六部作为改革必须达到的目标。

甚至当康有为奉召请训，荣禄问其如何改革时，康有为竟回答："杀二三品以上阻挠新法大臣一二人，则新法行矣。"[2] 这种惊世

1　康有为：《上清帝第四书》，《戊戌变法》第2册，第175—178页。
2　曹孟其：《说林》，《戊戌变法》第4册，第332页。

骇俗而又极不稳妥的言论，只能引起以荣禄为代表的反对派的忌恨，从而增加了变法的阻力。

其次，这种"先声夺人"还表现在康有为向光绪皇帝建议，以"大誓群臣，以定国是"作为变法的第一步计划。然而，这样做实际上就是把皇帝从变法过程的仲裁者的至高地位，推向改革派一边。这就使改革派与对立派的矛盾日益发展的情况出现时，皇帝本人将由于其明确的政治倾向性，而失去足够的政治回旋的余地。

康有为还提出，建立以改革派集中的"对策所"和"制度局"作为改革的核心，而不是对现存的军机处与总理衙门进行不动声色的渐进的改造，这种公然另起炉灶的做法，实际上是把处于传统体制内核心地位的官员视为政治上必须加以排斥的对象，并使传统官僚中的核心人物产生对立与警惧心理。这些潜在的反对者将会因为自己的原有利益受到"新进人士"的公然威胁，而向保守派方向靠近。

（二）"快变、大变与全变"的一揽子解决方式

当变法派取得皇帝信任并开始推进改革时，他们不是采取步步为营，突破一点，逐步扩大战果的渐进方式，而是主张"快变、大变与全变"的一揽子解决方式。在这种变法战略的影响下，光绪皇帝在103天的时间内，发布了二三百条涉及选拔人才、农工商业、裁汰官员、废除科举、财政经济、法律制度、文化教育、军事国防几乎所有方面的上谕。这些措施之间彼此既不配

合，又无后续准备，这种毫无章法的、不顾实施条件与实施可能后果的做法，只能使变法的实施停留在形式上。而且，这种表面上的大刀阔斧，则使众多在改革产生的利益重新分配过程中受到影响的人，越来越聚集于反对者一边。尤其像科举制度改革这种涉及全国数以百万计士绅前途的大举措，变法策划者们要求在当年就把全国的童试改为策论考试，连准备的时间也没有，这对历经数十年寒窗之苦的一般士人来说，实在是过于苛求，人们难以对这种变动有足够的心理承受力与思想上的准备。当时据称就有直隶士绅出于怨忿而扬言准备对康有为行刺。

（三）对传统中心象征的挑战

如前所述，自甲午战争以后，在中国官僚士绅精英层中，已经出现一种新的政治共识，即只有进行更为广泛、更大幅度的变革，才可能应付列强加之于中国的日益严重的危机，而人们一般并不认为，推行更大幅度的变革必须以重新改造孔子的传统形象作为这种变革的先决条件。换言之，孔子的传统形象，并不构成当时进一步变革的基本障碍。

然而，作为改革核心人物的康有为却以《新学伪经考》与《孔子改制考》来重塑孔子。康有为认为，古文经是刘歆为了帮助王莽篡政而伪造的，这样，他就把两千年来近二十个王朝崇奉的礼乐尊严，数百万士大夫的信条，斥为分文不值的"伪说"。他的主观意愿，是为改革寻找意识形态上的根据。康有为力图步马丁·路德的宗教改革的办法，来强调孔子的进化性、平等性、兼爱性与世界大同精神，以现代性价值观的要求与实际政治功利上的考虑来重新打扮孔子，以此来形成对社会人心的制约力量，同时进行变法的动员。从表面上看，康有为把孔子的幽灵请出来作为改革合法性的基础，这种改造孔子的政治战略似乎是高瞻远瞩，然而，他的考证，就当时的学术水平而言，也是相当粗劣，且牵强附会的。因为他对实际上的孔子并没有真正的兴趣，而又缺乏史料上的精审功夫。连当时著名经学家皮锡瑞，这位对变法一直抱同情与支持的态度的人士，也认为康有为的《新学伪经考》从学理上说"武断太过"。[1]后来连梁启超在《清代学术概论》一书中也不得不承认，"（康有为）以好博好异之故，往往不惜抹杀证据，曲解证据。以犯科学家之大忌"。

康有为作为一个思想家，固然有权利去发表任何他认为更为合理的观点或理论，哪怕这种观点在当时是何等的惊世骇俗。但作为一个在传统体制内部进行改革的政治家，这种做法恰恰是一种致命的错误，一种与良好动机产生适得其反效果的书生式的迂腐。

这是因为，首先，深受列强挑战威胁的当时中国士大夫，并非是从孔子的"现代化"观念中来取得变法必要性的认识的，而是在活生生的危机现实的压力刺激下获得这种认识的，人们未必先要从康有为的"三世说"中来认可变法的必要性，然后才会下定变法的决心。正因为如此，康有为的"三世说"可以说在政治

---

[1] 曹孟其：《皮锡瑞年谱》，《戊戌变法》第4册，第191页。

策略上是"画蛇添足"。

其次，康有为所发起的这场意识形态的挑战，把人们的注意力从已经取得的改革共识方面，转移到在当时根本无法达成共识的意识形态上不同解释的"正邪"之争上来，其结果是，在已经取得共识的方面，不能团结广大精英阶层，反而在最容易引起不同观念纷争与情绪化反应的意识形态领域，挑起新的争端。由于当时绝大多数士绅精英均无法接受康有为对孔子的新的解释，这就使康有为反而因自己的节外生枝而陷于孤立的境地。事实上对此问题进行"冷处理"就更为合适。

（四）孤立与排斥太后的政治战略

如何处理名义上归政的皇帝与掌握实际上拥有否决权的太后之间的关系，对于变法能否顺利进行，具有最关键的意义。尽可能地减少太后对皇帝的猜疑与不满，防止保守派与太后之间结合成政治上反对光绪改革的联盟，是中国集权体制下进行改革的特殊国情所决定的。这是改革成功至为重要的约束条件。

康有为在政治战略上最严重的失策是拒绝采取翁同龢"调和两宫"的主张。康在召对时就主张"尊君权之道，非去太后不可"。这种政治战略的前提是错误的。首先，正如前所述，太后在变法问题上并非极端保守，她同意在有限的范围内进行变革。其次，太后对光绪皇帝所具有的权威性及其在群臣中享有的权势，是不容忽视的客观事实。这些变法派的政治推论的致命错误是，既然太后已经归政于皇帝，皇帝就应拥有相应的实权。一旦他们认为皇上并不拥有这种相应的权力，就以排斥太后作为改革的目标。

事实上，在当时这种做法就遭到变法派内部不少人的反对。王照就曾指出："外人或误以为慈禧反对变法，其实慈禧但知权利，绝无政见。若奉之以变法之名，便得公然出头，则皇上之志可由屈而得伸，而顽固大臣皆无能为也。"他在给皇上的第一份奏折中就提出这一点，并屡次向康有为提议。但康有为坚执"挟此抑彼"之策，把慈禧太后视为"不可造就之物"来加以排斥。其政治后果是，太后与荣禄由于利益与共而更为紧密地结合起来。

在研究戊戌变法失败的原因时，人们总是找出许多客观不利条件来为这场变法主持者辩解。例如，作为变法最高决策者的光绪皇帝本人没有实权，而握有实权的慈禧太后过于保守，广大官僚对改革没有给予积极的支持与同情；保守派势力强大，军权没有掌握在变法派手中；在关键时刻袁世凯的告密；等等。然而，要想使改革取得成功，以上所有这些客观因素作为变法的制约因素，恰恰是考虑问题与做出政治选择的前提与基础，而不是反过来把改革没有取得成功归咎于这些前提。这正如人们不应把某一个人淹死的原因归咎于水会淹死人，而应客观地考虑一下，这个人泅水的能力如何，当时的水文条件是否适于下水，等等。

激进求变心态产生的原因

戊戌变法人士产生激进心态的最重要原因，乃是这些变法者是以主观上感受到的民族危机感的强度作为判断变革所应具有的幅度、深度与速度的基本依据的，变革者较少甚至根本不考虑变革是否应受其他现实条件与因素的约束。变革者所要求的改革的强度，与他们的危机感的强度成正比，而不是与现实环境对这种改革的承受条件成正比。换言之，人们注意的仅仅是改革相对于危机而言的"必要性"，而不是改革相对于客观环境的可行性。

这种以危机感的强度为基础的求变心态很容易使变革者脱离现实的允许条件。由于在怎样变、变什么、变多少这样一些问题上不把现实条件作为基本的制约因素来加以考虑，这样，改革的分寸感与火候的把握就失去了依据。在这种情况下，由于一方面，中国高度封闭的传统政治体制与价值体系对改革的容纳能力本身就相当低下；另一方面，以危机感为基础的要求变革的幅度、速度与广度又相当强烈，这样就形成中国近代变革过程中极为深刻的矛盾。

为什么这些早期变法派人士的心态如此亢奋？除了上述危机压力造成心态的焦灼外，另一方面，又与中国传统专制官僚体制的结构性质有关。由于中国传统体制吸纳有志变革的知识精英的渠道，历来就是极其狭隘的，改革者在精神上、心理上长期以来就深受压抑，并充满一种举世皆醉、唯我独醒的愤世嫉俗之感，一种与整体官僚体制相对抗的悲愤之情与孤芳自赏的心态。

在这些中国最早的变法派人士既无法通过正常的、制度化的政治参与渠道来实现自己的政治抱负，又无法以正常的方式来疏导自己压抑感的情况下，一旦由于机遇的青睐而获得年轻皇帝的特殊知遇之恩，长期受到压抑的求变心态就如同鼓足气的皮球，以高度情绪化、极为亢奋激烈的方式表现和宣泄出来。这就是张謇批评康有为时所指出的"乘积弊之后，挟至锐之气，举一切法而更张之"。

而且，由于保守派与传统官僚对于新生的变革派从来没有采取过平和宽容的态度，这就使得深受压抑而一朝得势的戊戌变法派对与自己不同意见的人，用张謇的话来说，同样是"有诟骂而无商量，有意气而无条理"，缺乏容人之量。其结果只能增加保守派一方同样情绪化的反弹。对改革的态度就必然在这一互动过程中日趋两极化。正是在这个意义上，专制社会中的保守主义者与变革者，在政治思维中，往往使用的是同一种"深层句法"。

至于变法派人士形成简单化的乐观预期的原因，固然与变革者生活在一个封闭的社会环境中，难以对西方文化的复杂性与西方现代文明历史发展的长期历史有切实而具体的了解有关，但这一点并不能解释，为什么变法派人士会认为，中国面临如此积重难返的问题，为什么只需改革三年，就可以达到日本要花三十年才能达到的成果？

造成戊戌变法人士这种过于简单的乐观预言的更重要原因，乃是因为他们心理上有一种强烈的焦虑情结。在他们的潜意识中，乐观的大言高论起到了一种平衡这种长期受到压抑的焦虑心理的心理防御作用。它实际上也是变革者内心渴望摆脱挫折感的深层愿望的心理投射。

从戊戌变法看早期政治激进主义的文化特征

康有为、梁启超、谭嗣同这些戊戌变法志士都恰恰是具有相当强烈的宗教信念的人。这样一批笃信佛理的近代士大夫知识分子充任了中国变革的先锋人物,有着其深刻的历史文化原因。

首先,在如此保守、僵固的文化氛围中,正是这种"先知"式、宗教家式的人物所体现的慷慨激昂与精神感召力,才能冲破这个民族的闭塞、长期专制政治压抑而形成的精神萎缩与文化惰性。这样,一种源于宗教的、反世俗化的乐观与自信,反而具有强大的震撼力。

在这些变法者中,康有为的宗教心态是最为典型而且突出的。正是康有为所焕发的佛教式的热忱献身、勇往直前、不畏艰险、刚健果决的气概,以及他对自己从事的事业的自信与乐观,使他对年轻的皇帝、对他的崇拜者与同志们来说拥有一种超凡的魅力。用梁启超的说法,他那种"六经皆我注脚,群山皆我仆从"的自信,"盖受用于佛学也"。康有为的讲演,"如大海潮,如狮子吼",在这个"士风极坏,惟利禄是慕"的氛围中,正是康有为式的当头棒喝,才足以具有打破顽固、保守与平庸的文化冲击力。

然而,这种宗教情怀却在现世变革中具有"两面刃"的特点。因为,这种基于宗教情怀的自信,反过来,也阻碍了变革者在政治实践中的世俗理性(secular reason)的发展,世俗理性要求人们摆脱信条对人们从事实际政治活动的约束,去客观求实地、冷静地认识改革所面临的症结、困难与问题，并通过政治策略技巧来解决实际的困难。换言之，康有为身上的宗教气质阻碍了他在政治实践中以世俗的、求实的眼光来判断问题。一旦这种宗教性与康有为执拗耿介的个性相结合，其政治后果就更为严重。

关于这一方面，最明显的例子就是，当他的从弟康广仁劝他在严峻的局势面前应考虑暂时的退却，以保存实力时，他却以"孔子之圣，知其不可而为之"表明自己的"义不能退"。在他看来，一个"知难而为""勇往直前"与"锲而不舍"的变法者是无须计较实际后果的。为此，康广仁曾告诫他，"舍身于事不能有益，徒一死耳，死固不足惜，然阿兄生平所志所学，……他日之事业正多"。而康有为却回答，"生死自有天命"，他还列举了当年路经华德里时，只差着半寸，险些被一块飞砖击中而大难不死的往事，以此来证明，"今境也似飞砖视之。但行吾心所安而已，他事非所计也"[1]。

梁启超说康有为"出世太早"，他超越时人，而不适宜于现时。他的理想是如此高远，以致"动辄得咎，举国皆敌"，就是为什么梁启超说他"大刀阔斧，开辟事业"而又"自今未有一成者"的原因。[2] 正如后来在戊戌变法失败后，一位英国外交官一针见血指出的，康有为"极富于幻想"，"很不适宜作一个动乱时代的领导者"。正因为如此，"在目前中国的情况下，他的建议不是

---

[1] 梁启超：《康广仁传》，《戊戌变法》第4册，第70页。
[2] 梁启超：《康有为传》，《戊戌变法》第4册，第36页。

被忽视，便是惹起反抗"[1]。由这样一个理想家、"宗教家"来充任中国改革决策与实行的大任，既是这个时代与文化的自然结果，也恰恰是这场变法运动的不幸。

其次，让我们进一步来分析这种激进心态与中国传统政治文化的关系。

正如前文所述，在戊戌变法派身上，一个最为突出的特点是，他们在政治上的两叉分类、强烈而执着的"道德优越感"与不知通过妥协的方式渐进逼近目标的态度。例如，在《明定国是诏》发布之后很长一个时期内，康有为反复强调的是"新旧水火不容"，改革与保守"势不两立"，他屡屡痛斥守旧派，建议光绪皇帝排斥太后，"速奋乾断"，以震悚人心的手段来清除异己，"诛杀近卫大臣"。他们过激的改革措施引起反对派的激烈反弹，这又反过来进一步激化了他们采取铤而走险的冒险态度。凡此种种言论、献策与措施，绝不能简单地仅仅看作康有为等人士的个性缺陷或缺乏政治经验所致，人们更应看到，传统的政治文化对中国早期变革者们在不自觉的意识层面的深刻影响。

这种影响不仅表现在他们对待反对派的态度上，而且也表现在他们在失败之后，对这种失败原因的解释上。在康有为看来，既然他们的动机与意图是纯正的，那么，失败的责任就不应由他们来承担，而只能由"邪恶的"反对者来承担。这一点，康有为就表现得特别突出，他在事后从来没有承认自己在变法过程中

---

[1] 梁启超：《戊戌政变旁记》，《戊戌变法》第3册，第527页。

有过任何过失。以致梁启超在1902年与康有为由于政见分歧而发生争执时，曾在给康有为的信中尖锐地批评他的这位老师一辈子从来没有听取过别人的任何劝告，而总是一意孤行。在变法派内部，康广仁、王小航这些人士都劝说过他，然而却没有能影响过他。在康有为看来，只要意图纯正，行为自然也是正确的，如果失败，那只能是由于敌手过于强大，由于中国人太愚昧，由于天意或其他种种因素，而所有这些均与他无关。

这里，我们可以借用西方学者政治研究中提出的"极致性文化"的概念来进一步研究这种心态与传统文化的关系。

极致性文化（consummatory culture）与工具性文化相对应。工具性文化在追求终极性目标时，允许中间性目标的存在，在追求目标实现时，允许多样化的手段与途径。而中国以官学化的儒家为基础的传统意识形态与政治文化，强调的是"道之大原出于天，天不变，道亦不变"，而这种"道"又是"不可须臾离者也"。这种非此即彼的价值观与思维模式，具有"极致性文化"的基本特质，并对受这种文化熏陶的变革派士大夫有着不自觉的深层的影响。

这里所指的"极致性文化"，其基本特点是，把目标与手段均视为道德上不可分离的整体。这样就产生两个特点：首先，它否认从现实状态向理想状态的进步应允许存在若干并不完美的中间阶段；其次，在这种思维方式与价值观支配下，人们习惯于对问题与选择做非此即彼、非正即邪、非善即恶的两叉分类。渐进、宽容、妥协、多元性存在的价值与权利，异质体之间的互补性，在极致性文化中都是不具有合法性的。这两个特点，极容易使长期生活于这种文化氛围中的精英阶级在政治行为层面产生价值观上的独断论。

更具体地说，当政治精英认定自己所从事的事业与理想是动机正义与愿望良善的，那么，凡是不同意自己政见的反对派，就必然被理解为"出于道德上的邪恶与堕落"，因为，既然世界是由光明与黑暗两者对立而存在，在两者之间并不存在中间性的形态，那么，不能认同于他们所追求的"真、善、美"，自然就被归类到"假、丑、恶"的范畴之中。

这种在政治领域中的道德优越感与道德独断论，进而又在逻辑上产生不宽容、不妥协的斗争心态。因为，既然政治上持不同意见的人士或反对派已被归结为道德上的"邪恶者"，对于邪恶者，就只有采取排斥、斗争与消灭的方式来对待。而对方所做出的任何反弹，也只能从邪恶者之反对正义与光明来解释。正因为如此，极致性文化主宰下的政治观，本身就孕育着流于极端的不妥协的斗争倾向。

可以说，"极致性文化"是一种最不利于推进改革的政治文化，改革过程特别需要在现存体制不发生根本性变动的条件下，尽可能多地团结大多数人群，尽可能地利用现体制内的共识资源与传统权威合法性，使改革过程的权力与利益再分配所引起的震动减少到最低程度。改革的要点恰恰在于，在缺少共识的地方尽可能多地寻找共识；在不同的个人、利益团体与政治势力之间，求同存异；改革需要不断地在各种力量之间寻求妥协、讨价还价，而不是你死我活、有你无我。改革者最重要的品质并不是个人在道德上的完善无疵与动机纯洁，而是对行为效果的预测与重视，而不是相反。改革需要把复杂的长期积累下来的问题，渐进地、分阶段地、逐步地解决，中介性过程的存在则是必然的，而所有这一切，恰恰是极致性的政治文化所难以提供的。

当中国最需要它的政治精英运用智慧与能力来进行改革时，传统文化中那些极致性文化因素，却激活了早期中国改革精英身上最不利于改革而最有利于革命的因素。

结　语

也许，人们会认为，上述对以康有为为代表的戊戌变法派的分析过于严苛，人们会提出，难道生活在当今的中国人，不应该对在专制统治压迫下最早出现的改革者们抱有更多一些的同情与敬意吗？难道他们的行动不正体现了20世纪的历史潮流与进步的方向吗？难道他们的缺点还值得近一个世纪之后的后人做过多的抨击与指斥吗？

关于这一点，我的回答是，近一个世纪以来，我们对戊戌变法失败的研究中恰恰是倾注了太多的道德同情与辩解。而这种同情与辩解，又正是由于人们不自觉地受到了传统的"意图伦理"思维模式与评价尺度的影响的缘故。换言之，当一个不自觉地生活在传统"极致性文化"的阴影之中的当代中国人，对受这同一种文化的作古者的过失进行评估时，往往会"只缘身在此山中"，而"不识庐山真面目"。

对于一个生活于新的变革时代的中国人来说，更重要的是，不应再简单地继续把这些改革先驱者视为诗化的、审美的对象，而应该进一步去发掘他们的历史对于当代人从事的变革事业所具有的启示意义。

近代中国人对西方立宪政治的文化误读

在日俄战争以前,清末新政的特点是:清廷运用传统的官僚体制和程序自上而下地推行涉及教育、科举、新军和法制方面的变革措施。这一时期的新政并不涉及政治体制和政治程序的重大变动,改革对整个社会的动员程度并不很大。这种变革方式仍然属于"传统政体下的政策创新"范围。

新政开展四年之后,也即日俄战争以后,中国政治生活中出现了一个新的刺激因素与思想动力,从而打破了原来沉寂萎靡的政治氛围,起到了更为广泛的社会动员的作用。此后,清末中国的整个社会政治思潮开始受这种因素的刺激而进入活跃时期,这个思想动力就是1904年前后出现的立宪思潮。清政府在新政初期的"政策创新"的变革模式开始受到来自立宪运动的挑战。

这种立宪思潮对清末政治的影响主要表现在两个层面。首先,由民间和海外的士绅知识分子鼓吹和提倡的立宪主义思想逐渐受到权贵中的改革派人士与清政府中部分高层官员的积极响应，从而在社会各阶层中逐步形成"立宪救国"的舆论。其次，民间和官方的立宪派通过不同的渠道对最高统治者慈禧太后施加影响，促成了清政府于1906年把筹备立宪作为既定国策确立了下来。此后，新政也就进入了以立宪为主题的新阶段。

立宪运动的崛起在新政历史上是一个重要分界。本文将分析近代中国人是以什么方式来理解西方的立宪政治的，日俄战争后立宪运动为什么会崛起，以及中国人所特有的那种立宪观所潜含的两重性与深刻矛盾。正是中国人的立宪观所具有的内在矛盾的发展以及与其他各种因素的结合，导致了清末立宪运动的激进派在与立宪稳进派的较量中成为主导的占优势政治力量，新政运动中的政治冲突也因而不断激化。

近代中国立宪观的起源

在考察中国近代的立宪运动以前，有必要简要地介绍西方社会的立宪主义和君主立宪政治制度的基本特点。

宪法（constitution）是近代西方历史的产物。立宪制度是这样一种制度：宪法是作为对于政府的一种有效的和重要的制约机制而存在并起作用的。在立宪制度下，治理国家的人必须受宪法各项条款的约束。宪法是政府和执政者行使权力和从事政治活动的前提。

立宪主义认为，法律（law）是高于一切的。正是在这个意义上，立宪政府也被称为在法律约束下的"有限政府"（limited government）。众所周知，英国、法国与美国这些西方早期民主政治国家的立宪运动与成文宪法的制定，都是受到一种精神与思想的主导，也即是为保障国民个人的权利与自由来对抗国家权力的滥用。正是在这个意义上，在西方，宪法原生的含义是把国家与政府的权力限定在一定的边界之外，以此来保障社会个人的自由与权利。这正是立宪所内含的基本价值与理念。

可以说，宪法之所以确定国家行政权力的权限，并不是出于行政权力运作本身的需要，而是为了限制这些行政权力，以避免这些权力被当政者滥用。

有必要指出的是，西方历史上的立宪主义绝不能单纯理解为某些思想家基于某种政治理念的人为设计，它是资本主义市场经济发展与市民社会发展到相当程度后的社会产物。

以君主立宪政体而论，当西方各国的市民阶级和中产阶级的经济和政治力量发展到一定程度以后，他们就自然要求享有更多的政治权利和人身自由。在某种特定的历史条件下，传统的君主一方面享有相当的政治合法性权威资源，另一方面又考虑到各种因素，不得不向这种新兴的政治社会势力做出让步。于是在君主与市民之间，国家与社会之间，形成某种力量均势。双方将宪法作为政治上的契约，对各自的权利和义务做了明确的限定，并通过这种契约规定来调节两者之间的关系。

西方立宪政治固然具有整合社会秩序、凝聚社会各阶层人心、调节社会集团与政治势力之间关系的效能和功用，但这种制度结构与其所表现的效能之间的因果关系，有赖于一系列复杂的历史、文化、经济和社会条件的存在才得以成立。

立宪的本质是不同的社会利益集团之间形成的契约。而这种契约规则之所以能对各社会阶层、利益集团起到规范与制约的作用，取决于一系列条件。例如，市场经济关系相当发达，市民阶级和中产阶级相当成熟，社会政治生活中的公认的游戏法则、规范、价值和契约关系能够被社会成员普遍遵守，国民的教育文化程度较高且普及，传统形成的君主权威合法性的神话魅力在国民中仍具有相当的认同力，在君主与国民之间形成互容性的关系，等等。只有在上述各种条件存在的情况下，宪法作为具有普遍的社会约束力的法规才可能被人们普遍遵守并发挥作用。英国的君主立宪制就是以这种契约关系作为社会纽带的典型政体。

上述这些条件并非是人为地制造出来的，而是在长期历史发展过程中自然生成并相互依存的。理解这一点，对于认识中国近代的立宪思潮与西方的立宪主义的本质区别具有重要的意义。

这里有一个特别值得深思的问题，近代中国人在什么条件下产生了对西方立宪制度的兴趣？

在跨文化研究中，人们会发现一个带有普遍性的现象：生活在一种文化中的人们，他们往往是自觉地或不自觉地带着对自己文化中出现的问题和对自身困扰的关注，对另一种完全异质的文化发生兴趣并渴求了解的。人们力求通过认识另一种文化，来为自己文化中的问题寻求解决的途径。

在19世纪后期，近代中国士大夫中的一些精英人物，就对西方的议会政治制度产生浓厚的兴趣。这种兴趣之所以产生，乃是由于中国人发现，西方立宪政治所具有的某种优点，恰恰是面临生存危机的中国传统政体最为缺乏，因而也最需要获得的。

早在同治年间，王韬就在其《漫游随录》中盛赞英国的"君民共主"的议会政治制度。在这本著作中，王韬把君主专制与民主政治的结合看作巩固一个国家的君主与民众之间的"上下之交"的手段，因而也是实现"富强之效"的手段。他认为，正是西方这种议会民主制度使得西方社会"上下相通，民隐得以上达，君惠亦得以下逮"，正因为如此，西洋的议会政治"犹有中国三代之遗意"。[1]他在进一步解释这种制度的优点时还指出："苟得君主于上，民主于下，则上下之交固，君民之分亲矣。内可以无乱，外可以无侮。而国本犹如苞桑磐石焉。由此而扩充之，富强之效，亦无不基于此矣。"[2]

到了光绪初年，郑观应在《盛世危言》中同样沿着这种思路来理解西方宪政。他认为，立宪与议会的好处是"集思广益"并消除君民之间的隔阂。他写道："议院者，公议政事之院也，集众思广众益，用人行政，一至秉公，法诚良，意诚美矣。无议院，由君民之间多隔阂。……故欲藉公法以维大局，必先设议院以固民心。泰西各国咸设议院，朝野上下，同心同德。"正是这种政体，使西洋各国"合众志以成城，致治固有本也"。[3]

---

1 王韬:《弢园文录外编》卷四，光绪二十三年铅字本。
2 同上。
3 郑观应:《盛世危言》卷四，辽宁人民出版社，1994年。

到甲午战争前，陈虬、陈炽、许景澄、张荫桓等人，均以大体相似的方式和用语，介绍并赞扬了他们所理解的西洋议会制度。

从这些近代士大夫知识分子对西方议会制度的观点和认识来看，他们对西方制度的兴趣着眼点，是这些政治制度所表现出来的某种特殊"效能"，而这种"效能"恰恰又是中国所缺乏的。他们正是带着对本民族特有的"问题"的关注去认识西方文化的。由于中国传统专制政治在应付西方挑战时暴露出来的严重弊端，由于中国传统政体使君主与民众上下相隔，于是，在他们看来，议会政治的意义并不是西方原生意义上的对政府权力的限制与约束，而是这种制度能够"集思广益"，"固结民心"。用郑观应在《盛世危言》中的话来说，泰西各国由于开设议院，于是"君相臣民之气通，上下堂廉之隔去，举国之心志如一，百端皆有条不紊……自有议院，则昏暴之君无所施其虐，跋扈之臣无所擅其权，大小官司无所卸其责，草野之民无所积其怨"[1]。他还认为："中国而终自安卑弱，不欲富国强兵，为天下之望国也，由亦已耳，苟欲安内攘外……其必自设议院始矣。"[2] 其他有关介绍西方议会政治制度的看法，也大体如此。

应该说，这种立宪思潮最初只存在于一些与西方文化有较多接触的士大夫知识分子中，当时对清朝执政当局并没有产生直接

---

1 郑观应：《盛世危言》卷一。
2 同上。

的影响。一些研究者发现，在当时的有关官方文献中，几乎找不到有关立宪问题的臣民的建言和议论，但它作为一股潜流，却不断渗透于当时的社会舆论和精英的思想中，对以后立宪运动的崛起和发展，起到了思想先导的作用。

"制度决定论"：一种"早熟"的立宪观

我们可以把这种仅仅根据一种外来制度的"效能"来决定仿效这种制度，以求实现该制度的"效能"的思想倾向和观念，称之为"制度决定论"。

这种"制度决定论"思想倾向的最基本特点是，在肯定异质文化中的某一种制度功效的同时，却忽视了该种制度得以实现其效能的历史、文化、经济和社会诸方面的前提和条件。换言之，"制度决定论"仅仅抽象地关注制度的"功效"与选择该制度的"必要性"之间关联，而没有或忽视了"功效"与实现该功效的种种条件的关联。一种制度实施的可行性与实效性，又恰恰不能脱离这些条件。正如本文前面对西方立宪制度进行分析时所指出的，立宪政体所能达到的令中国人颇为惊羡的效能，是有着许多内隐的与外显的社会、经济、文化条件的配合的，而这些条件往往是该种文化原先所固有，而中国所没有的。

近代大多数中国知识分子在认识西方政治制度时，往往都具有这种倾向性。一般地说，在中国当时特定的历史社会条件下，人们是很难摆脱这种态度和思维方法来认识另一种完全不同的文化的。

　　这是因为，中国陷入深重的民族危机这一特定的疑难困境，使中国知识分子不可能脱离这种切身的关怀和问题，来对另一种文化发生兴趣。西方政教制度与它所表现出来的效果，给那些最早接触西方的中国知识分子的刺激是直接、强烈而鲜明的。此外还因为，中国人在当时还不可能具有那么丰富的知识，认识到一种异质政治制度的文化背景，尤其不可能认识到一种制度与该社会的其他因素之间的相互依存关系。长期处于闭锁状态的中国人尚不具备达到这种认识水平所需要的经验与条件。

　　由此可见，从认知心理的角度来说，"制度决定论"这种思维方法所得以产生的机制是，就客体方面而言，西方社会、经济、文化与政治，是在其自身长期的历史演变与发展过程中相互依存、有机联系在一起的一个整体，每一部分产生的功效，必须以其他部分的存在作为条件。而就认识主体方面而言，当人们从自己特定的关切角度来认识西方文化时，他们仅仅只注意到有机整体的某一方面和侧面。并且也只有这一方面和侧面，才足以引起人们的兴趣，并对其做出反应。在这一认知过程中，政治制度与其他层面的相互依存和制约关系也就不自觉地被人们忽略了。

　　而且，从人们的认识过程来看，一种制度产生的效果较为容易被人们观察到，而这种制度得以产生效果的条件，却是处于相对隐蔽的、不易被人觉察的状态，这些内隐的条件对于从来没有在西方社会生活过，对西方历史文化背景完全陌生的中国知识分子来说，确实是难以了解的。

日俄战争对中国立宪思潮的刺激作用

如果说在日俄战争以前，还只是少数敏感的精英分子表示出对西方立宪政体的赞誉与向往，那么，1904年至1905年在中国土地上发生的日俄战争，对于中国立宪思潮的发展则起到了巨大的刺激作用。这种刺激作用主要表现在以下方面。

首先，黄种民族的日本对白种民族的俄国的胜利，在中国士民的社会心理上形成了巨大的冲击。

自1840年中英鸦片战争以来的六十多年中，中国人在历次与西方列强的对抗和交涉中，屡遭割地赔款的屈辱和挫折，尤其是庚子事变与八国联军入侵中国，在当时中国人的心中，产生了一种深感压抑、沉重的种族自卑情结。"黄种人"在与"白种人"的较量和竞争中，几乎是每战必败。在许多中国人的意识和潜意识中，甚至产生了作为黄种人的中国人总有一天有可能被白种人在种族竞争中残酷淘汰的沉重的忧虑。这种观念固然有片面性，但在当时确实支配着相当一部分中国人。20世纪初期中国人中的这种"种族自卑情结"，是后世的中国人往往不能体会的。在中国人看来，日俄战争中作为与中国"同文同种"的日本人竟然打败了不可一世的俄国人，许多中国人为此深深感到鼓舞和振奋，并强烈地渴望从日本的示范中找到拯救中国的良方，种族自卑感转而变为一种强烈的感奋、欣快与期盼。自1904年以后，这种新的社会心态一经产生，便在中国社会各阶层中广泛发展起来。

日本人为什么能在日俄战争中取得胜利？当时的中国人很自

然地把日本人的胜利归结为日本的立宪政治在凝聚民心方面所起到的作用。从当时各家报刊纷纷登载的大量文章中，我们可以看到这种观点几乎成了整个社会的共识。

具有广泛社会影响的《东方杂志》刊登的一篇时论文章写到，日俄之战并非日本与俄国两国之间的战争，而是立宪政体与专制政体这两种政体之间的战争。日本"以小克大，以亚挫欧"，这是一般"公例"无法解释的。如果不从立宪与不立宪这一角度来解释，简直成了无因之果。[1]

光绪三十二年（1906）5月《中外日报》上发表的一篇《论日胜为宪政之兆》的文章具体入微地分析了当时中国人的一般社会心理变化。该文认为，中国在闭关自守的时代并不知道有专制、立宪、共和各种政体的区别。中国人自然把己国所行的政治制度视为唯一合乎天理的制度。后来人们发现，普天之下，凡是富强的西洋国家，不是立宪政体就是共和政体，而非专制政体。这虽然是对专制论很不利的证据，但却并没有使国人一致要求立宪，因为俄国被认为是一个堪称盛强的专制国家，政府也以俄国为理由来拒绝民权。俄国人也往往趁机表示由于俄中同属一种政体，俄国有保全中国的能力。中国人长期以来自以为，如果专制不足以立国，为什么俄国却能如此富强？正是日俄战争从根本上打破了中国人的上述观念。因此，日俄战争的胜负结局实际上就决定了中国的选择："不为俄国之专制，必为日本之立宪。"尤其

---

[1] 《宪政纪闻》，《东方杂志》第三年（1906）临时增刊。

是日俄战争后的中国人得知连战败的俄国人也群起为力争实现立宪政体而奔走呼号时,那么,他们自然认为,中国人就不能袖手旁观,贻误时机。[1]正是在这种情况下,奋起直追地在中国建立立宪政体,就自然成了一种新的共识。

《时敏报》上的一篇文章最为明确地表述了中国人当时在立宪问题上的"制度决定论"思想。该文认为,泰西各国几乎没有专制政体存在,无论是大国还是小国,均立宪法,设议院。为什么泰西各国要选择立宪政治?因为立宪政治是一种可以团结国民的良好制度。它能够"合众议,聚众谋,而日臻富强"。基于这一认识,作者认为,如果中国也能推行立宪政治,那么其利益就同样可以明显地表现出来:"其一能使上下相通,其次能使民教调和,又次能使筹款易置。"在作者看来,这仅仅是小的方面,更大的利益还在于"能公是公非,万人一心,上下同德,以守则固,以战则克。以谋内政,足以泯偏私之见,以谋外交,足以杜贿赂之原"。基于以上推论,结论自然是:"中国而不欲兴也则已,中国而果欲兴也,舍立宪法其曷以哉?"[2]其次,日本立宪之所以被许多中国人视为实现富强的关键,还因为当时的中国士民对1901年以来的辛丑变法的失望,要求进一步扩大政治参与的呼声高涨,人们要求推进一步变革,这是日俄战争期间立宪运动崛起的又一个重要原因。正如我们在前文中所指出的那样,辛丑变法

---

1 《宪政纪闻》,《东方杂志》第三年(1906)临时增刊。
2 《论国家要政》,《东方杂志》第二年(1905)第十二期。

缺乏强有力的改革集团和作为基础的现代化导向政治精英。

1905年《南方报》发表的一篇文章集中地表述了中国士绅和民众对辛丑变法的不满情绪。该文认为，虽然"自庚子以来，一切行政之事，亦稍稍有所建革……然数年以来，群治之不进也如故，民智之不开也如故，求之政界，则疲玩愈甚，而蒙蔽日深。征绪社会，则奸蠹日多，而公德益坏"。这场新政中暴露的问题是如此严重，以至于文章作者认为，新政中采用的从外国引入的各种措施，创之于列邦则为善治，一用于中国，几乎都会与原先的期望相反。其根本原因就在于中国没有改定政体，立宪之于中国，正犹如航船有了指北针。[1]

在经历了几年新政之后，士绅与民众希望能通过政治上的新举措，来改变官场上那种"泄沓如故"的局面，而"合众策，聚众谋"的立宪政体，无疑将扩大他们进行政治参与的机会，这就可以振奋社会人心，并刺激社会变革的进展。

如果说，当时报刊上发表的鼓吹立宪政体文章，在形成立宪运动的舆论方面起到重要作用的话，那么，以驻法公使孙宝琦为首的一批使臣，于日俄战争爆发后的联名奏请立宪，则首先发起了敦促清政府走向立宪改革的运动。这份奏议正体现了士绅与民众中因受日俄战争刺激而振奋起来的立宪思潮的以上两方面动机。正因为如此，这份奏折一旦在报刊上发表，就立即引起社会上重大的反响，立宪问题从此开始成为社会舆论关注的

---

[1] 《东方杂志》第二年（1905）第十二期。

中心问题。

孙氏在这份奏折中,首先指出,庚子以后政府采取的变法措施之所以没有取得成效,乃是由于整个社会缺乏上下一心共扶危局的精神,而日本却在明治六年(1873)确定为立宪政体,此后又宣布了宪法,从此以后,君民上下一心,形成牢固不摇的基础。

孙宝琦认为,根据他对各国的观察,凡是立宪的国家,均可由弱转强,由乱寝治。因为在这种政体下,合通国之民共治一国,哪有不强的道理?反之,君主孤立,民不相亲,国势必然日危。

孙氏把日本、英国、德国作为立宪的楷模提出之后,又进一步指出,日本主动地以自上而下的方式推行立宪,实在是顺而不逆,安而不危。这种方式非常适合于大清王朝。因为它既可避免自下而上可能带来的动乱的危险,又可达到保存邦本、固结民心的致治的目标。最后,孙氏等人请求"仿英德日本之制,定为立宪政体之国"[1]。

这份奏折以立宪政体具有"固结民心、共扶危局"的功效,作为中国应实行立宪政体的根据。这一点可以说是与甲午战争以前的议会论者一脉相承的。除了论及立宪的必要性之外,该文又以日本自上而下的立宪成功来说明中国立宪也可望取得同样的成功,并最先向清廷正式提出更改政体的建议。

---

[1] 《论立宪为万事根本》,《南方报》1905年7月23日。

正是在这种背景之下,日俄战争之后,立宪主义思潮得以迅速崛起。用当时社会上流行的说法:"昔者维新二字,为中国士夫之口头禅,今者立宪二字,又为中国士夫之口头禅。"此后,清末立宪运动就在海内外各种主张立宪的政治力量的推动下发展起来。

对立宪政治的"文化误读"及其两重性

在这里,我们特别要指出的是,自中国近代以来,在立宪思想上的"制度决定论"是具有两重性的。

由于中国缺乏内源性的制度变革驱动因素,也就是说,在中国缺乏西方布尔乔亚阶级与市民社会(civil society)这些促成立宪政治的社会条件的情况下,这种"制度决定论"的简单的、片面的乐观主义,具有积极促进变革的刺激力量。因为它可以刺激后进国家的知识分子,使他们产生一种乐观的进取心与亢奋心。人们以为,只要在中国引入这种制度,这种制度就会在中国的土地上无条件地产生与在西方社会同样的效能。这种简单的、直线的思维,使他们产生一种乐观的看法,似乎中国只要有了泰西的议会政治,中国的富强就指日可待,中国的民族危机就会消弭。这种心理上的"欣快感",使他们在中国社会内部尚没有产生承受西方立宪政治的经济、文化与社会条件以前,就"早熟"地进入了对一种更为先进的政治制度的向往的思想状态中。例如,在郑观应看来,既然"蕞尔三岛"的英国,由于设立了议院,而能威行四海，卓然为欧西首国，那么，如果中国能"设立议院，联络众情，如身使臂，如臂使指，合四万万之众如一人，虽以并吞四海无难也"。[1]

换言之，尽管中国当时远不具有实行立宪政治所应具备的经济、社会与文化条件，但是，"制度决定论"式的对立宪政治的简单化的理解乃至误读，却会产生一种奇妙的刺激作用，产生一种向上的激情，一种克服数千年来习以为常的政治"常规"与文化惰性的思想冲动，产生一种对自己并不真正理解，却充满期待的美好事物的模糊的欣快感。由于它给人们带来一种与现实政治对比而产生的心理落差，以及由此而引起的对现实的批判意识与挑战意识，它也就会促使人们从全新的角度，来批判地认识自己的过去，并重新认识中国应该选择的前程。而所有这种种向上的动力，却来源于"中国式"的对西方立宪政治的读解。历史与逻辑就是如此的吊诡。从逻辑上来看，某些看来属于错谬的东西，在历史上又往往充任了进步的"荷尔蒙"。

人们可以想象一下，如果没有这种"制度决定论"式的过于"早熟"的立宪观，如果只有经济条件成熟到与西方社会相近时，才能"水到渠成"地出现以市场经济契约为基础的原生态的立宪主义思想，那么，改变现实的动力，将可能陷入一种"低水平循环"的陷阱之中。具体地说，对于非西方的后发展国家而言，作为立宪政治基础的近代市场化经济的充分发展，又必须以思想与

---

[1]《出使法国大臣孙上政务处书》，《东方杂志》第一年（1904）第七期。

价值观念层面以及社会政治层面的巨大冲击与变动作为前提条件。因此，如果没有思想精神方面的冲动力，就难以产生改变现状、发展经济的契机与动力，而没有这种动力与契机，也就是说没有使立宪政治得以实现的那一系列社会与经济条件，这样，整个社会仍然可能如过去一样死水一潭。

然而，人们却不应过高地估计这种毕竟建立在文化误读基础上的"制度决定论"式的立宪观的历史作用。这种思维方式的消极方面也是显而易见的。

首先，"制度决定论"产生的一个直接后果是，人们对于某种效能的渴求（例如克服民族危机或富国强兵等）越是强烈，人们也就越发向往迅速地建立那种被认为可以产生该种效能的制度。这就是为什么人们的民族危机感越是强烈，他们对实现立宪政治的要求也就越发迫切。在他们看来，只有立宪才能拯救中国，中国既然业已陷入深重的危机，只有立即采取立宪政体，才有希望摆脱危机。正是在这个意义上，中国近代的立宪政治史就具有这样一个突出的特点：立宪思潮将随着内忧外患的深化，随着民族危机的尖锐化，而不断地走向激进化。这正是形成中国改革过程中的激进主义思潮的一种根源。

其次，"制度决定论"式的立宪观，又具有引发失范和整合性危机的盲目性。

研究发展中国家的政治变迁的一些学者曾分析了传统集权体制条件下嫁接西方立宪政治的困难。他们指出，一种新的立法制度能否在新兴国家中顺利地建立并发挥作用，其中一个重要条件是：它是持续或发展了原有的制度，还是仅仅从宗主国家输入的外来制度。这种差别关系到立法者在公众中的合法性，以及这种立法变动与传统的信念、价值与习俗的相容性。在前一种情况下，立法变革较为容易取得成功，因为社会成员更容易理解在这种与传统保持着某种连续性的新体制中如何行事，这就使得公开的冲突与政治机能上的严重的断裂可能减少到最低程度。而在后一种情况下，新制度将会是十分脆弱无力的，并很容易在排外的民族主义的浪潮中被当作"外来物"而扫除掉。[1]

这一分析有助于解释立宪政治何以在中国早期现代化过程中遭到失败。典型的立宪政治是西方市场经济社会的历史发展的产物，当中国的政治精英们把它当作寻求富强的工具而从西方嫁接到中国社会中来时，这种制度与传统社会结构几乎没有任何同构点，它与传统的政治文化（包括人们的信念、价值与习俗）和政治体制没有相容性和结合点。人们并不知道在这种制度下如何行事，也没有共同的约定俗成的规则可供遵循。

对于日俄战争以后的中国人来说，受民族危机的刺激而产生的危机感越是强烈，他们也就越是向往某种被他们认为具有消弭危机"功效"的西方制度，其心态也就会越发激进，其结果则会是越发脱离实际。

中国此后所面临的问题将是这样的：在旧体制尚来不及进行

---

[1] 参见〔美〕J. 斯密斯、L. D. 穆索尔夫主编：《发展过程中的立法：新兴与传统国家中的变迁过程》，杜克大学出版社，1979年，第6页。

适应现代化挑战的转型以前，在传统的权威基础对社会转型的整合功能尚没有有效形成以前，这些旧物便将因为这种基于"制度决定论"的激进政治选择而急剧崩解。然而，那些仿效西方的新体制，却由于缺乏和适当的经济与社会条件的配合，而同样无法取得整合社会的成效。于是，一个国家的现代化就有可能在严复所说的"新者未得，旧者已亡"的困境中陷入空前的失范状态。"制度决定论"所引发的社会失范，正是中国早期现代化所面临的最为严重的问题与矛盾之一。

速开国会运动与立宪思潮的激进化

在1907年年初，立宪派中就出现了以"速开国会"为号召的国会请愿运动，这一运动是由杨度所发起的。杨度在其《金铁主义说》中系统地表述了他的宪政主张。在这部当时有着广泛社会影响的长论中，他认为，君主立宪国家的宪法，以英国的民主程度为最高，普鲁士次之，日本最低。这种差异的产生，与人民力量的大小、君主让步的多少有关。而决定的因素，则为国会建立时间的早晚。基于这一论断，他进而推论，"中国人民所当注意者，以求国会之早成而已"。杨度得出这样一个结论："假使人人起来力争开设国会，日本亦不足虑，直可成为普鲁士。"[1]

人们可以从这一段议论中明显地看到，杨度的宪政观正是以

---

[1] 杨度：《杨度集》，湖南人民出版社，1986年，第213—398页。

"制度决定论"思想作为立论基础的,在他看来,世界各国立宪制度的民主程度,与该国的历史文化背景和该国市场化发展水平并无关系,而仅与人民对君主政权的斗争所达到的程度有关。只要人民斗争在先,使国会在成立责任政府以前先行建立,就可以使国会能提前发挥作用,"先下手为强"地在宪法中加入限制君权的各种条款。即使像中国这样的东方落后国家,也同样可以实现英国式的那种高度民主的政体。

正是在杨度这种思想主张的影响下,1909年秋后,士绅立宪派就开始发起要求迅速召开国会的请愿运动。1909年11月,由江苏省谘议局发起的由十六省代表参加的代表团,由直隶议员孙伊领衔,向都察院递交了请愿书,要求于一年之内召开国会,但被清廷断然拒绝。七个月之后的1910年6月16日,各省代表发动了第二次请愿。7月,第二次国会请愿运动达到高潮。7月16日,山西国会请愿代表团到达北京,呈交了一份有两万余人签名的请愿书。更使清廷感到雪上加霜的是,作为清政权最重要的统治基础的各省督,也开始加入激进的要求速开国会运动的行列。在强大的压力下,清廷把九年时间缩短为五年,定于宣统五年即1913年开设国会。

1906年清廷确立了立宪方针后,为什么清末的立宪派越来越强烈地渴求早日立宪?对这样的问题,应从立宪派的思想特点来分析。事实上,中国士绅立宪运动的激进化,是中国当时占主导地位的立宪观的内在逻辑,即"制度决定论"的思维影响的必然结果。

立宪派思想的一个基本预设就是，立宪制度是一种无条件地适用于任何社会和国家的政治体制。众所周知，在西方，君主立宪政体是在市场化的经济力量与专制政治权力相互平衡的基础上形成的，而在清末中国，正如本文前面所分析的，立宪政体则被士绅知识分子判识为一个国家为求得生存竞争优势而人为设计出来的，它被认为是普遍适用于任何国家和社会的良好政体。在受这种思想支配的立宪派看来，中国所面临的危机是如此严峻，那么，如果当政者再迟迟不愿推行宪政，那就是明知有重病，却又拒绝服用良药，那岂不是对民族和国家的犯罪？

清末立宪派思想的第二个特点是，既然立宪是一种放之四海而皆准的良制，危机压力越大，那也就意味着引入这一制度来摆脱危机的必要性也就越为迫切，因而也就越有必要立即采用这一制度。立宪派认为，在人心散乱的局势下，唯有在短期内实行立宪和召开国会，才能解除危机，聚结人心。

对许多人来说，宪政主义已经成为医治中国各种顽症的唯一灵丹妙药。"立宪万能论"已经变为一种无须论证的政治神话了。

一位名叫远腾久吉的日本情报人员在给本国政府的报告中，是如此描述当时中国的士绅立宪派急于实行立宪法的心态的："立宪派政党中的绝大多数人相信，宪法一经制定，国会一经成立，失败误国的岁月将立刻一扫而光，财政竭蹶可以补救，国债可以偿还，军备可以扩充，国力得进而充沛。人民权利将被恢复。而多年来中国民族所蒙受的民族羞耻将被扫光。国家的威信将广被全世界。"[1]

正因为如此,新政便面临着这样一个严重的矛盾:一方面,各社会群体对政府的政治诉求,极为急剧地呈几何级数般地增长,另一方面,政府却无法以相应的速度,形成吸纳和满足上述政治诉求的能力。

宣统元年(1909)春,在日本观察中国政治事态发展的伊藤博文,就预计"中国在三年内将会发生革命"[2]。1909年5月,日本首相桂太郎认为:"宪法、国会、资政院这些东西本身虽是极好的,可是要使一个国家能够运用它们,必须要有许多准备工作,而中国在能够吸收理解它们以前,对于这些制度还没有做过足够的准备工作。"这位日本政治家认为:"中国现在走得实在太快,会出毛病的。"清末现代化过程中,由于筹备立宪运动引发的政治参与危机正在形成,并以决堤之势向清王朝做最后的冲击。

最终的结果正是,激进的立宪派与地方士绅的经济民族主义相结合,发起了保路运动,成为清王朝走向崩溃的关键事件。

---

[1] 《远腾报告》,《日本外务省档案》,转引自〔美〕周锡瑞:《改良与革命——辛亥革命在两湖》,杨慎之译,江苏人民出版社,2007年,第115页。

[2] 〔美〕李约翰:《清帝逊位与列强(1908—1912)——第一次世界大战前的一段外交插曲》,孙瑞芹、陈泽宪译,中华书局,1982年,第36页。

清末新政与中国开明专制道路的失败

帝制中国陷入了如下恶性循环：危机促成了迟来的改革，迟来的改革又在危机压力下越来越加快速度与加大幅度，其结果反而进一步陷入更深重的危机。转型期社会矛盾比改革以前还要多，并还不断累积与叠加，随着各种矛盾的"发酵"，这时，"革命"便成为许多人的一种"心理诉求"。要清除这种恶的根本的手段，就是排满民族主义革命。

从现代化的视角重新审视清末变革

在学术界，论述清王朝变革失败的问题时，以往占主流的观点是这样的：保守的清王朝统治者镇压了戊戌变法之后，中国又遭受了八国联军入侵的灾难，然而，此后的清末统治者却并没有改革的诚意，在巨大危机压力下，才不得不进行虚假的新政。日俄战争中，由于立宪的日本战胜了专制的俄国，统治者在强大的压力下，被迫实行预备立宪。清王朝统治者对权力的垄断使国人失望，立宪派发动四次请愿运动，统治者仍然无动于衷。此外，清廷还将民营股份公司收为国有，破坏了人民应享有的筑路权，于是，人民为了保卫自己的产权不受掠夺而奋起抗争，发起保路运动，并最终转向排满革命。在以往的主流叙述中，清末改革似乎就是一场假改革。

我在《危机中的变革：清末政治中的激进与保守》这本书里提出的观点，正好与这种主流观点相对立。我认为，戊戌变法是一场由涉世未深的青年皇帝与一批同样缺乏官场政治经验的、充满书生激情的少壮变法人士相结合而发动的不成熟的激进改革。对短命的戊戌变法的考察，实际上也可以印证严复当年的看法。严复在对变法运动失败给予深厚同情的同时也指出，康梁改革"上负其君，下累其友""书生误国，庸医杀人"。可以认为，导致变革悲剧的激进主义，恰恰可以解释为保守的积重难返的官僚体制的因果报应。它引起了保守派的全面反动，并由此引发庚子事变的奇耻大辱。

事实上，慈禧太后在庚子事变后成为清末新政的最积极推动者，说她没有改革的诚意，实在是不够客观。她在庚子后几乎丧失了原来的固执与自信，经常以泪洗面，她召见张謇入对，张謇问她"改革是真还是假"，她回答说："因不好才改良，改革还有假的不成，此是何说？"当张謇谈及改革中的腐败与人心散乱时，她也百感交集随之而哭。平心而论，她对新政的期待与改革的真诚，是出于对满族王朝面对越来越严重危机挥之不去的忧虑。

晚清新政确实也取得相当重要的成就。新政已经有了明确的现代化导向，新政主持者制定的各项现代化政策，在全国范围内广泛开展。长达十一年的清末新政给中国带来的实质性的深刻变化，比起出师未捷的百日维新，完全不可同日而语。事实上，一位在1906年访问中国的日本学者就曾对北京市容日新月异的变化发出"即将超过东京"的惊叹。丁韪良、李提摩太对新政的由衷赞美与乐观，固然会使我们后人觉得有点幼稚肤浅，然而，正是从这些在中国生活了数十年的外国人眼中，新政时的中国变化之大，与它僵化不变的过去相比，确实足以令他们惊叹了。

新政早期阶段可以称之为开明专制主义时期，虽然它对社会的动员能力较弱，但却保持着王朝权力对改革进程控制的有效性。到了1905年日俄战争以后的第二阶段，中国人对日本立宪的误读，对清廷构成一种强大压力，造成了从开明专制的集权模式向激进的立宪分权模式的急剧转变。在现代化改革初期，这一分权立宪转变确实也是过于超前了，由此而造成的政治参与爆炸，恰恰是这场变革失败的重要原因。这是因为，对帝制不满的人们，从此可以借助于资政院与谘议局的平台，持续地发起激进的"速开国会运动"，立宪派士绅的强大政治压力，冲击着清政府所剩无几的统治权威。预备立宪不但没有如统治者希望的那样增加中国人的政治共识，反而强化了统治者与受治者之间的认同分裂，它实际上起到的作用不是扬汤止沸，而是火上浇油。

此外，我在前述书中对清末保路运动的研究，也质疑了学术界迄今对保路运动的基本判断，书中指出，清廷的铁路筑路权收归国有政策，是世界各国通行的合理经济政策，盛宣怀与四国银行签订的铁路贷款，是有利于国计民生的，且不附加政治条件的优惠低息的商业贷款，并非什么卖国条约。然而，由于排满民族主义的冲击，这一原本合理的现代化铁路政策却被解释为卖国之举，并"歪打正着"地成为一场不成熟革命的导线。

如果说，以往的主流话语从民族主义或阶级斗争范式来看待变法与新政，那么，我研究的侧重点则是对传统官僚帝国面对变革中矛盾应对之道的冷峻审视，这一视角无疑会对于正在进行新变革的21世纪的改革者，提供更为直接的启示。

清王朝变革失败的原因分析

人们发现，一般而言，一个专制集权的帝国通过改革而走向现代化成功的概率并不很高，波斯帝国、奥斯曼帝国、沙皇俄国，以及大清帝国，均是在承受西方挑战与民族危机的重重压力之后，先后陷入改革的泥潭无法自拔，并被改革引发的革命所推翻的。非西方的传统国家中，只有日本的变革似乎是一个特例。日本的明治维新不但避免了革命，而且在甲午战争中轻而易举地打败中国之后，成功地走向现代化。然而，从结构上来考察，日本的成功，恰恰在于日本并不是传统意义上中央集权的帝国，传统日本是由200多个独立自治的藩国构成的、类似于西周分封制的国家。

人们自然会提出这样一个问题，集权帝国从改革走向革命的极高概率性，其原因是什么？传统国家的集权体制与分散的多元模式，为什么会有如此大的区别？我发现清末的改革失败并引发清王朝的崩溃，有以下几个方面的原因。

首先，清末改革的悲剧在于，当统治者在臣民中享有比较充足的权威资源时，统治阶层总是缺乏改革的意愿；当帝国被列强打败并陷入深重的民族危机时，例如，当清帝国统治者在甲午战争与庚子事变如此严重的危机之后，才会在焦虑感的压力下，进行"狗急跳墙"式的变革。然而，此时的王朝统治者或者由于缺乏审时度势的改革人才，或者由于战争失败后的民族危机加深，而丧失了统治所必需的权威合法性。一旦在危机状态下进入改革，那么，这样的改革往往缺乏号召力，并会成为革命的催化剂。由于帝国统治者缺乏最起码的权威资源来对时局进行调控与整合，只会陷入进一步的混乱与危机，于是一切为时已晚。我们可以把危机状态下出现的"激进疗法"与"保守疗法"的两难矛盾，称之为"急诊室效应"。

这种政治选择上的"急诊室效应"的两难性就在于，危机越是严重与紧迫，主张对国家旧体制"动大手术"的激进派，与反对进行大变革保守派之间的分歧就越是严重，并且越是难以弥合。这种情况有如针对医院里的重症病人，医生们在治疗方案上必然会出现两极化的选择一样。"激进派"医生认为，由于病人的病情恶化，危在旦夕，为了挽救病人的生命，必须立即进行大手术，否则病人就没有生存可能。"保守派"医生则认为，正因为病情严重,生命垂危,病人根本不具备进行大手术的条件,任何大手术只能使病人加速死亡,因此只能进行小手术。即使必要,大手术也只能在以后体力稍有恢复的情况下才能进行。这两种选择都是合理的,但却又是彼此矛盾的,两种理念是无法融合的。在中国,近代民族危机越是深化,清末改变陷入的"急诊室效应"所引发的上述"治病方案"上的分歧,也就更为尖锐而激烈,并趋向于两极化。

其次,帝国改革之所以困难,还在于人才缺乏。在专制危机条件下的改革,远比承平时代更需要高明的政治领袖,更需要一个能阔视远想的强势人物来引导国家渡过风险,并把国家引向有希望的未来。这样的政治家应该具有足够的道德人格力量、政治智慧与国际经验。然而,旧帝国官僚体制习于所安的保守性,似乎总是对这样的人才起着逆向淘洗的作用。在危机到来以前,以"承袭旧章"为主旨的帝国体制,早已经把此类人士当作异己者过滤一空了。能在这种体制下生存下来并游刃有余的,恰恰是平庸之辈。当统治者把目光转向体制外的民间知识分子并让他们担当改革大任时,此类人却没有最起码的官僚体制内的政治经验,这构成专制集权帝制改革的另一个两难命题。

当中国最需要彼得大帝式的统治者时,无论是光绪皇帝、康梁变法人士,还是庚子事变后颇有真诚改革意愿的慈禧太后,或两宫驾崩后执掌王朝大权的摄政王载沣,都根本无力承担危难中的改革重任,更不用说应运而生像伊藤博文那样的政治家了。慈禧太后出于第四次垂帘听政的权欲,居然让明知无能的载沣执掌大权，这位摄政王不但判断能力差，意志力薄弱，外交知识贫乏，智力平庸，而且还出生于一个神经很脆弱的家族。根据这个家族后人写的回忆录记载，这位摄政王一紧张起来就会口吃。当慈禧太后突然撒手人寰时，帝国的命运就已经可想而知了。

最后，清王朝的改革战略选择存在着重大失误。对于当时的中国来说，1905年以前集权的开明专制模式更为合适，而在日俄战争刺激下进行的预备立宪，恰恰是当时主流士大夫官绅的一种观念误读后的政治选择。而这种分权立宪在政治认同已经发生危机的情况下，只能是雪上加霜。预备立宪导致大众的政治参与欲望突然膨胀起来并得以合法地与清政权分庭抗礼，而脆弱的清政府对此已经无力控制。众所周知，西方国家的君权政治到民主政治的发育，是在社会共识逐渐扩大的情况下分阶段扩大的，而中国改革中政治参与的扩大，则是在民族危机与社会不满日益强烈的压力下，被迫地扩大的。而危机压力又恰恰造成社会认同日益分裂，扩大政治参与不但不能达到消解社会不满的功效，反而会对这种不满起放大与传染效应。扩大了的政治参与渠道却成为社会不满者攻击执政者的合法场所。危机中的统治者对此几无招架之力。

当然，清朝崩亡不是清朝统治者腐败无能这一点所能解释的，它是特殊条件下的多种因素相互影响而发生的：统治者合法性危机下进行的现代化挫折，改革综合征引起的社会不满，传媒的急剧发展引起的传感效应，在关键时期统治者新旧交替出现的治理能力整体水平低下，满汉矛盾与排满民族主义在军人中的传染,等等,所有这一切均被革命者利用来传播革命种子。

从宏观的社会结构的角度来看,为什么大多数集权官僚的专制体制一旦进入改革,反而会"搬起石头砸自己的脚",陷入进退两难,并难以避免被革命推翻的厄运?

概括地说,一元化的专制体制比起日本多元体制来说,一旦在改革中陷入危机,其内部大一统的结构,往往缺乏对应危机的多元调适能力。真正能实现稳定变革的社会,其内部需要一种"多元整合机制"。即一个社会内部各要素均不同程度地参与了社会的整合。更具体说,对变化的环境的有效适应,除了政权力量或国家管控与干预力量之外,还应有社会伦理、意识形态创新力、民族凝聚力、民间社会组织以及社会流动方式等这些文化、思想、法制、教育、社会领域的多元因素,均在无形之中有助于实现社会的整合,它们的存在,极大地减轻了中央国家对社会进行全面整合的难度。它们在支持、协助国家实现从旧体制向新体制转变方面,功不可没。

人们可以发现,在明治转型期的日本,日本社会就是由许多小规模的、多元的、自治的细胞构成的大共同体,上述多元整合机制,是具有自治传统的日本藩封体制先天所具备的。当中国的科举制持续压抑着创新人才,使中国缺乏足够应对新环境挑战的社会精英时,而在日本不受大一统体制约束的武士阶层中,却能层出不穷地涌现出现代化改革所需要的新式精英,其中有对日本现代化做出重大贡献的企业家、海运王、留学生、政治家与精英人物。例如岩崎弥太郎、板垣退助、大隈重信、伊藤博文,均出身于各藩的武士家庭，正是这种多元体制培育了明治维新的中坚力量，使得他们转化为现代化的精英。

这里我要特别指出的是，多元整合之所以有可能实现，是因为地方与民间个人具有多元微观试错的机会。地方、民间社会与个人，在国家之外，自主地面对着环境压力，不断地进行着微观的调适，国家作为引洪主渠之外，社会中的多元个体，则发挥着毛细血管般的涓涓细流的作用。而这种多元整合能力，恰恰是中央集权的官僚专制社会内部先天缺乏的。如果说，日本至少有200多个藩国与无数的武士这样的自主细胞作为试错主体，那么，不幸的是，清代的专制中国，慈禧太后则成为全国唯一的试错主体，她的权欲使她对清王朝的崩溃要负最大的责任。中日整合机制之区别，中日改革命运之不同，由此可以得到解释。

于是，缺乏"多元整合机制"的中国就陷入了如下的恶性循环：危机促成了迟来的改革，迟来的改革又在危机压力下越来越加大幅度，从而陷入更深重的危机。转型期社会矛盾比改革以前还要多并不断累积，社会失序就会在人们心目中产生不满，随着各种矛盾的"发酵"，这时，"革命"便成为许多人的一种"心理诉求"。在中国，既然满族统治者是以少数族统治多数族，这种不满就会被顺理成章地解释为"满人的恶"，要清除这种恶的根本的手段，就是排满民族主义革命。

到这时，陷入改革泥潭的清王朝，正如有学者所指出的，就会陷入所谓的"沙堆效应"：哪怕如同沙粒般不起眼的偶然事件，加之于高高的沙堆上，也会使庞大无比的沙堆在连锁的滑坡反应中突然崩陷。

这一点可以解释，为什么乌合之众的、无组织、无领袖、无准备、一盘散沙式的各省新军一旦起义，就会出乎意料地取得成功。一旦发生革命，处于充满仇视的汉人的汪洋大海中的满族人，如同处于孤岛般充满恐惧，因为旧势力自信心太弱，几乎在失去抵抗力的情况下就自我解体。例如，辛亥起义规模仅次于湖北的云南省，全省新军起义胜利时，因革命而战死者只不过一百多人。人类历史上，再也没有一个国家统治者如此不堪一击、弱不禁风，再也没有一场革命如辛亥革命那样，如同俯首拾取掉落满地的烂桃子一样轻而易举。

历史的吊诡并没有结束，迟来的专制改革必将导致同样不成熟的革命。虽然在后世看来，辛亥革命具有推翻帝制的伟大历史意义，但革命"一不留神"而成功，而"乌合之众"般的无组织的辛亥革命者，注定无法重建有效的新秩序，于是不得不让权于自己的政治对手袁世凯，由此也可以理解了。中国从此陷入持续数十年的"弱国家"状态。事实上，20世纪的辛亥革命，只是中国更为多灾多难时代的开始。此后的民国内阁危机、二次革命与内争、军阀割据与统一国家的日益碎片化，都可以从晚清帝国改革失败中得到解释。

如果要进一步从理论上来概括专制帝国改革之所以比多元传统国家改革（例如日本）更难以成功的原因，可以这样认为，在中国清王朝体制下，中央王朝国家是唯一试错主体，而且，王朝国家受意识形态教义束缚更大，人们更难从这一教义中摆脱出来。受意识形态控制的官僚角色是固定化的,他们人数众多,却只会按一种方式思维,非如此他们一天也无法生活于官僚群体之中,其中很难产生改革所需要的富于创新精神的人才。

此外,中国的大一统官僚体制又对全国进行着严密有效的控制,使中央政权有力量粉碎一切被它视为非法的、地方的或民间的反应。民间与地方的自主能力无法在体制内发育出来,专制儒家意识形态可以有效地、强有力地抑制着社会的自主试错与创新,王朝体制拒绝任何微观领域的试错,这就形成强烈的路径锁定状态。任何温和的创新与变革尝试都会被压抑在萌芽状态,当问题越来越严重,百姓越来越不满,统治者再想进行真诚的改革时,一切已经为时太晚;而革命者们则认定,只有根本摧毁旧体制的革命才能解决问题。

更为不幸的是,而这样的革命本身又会带来另一种悲剧,即弱势国家的悲剧。一场百年前的新政改革的失败,以及革命的两难,对于丰富改革政治学的历史经验资源,应该说也有启示意义。我们今天的读者,也会从中获得智慧与教益。

关于历史研究方法的新思考

自改革开放以来,学术界始终在探索新的史学发展路径,史学如何推陈出新?我力求通过自己的研究实践,探索新的研究方法。在这里,我把这种正在探索的方法概括为以下几个方面。

第一,所谓的新方法,不同于以单纯人物活动与史实叙述为基调的传统政治史,首先在于它要考察社会、文化、思想与经济诸多领域对政治的影响。既然是政治史,为什么要研究社会?因为特定的社会结构制约着人们的历史活动。众所周知,如果不了解科举制结构对文化思维的约束,就无法理解近代洋务运动举步维艰,也不可能理解近代中国对西方挑战的"综合反应能力"的保守性。为什么要研究文化?因为一个时代的人们有特定的文化气氛,尤其是人们的文化心态与文化定见,同样影响甚至支配着人们的政治选择。例如,《危机中的变革:清末政治中的激进与保守》对戊戌激进改革派深层心态中的"极致性政治文化"的分析,可以作为考察一个时代的文化、思维方式潜在地支配历史人物并影响政治的典型例子,新政治史就是要结合政治以外的其他领域的因素,来更全面地考察政治史。

第二,新政治史的特点,还体现在对历史中人的内在精神世界的关注。人是具有主体性的,历史人物总是带着自己固有的主观识见、情感与信念,进入历史场域的。历史学除了社会科学性之外,还应有人文性。历史学的人文性在于,它要捕捉历史人物的生命体验与个体在困境中的特殊感受。新政治史对人的主体性关注,会使我们更深刻地理解人,尤其是处于特殊历史困境中的人。我曾在一篇思想日记中写道:

> 历史中的人与现实生活中一样,同样具有人皆有之的人性弱点与幽暗性。一个个活生生的人,在特定环境中,以特定方式做出自己的选择,并适应他的特殊生活环境,于是就

有了万花筒般的丰富生命。如果你把慈禧太后、荣禄、李鸿章、孙中山、袁世凯看作一个个在适应自身环境过程中的鲜活的、有缺陷的、有矛盾的生命，而不是某种政治代码或符号，你的笔下就会呈现出更真实的，因而也更深刻的历史形象，人们可以通过他们理解那个时代环境与结构。重要历史人物与精英其实都有多面性，他们面临的环境压力更大，内心冲突更强烈，比一般人的精神世界更复杂。

前述《危机中的变革》一书对光绪皇帝在懋勤殿事件中的焦虑感，对康有为在发动政变前的冒险心理，对西狩途中的慈禧太后内心矛盾，对载沣处理保路运动时一反常态的顽固与决绝态度，等等，均试图进行人文分析，试图进入这些人的内心世界。在我看来，新政治史的人文性还应该表现在，对每一历史时期的政治精英，抱宽容理解的态度，尽可能地做到价值中立，以同情心来理解当时中国的困境，当时人们思想与观念的局限性，他们可以掌控的政治资源与政治整合手段的有限性，他们面临各种内外压力时的选择的有限性。

第三，新方法不同于传统政治史研究方式还在于，它总是包含着研究者对主体本身具有的问题意识与意义感的追寻。如果说，实证主义史学只关注史实的客观性，并不关注历史中的意义；如果说，改革开放以前的教条意识形态史学用政治的教化宣传功能，来代替研究者从历史中去发现意义；如果说，"后现代主义"史学观，要以解构主义的态度来消解人们对历史中的意义追寻，那么，在我看来，新史学方法的灵魂，就在于怀着研究者所处时代的问题意识，去探求、发现历史中的意义。更具体地说，因为我们的时代或社会有问题、有困惑，于是我们从困扰自己的问题出发，力求从历史中去追溯这一困境的来龙去脉。正是在这个意义上，史学就是对主体的疑难困境所产生的意义的回应。

我正是自觉或不自觉地带着现代中国人面临的疑难问题，来进入这一领域的研究的：例如，曾经困扰我们的20世纪的激进主义与政治浪漫主义，是如何起源的，集权主义政治下的变革会面临的困境与两难矛盾，作为激进主义对立面的保守主义又面临什么样的两难，中国改革成败的因素是什么，等等。

第四，新研究角度要特别注意到，一个时代中盛行的思潮、主义与思想，有时甚至是基于误解的群体性观念，都会对这个时代的人们所做出的历史性选择，具有重要甚至支配性的影响力。人们信奉的思想观念与主义，包括支配人们的思维模式，在20世纪历史中发挥了以往时代所不曾有过的重大的作用。例如，正如《危机中的变革》一书中第九章所考察的，从新政初期的开明专制模式转向仿英伦的立宪模式，是一种全民性、群体性的对立宪本质的误读。众所周知，日本明治立宪，并不是真正意义上的分权制立宪，而是以"立宪"的现代符号，来掩饰其君权不受挑战的开明专制本质，而中国人却误以为日本在日俄战争中的胜利，是由于立宪的胜利，并经由此而争取英国式的分权立宪，形成浩浩荡荡的巨大思潮力量，迫使清廷采取预备立宪国策，这就极大地冲击了新政初期必要的权力集中,导致后来的政治参与爆炸及危机,这正是清末新政失败的根本原因之一。此外,晚清国人的"制度决定论"思维模式,乃是清末立宪激进化运动的根本原因,它也制约影响了此后近百年来的中国人的历史选择。

同样,历史上特定人群或个人的选择可能基于激情或其他非理性因素,这种非理性往是潜藏于人内心深处的习惯性力量。但它们在历史发展过程中有时会起到重要的甚至决定性的作用,它也应该被纳入史学者的考察范围。应对危机时代人们的焦虑感的分析,对清流党现象的考察,均应注意到非理性因素对人的政治选择的支配。

最后要说的是,我认为,新方法研究历史,与一般实证主义的政治史研究最大的不同在于,它特别强调史家应力求通过研究者对历史事件的大背景、大矛盾、大冲突、大影响的解释,来达到对历史的贯通性理解。与支离破碎的以解构为己任的所谓"后现代主义"史学不同,也与现在颇为流行的新左派的"老子过去比你们阔多了"的、把传统专制当作赞美诗的"文化浪漫主义史观"不同,新政治史关注的是历史的通透感,力求发现前后事件的内在逻辑。

当然,这只是我心目中的理想的研究视角,概括地说,新的历史研究有以下几个特点:

1.重视非政治领域对政治的影响;

2.强调人文视角,强调对历史人物所采取的行动选择的同情性的理解;

3. 以研究主体的问题意识作为透视历史现象的焦点；

4. 注意一个时代盛行的群体性的观念与思潮对历史选择的影响；

5. 从大处着眼的对历史解释的通透性。

为了实现这些目标，那就要如同运用十八般武艺一样，广泛运用政治学、社会学、经济学、思想学、心理学以及边缘学科的方法、概念与理论元素，来考察、分析、研究各种政治历史现象，从而增强"通古今之变"的解释能力，等等。

记得几年前，一位研究生在给我的信中写道："历史提供给我们的，不仅是事实，也不仅是知识，而是要培育我们一种知人论世的能力。我终于了解到历史是训练、培育我们思维的一种最重要方式。"

善哉斯言，历史就是要培养我们"知人论世"的能力，这句话道出了历史学生命力所在，我想，这也应该成为新政治史的目标与努力的方向。

清末变革以悲剧告终，并且成为20世纪更大悲剧的起点，只有悲剧时代的人，才能对人生与社会产生刻骨铭心的体验，这是那些幸福而质朴的小民族所不可能有的珍贵精神资源。只有民族的苦难，才能成为史家研究人性与历史的最好的原材料，正是在这个意义上，时代不幸才会造就深刻的史学家与思想家。清末新政只是20世纪历史的开端，以后有更多的悲喜剧等候着史家去发现其意义，去展示自己的思想穿透力。时代不幸史家幸，请记住，我们民族就生活在历史的富矿脉带上。

从变革的视角梳理晚清七十年历史

  自鸦片战争到北洋时代的近代史可以概括为三句话。第一句话是，保守的统治者只有在危机状态下才进行迟误的新政改革。第二句话是，迟误的改革引起一场不成熟的革命。第三句话是，不成熟的革命造成了20世纪前期中国碎片化的大分裂时代的来临。20世纪20年代的中国陷入了军阀混战的"失败国家"之列。这段历史给百年后人的启示是，对于传统体制的政治精英来说，当拥有充沛的合法性的时候，应该不失时机地进行改革。

  在人类历史上，很少有一场革命，如辛亥革命那样轻而易举地取得成功，在武昌起义期间，分散在各省的彼此之间没有联系的起义者，实际上只要在本省做成两件事，起义就大功告成了，先是占领总督府，再就是攻克军火库。接下来，当地的清军就几乎不战而降。

  革命如此容易，说明了什么问题？这说明清王朝统治的统治正当性已经消失，这种统治的正当性，在鸦片战争以后的70年里是逐渐下降的，然后在庚子事变发生后迅速消失，庚子事变以后的清末改革虽然进行了11年，但已经无法起死回生。统治者在70年时间里，虽然多次有改革机会，但它并没有把握时机，最终被一批没有什么准备的热血青年的"乌合之众"轻而易举地推翻，一场常人看来"如同儿戏"的、成功概率极低的、偶然的哗变，居然一下子成了燎原之火，原因正在于，在整整70年这个并不太短的时间里，清王朝最高统治者完全不具备适应西方近代以来对中国近代的挑战的能力，中国由此而陷入日益深重的民族危亡的境地。这一点与明治维新成功的日本形成鲜明对比。

为什么清王朝不具备这些能力？原因是多方面的，其中既有文化原因，也有帝国政治的原因。我们可以从近代几个皇帝一个一个说起。

中国近代化的开局为什么不好

先说道光皇帝。第一次鸦片战争时，道光皇帝掌权，他的个人素质和道德感在清王朝当中，甚至在中国古代的皇帝当中，都可以算是相当不错的。他临终前下旨不许把自己的牌位放到祖庙中去，说明他对鸦片战争失败怀有深重的内疚感与自责感。然而，他从来没有从第一次鸦片战争的惨败中汲取任何教训，其实这场战争军事力量对比如此悬殊，在大沙角、虎门等几次重要战役中，中国方面死伤数千人，被俘虏数千人，英国只有几个轻伤与战死。按理说，统治者应该从中感觉到中西文明的巨大差距，应该考虑如何改弦更张，通过仿效强者的自强运动来克服危机。如果在鸦片战争后就开始洋务运动，中国现代化的起步至少要比日本早20年。中国的近代史可就要重写了。中国在鸦片战争以后，白白损失了20年时间，道光皇帝要负重要责任。

道光死后，19岁的咸丰皇帝继位，在父亲的影响下，他在思想观念上反而更加保守，咸丰皇帝在位的13年中，实际上几乎没有推行什么变革，也没有采取对外开放的举措，鸦片战争以后，与西洋人打交道过程中形成的清代官僚中的温和的"知英派"人士，如耆英这样一批人，都先后被边缘化，在外交第一线的是保守顽固的昏庸的强硬派，在中英之间这种双方强硬派恶性互动的结果，是英国方面利用"亚罗号事件"发动英法联军战争，此后，中华民族的生存环境进一步恶化。

当英法联军到了天津，咸丰不得不同意英法联军提出的56项要求。研究者都会注意到，这些要求中大部分条款，是处于重商主义时代的欧洲各国之间通行的商业贸易规则。清廷在英法联军的强大军事压力之下，被迫接受了这些规则。然而，英法联军离开天津回上海之后，咸丰皇帝却突然反悔了，而他反悔的原因，居然是他受一种极端保守封闭的思想观念的支配：无论如何不能接受让英法各国派公使带家属长驻北京。众所周知，公使驻京本来就是现代外交的正常的国际规则。他的这种观念是如此强烈，以至于为了让英法同意撤销遣使驻京这一条，他居然提出从此以后让所有的外国进口商品享受免税待遇，来作为交换条件。咸丰皇帝可以说该争的不争，不该争的荒唐地硬争。

后来，英法各国在通州谈判时，提出一千名仪仗兵入北京城参加签约活动，却被咸丰理解为鸿门宴阴谋，一怒之下下旨把英法联军的39个谈判代表与随从人员抓起来当人质，结果其中19个人被虐待致死，最后引起英法联军火烧圆明园的野蛮报复。从这里可以看出，他对国际外交完全无知，其思考问题的方式，与道光一样仍然停留在中古时代。

火烧圆明园后，清廷被迫签订《天津条约》和《北京条约》，传统的朝贡体制在西方强大压力与屈辱下，让位于国际通行的条约体制，清王朝在经历巨大屈辱和国运创伤之后，才被迫通过洋务运动而走向了对外开放。

清朝统治者的极端保守，使这个王朝在付出巨大的代价之后，才走向变革。另一方面，在战争挫折与屈辱之后的对外开放，是心不甘情不愿的，"仇人之学不可学"的非理性保守心理，弥漫于统治阶层内部，保守的结果又是更大的战争失败与挫折，新的屈辱感使人们的排外心理越严重，对变革与开放就越抗拒，统治的正当性相应地丧失越大，形成恶性循环，直到庚子事变后，整个中国陷入了被列强瓜分的窘境以后，才考虑到要进行大幅度的改革，然而，那时清王朝的统治正当性已经流失殆尽了。

慈禧掌权后中国的改革大势

同治年间，慈禧通过辛酉政变上台，这场政变是她与恭亲王合谋而成功的,她和恭亲王分享政权。如果慈禧太后不那么揽权,能放心地让比较开明的恭亲王从事改革,那么,虽然道光皇帝、咸丰皇帝已经失去了变革的机会,但此后洋务运动发展起来,中国还是有机会的。

19世纪60年代后的20年里,中国的时机还是相对不错的,英国、法国与美国对中国采取他们所称的"合作政策",《南京条约》《天津条约》与《北京条约》这三大条约的签订,满足了他们让中国进入他们的资本主义全球化贸易体系的所有条件,中国不得不遵守他们制定的全球贸易规则,他们在中国获得了巨大的市场。让这样一个大国发展起来和他们做生意,对他们来说是有利的。从1860年到1894年甲午战争以前,共有30多年时间,国际与国内环境相对稳定。当时说是"同治中兴",国际与国内的环境相对于19世纪90年代以后来说,还真是相对稳定的。

作为个人来说,慈禧太后是精明强干的,但作为统治者来说,她完全缺乏现代化的眼光,她对个人权力的关心,远远超过对国家命运的关心。慈禧见识太狭窄,私欲太强,她对恭亲王又充满猜忌,使得恭亲王为了保护自己的不稳定的地位,不得不放弃很多现代化的努力。

19世纪70年代,李鸿章入京向恭亲王提出建议,趁日本还没有崛起的时机,大力建设铁路、发展电报、发展电讯事业,当时清王朝也有力量做这些事,但恭亲王告诉他说,朝内没有人能主持这个大计,两宫也不会主持这件事情。恭亲王深知自己主动提出的任何一个东西,都会受到慈禧太后的猜忌,他已经几次被贬黜，地位岌岌可危了。

我们过去总认为洋务运动没有成效，是因为清廷统治者与李鸿章、曾国藩这些洋务自强运动的主持者不够努力，或者是传统专制体制下的贪污、腐败、效率不高等。其实，更重要的原因是，最高统治者没有改革的愿望。前面已经说过，洋务运动就是因为西方挑战的压力与担心亡国的危险而被迫发动起来的，自从西方各国对中国采取相对温和的"合作政策"之后，这种外来的危机感也渐渐消失了，再搞什么新举措，根本是大多数朝野官僚士大夫不感兴趣的。

洋务运动30年这段历史非常关键，机会一旦失去，日本就崛起了。日本在19世纪60年代以后，经过30年的明治维新，国力已经迅速全面上升。而中国在60年代以后的30年时间里，基本上是停滞不前，特别还要指出的是，即使中国从欧洲购来了比较先进的军舰，整个军事训练水平、指挥水平、士气与精神状态与引入的先进的军事器械并不相称。社会的现代化水平也很低下，军舰变成空架子。在甲午战争发生以前，对于中国军队的战斗力，李鸿章知道得比其他士大夫官僚更清楚，但朝野内外，从御史到军机大臣，对中日军事实力对比一无所知，他们都纷纷要求朝廷"狠狠教训日本"，这些虚骄呼声是如此强大有力，以至于慈禧在巨大的朝野压力下不得不表示，"再不打，上对不起祖宗，下对不起百姓"，虽然李鸿章明知清朝军队不堪一击，但箭在弦上，也就不得不发了。

甲午战争的惨败是毫无悬念的，《马关条约》的签订，让全世界看到中国的虚弱可欺。中国陷入民族生存条件极度恶化的危局之中，可以说，咸丰与慈禧这对夫妇统治中国合起来长达54年，他们对中国后来的不幸历史命运要负最大责任。

戊戌变法为什么没有成功？

甲午战争失败后，光绪皇帝开始实际掌权。甲午战争失败，士大夫和官僚形成空前的共识，觉得中国要改革了，连慈禧太后也不反对改革了，她也知道不改革的话，中国可能要灭亡了。正是在这个意义上，可以说，戊戌变法本是中国千载难遇的改革机会。但遗憾的是，光绪皇帝是一个徒有变革意愿却完全没有政治经验的人，他所信任的改革家们，恰恰又是一些几乎从来没有在官场内生活过的、没有治理经验与行政能力的少壮书生，他们完全不懂得官场的游戏规则，很多想法实际上非常幼稚，很多做法又很极端、不切实际，很难得到官场同仁的支持与同情。由此造成的结果是，激进而不切实际的改革引起多数人的不满，他们成了孤家寡人。在这种情况下，康有为为了摆脱困境，在完全不具备条件的情况下，居然孤注一掷，要发动一场注定失败的包围颐和园的政变，结果不但失败，还连累了青年皇帝，按照严复的说法是"书生误国，庸医杀人"。

我们不得不承认，光绪皇帝是个好人，但政治判断力与见识都实在太差，当然，这和帝国官僚体制与宫廷封闭的文化环境对他的严密束缚有关，也与他的禀赋与能力不足有关。他的父亲醇亲王性格很脆弱，神经很过敏，家族遗传的心理素质也不好，他连正常人的心智与经验水平都没有达到。一个普通人，在日常的生活当中总会遇到一些挫折，但也总会在挫折中逐渐形成心智健全的理性判断能力。但光绪帝从小在深宫中长大，没有机会接触外部世俗世界。性格又极为懦弱，神经过敏，一旦他的改革计划遇到慈禧的质疑，就心态失衡，焦虑万分，从而进一步刺激同样缺乏经验的康、梁孤注一掷地去从事一场根本不可能成功的政变，一场书生误国的激进变革结果遭到惨败，中国好不容易获得的一次改革机会由此丧失。

清末新政为时已晚

清廷真正想改革，是1901年以后。慈禧太后在庚子事变的时候逃出去了，回来是1901年了，她知道再不改革的话，清王朝真要亡在她的手里了。她想通过真诚的改革来挽回在臣民中的威望，这种愿望确实很强烈。以往说她是"假改革，真卖国"，这种判断其实并不符合史实，一个专制王朝的统治者当然是要想通过变革来维持自己的统治合法性，保住自己的江山。总不见得变革的目的就是为了不要保住江山，世界上没有这样的政权。必须承认，清末新政11年改革所做的事比过去60年还多。一位日本观察家到了北京，见到北京在清末新政中的市政变化，预言不久以后，北京的现代文明程度将超过东京，可见这些变化确实不小。

慈禧后期积极推进改革，新政改革包括法制、教育、经济、社会改革等，在改革过程中，清王朝已经是开始不自觉地从传统专制进入了开明专制主义阶段。可以说，辛亥革命所推翻的，是一个开明专制政权，而不是一个保守的、封建的传统专制政权。

这种开明专制从许多方面可以体现出来。1901年开始改革，当时被官方称之为"辛丑变法"，内容十分广泛，包括废除科举制度、奖励实业、鼓励新式教育、从留学生当中选拔人才、禁止鸦片，甚至还办理福利院，进行法制改革，废除肉刑，颁布了与国际接轨的《民法》《商法》和《刑法》，清廷积极推行新法，目的是要像日本那样，尽快废除领事裁判权。只有《刑法》和国际接轨了，取消领事裁判权才会得到西方列强同意。此外，还设立了警察局、派出所。我们所熟知的"派出所"这个词就是那时出现的。除了大量的公共建设之外，整个社会风气也都发生非常大的变化，连山西小县城的青年女子都开始穿起裙子。这时已经不是我们简单认为的专制政权的统治，从政治学来看，到了1901年以后，它已经转变为一个开明专制主义了。所谓的开明专制，就是利用传统的皇帝的权威来推行现代化的政策，从而以旧瓶装新酒的形式，来实现中国走向现代化的目标。清末的开明专制，可以说是中国在现代化过程中的一种新的政治路径。辛丑变法进行了四年之后，直到1905年，又转向了筹备立宪阶段。这就意味着，清王朝放弃了走开明专制主义道路，直接转向君主立宪。要知道这两者有很大的不同，前者是运用不受臣民挑战的君主传统的神圣权威，来推行现代化的新政策，德国威廉二世的改革与明治维新就是这种模式；后者是权力转到内阁总理，君主权威变成象征性的形式，不再具有实质性的权威。

慈禧逝世后清廷缺乏强有力的统治者

1908年，慈禧太后过世，不只是中国人，当时有很多西方的观察家，都认为慈禧太后活着的时候，她完全能够控制局势，虽然慈禧犯了那么多错误，但受统治的百姓基本上还认她，因为她在多年统治里形成的权威，还足以控制局势。然而，在慈禧太后死了以后，局势就逐渐失控，这是因为新的统治者摄政王载沣平庸无能，根本无法应对复杂的局势。其实，慈禧生前从来没有想到过让载沣执掌实权，她的如意算盘是，让无能又听话的摄政王装门面。由自己继续垂帘听政。她认为自己身体很康健，完全可以再掌权十几年。她自己也没有料到她会在1908年就过世。宣统皇帝年幼，于是大权自然落在载沣手中。从此之后，进入变革深水区的清王朝，需要彼得大帝式的强人来应对复杂的局势，以渡过难关，但实际掌权的却是这样一个无能的人，这是清王朝的大不幸。

在排满风潮已经在全国出现的情况下，摄政王载沣却坚持要搞皇族内阁，让皇族子弟担任内阁重任，在社会大众对满人掌握权力充满不信任情绪的情况下，这样做无异于火上浇油。更何况这些皇族子弟无论从经验、能力、威望上都十分平庸无能，根本配不上掌管这样的大权。如果载沣心胸宽阔些，在社会上选拔精英人才来充任内阁阁员，情况也会好得多。

立宪为什么会让革命加速

众所周知，专制体制下，皇帝与少数精英分子孤立在上，臣民老百姓不关心政治，这样的国家没有凝聚力，怎么能避免一个国家陷入危亡？从逻辑上来说，建立立宪政治作为扩大政治参与的制度，应该说是增强国家凝聚力、形成臣民团结、发展政治认同的政治手段。这样可以重新建立统治王朝与精英层的新关系，形成社会凝聚力与政治共识。日俄战争以后，中国的士绅精英中就出现了立宪派，他们的不断宣传与鼓吹，使立宪救国论在中国社会上广泛地流传开，并产生了越来越大的影响，最终也影响了慈禧太后。

预备立宪在慈禧当政时决定下来，慈禧在社会压力下同意实行筹备立宪，是因为她原以为立宪就是像日本一样，皇帝权力不容挑战，整个社会在钦定宪法的规则下，对外部世界开放，同时改革专制弊政，让国家在这种更现代的体制下富强起来，她心目中的立宪就是日本式的"钦定立宪"。然而日本立宪其实就是在立宪外表之下，强化天皇权威，用天皇的威权推进改革。日本式的立宪并不是真正意义的限权式的立宪，日本学者清夫信三郎就一针见血地指出，日本立宪政体是一种"伪立宪绝对主义"。通俗地说，它只是以天皇为中心的开明专制主义体制的伪装形式，是以立宪为包装的开明专制。根本不同于一般意义上的欧洲立宪政治，所谓的立宪政府，是用宪法来限制君权的有限政府（limited government）。

然而，一旦清廷宣布中国走上了筹备立宪的道路，士绅中的激进立宪派就主张"民定立宪"，所谓"民定立宪"，就是由自下而上地推进立宪运动，先成立国会，然后由国会制定旨在限制皇帝权力的宪法，相对于"钦定立宪"而言，这种"民定立宪"反而是西方立宪政治的正宗，正是在这个意义上，由慈禧宣布的筹备立宪运动，反而让更激进的民定立宪派有了表现自己的机会与政治上的合法性。

正因为如此，自1905年清廷宣布立宪的国策以后，中国国内就存在着两种对立的立宪思潮，一种是官方的立宪主张，按清廷与慈禧太后的意图，立宪就是通过钦定宪法，让中国转变为钦定宪法下的开明专制；按立宪派士绅的意图，就是让清廷变成"有限政府"，即皇帝的权力被逐渐虚化，内阁与国会将取得实权。双方的意图是不同的，各方都在鼓吹自己的主张。

慈禧生前还有足够的权威，让清朝的筹备立宪程序按钦定立宪的方向走下去，然而当她去世以后，情况就不同了。

更具体地说，一旦统治者宣布立宪，对统治者深怀不满的被统治者反而可以利用筹备立宪的舞台，与统治者分庭抗礼，过去士绅的政治参与没有机会表达，现在机会来了，人们可以向统治者提出种种诉求，统治者面对种种要求，就会难于招架。人们会提出，政府规定的九年后才立宪的日程表时间太长了，应该用三年就好，你不立宪，我就要上街游行，就要写血书。这样的话，立宪就陷入四面楚歌的状态。

立宪政治一旦发展起来，某些地区立宪的议员和政府之间的分歧扩大，他们利用自己立宪议员的地位去动员群众、号召群众，群众长期压抑的社会不满由此而积累起来，这样就起到火上浇油的效果。可以说，立宪本身是一个好事情，但是因为清朝是在社会危机四伏的情况下，在社会公认度极为低下、国家陷入生死存亡的危急关头，才进行筹备立宪的，这就反而会形成政治参与爆炸的井喷效应。

比方说四川的保路运动，就是四川谘议局的议员，利用他们议员的地位，号召大家起来反抗铁路收回国有的政策。其实，清廷提出铁路筑路权收归国有，是因为原来自由放任的让地方自己筹资兴办铁路的政策已经失败，不得不由同清朝的中央政府通过向国外贷款集资来兴办铁路，为了实现这一转变，就必须回购四川民营铁路公司的股票，但民营铁路公司贪腐严重、经营不善，清廷无法全额按原价回购，于是民营公司老板就利用资政院与谘议局的讲台，四川民办的铁路股份公司的股东觉得国家收购他们股票的钱给得太少了，他要更多的钱，就提出"路（权）亡，国（也）亡"这样一些煽动性的口号，上纲上线，鼓动民众争路权，早已经丧失权威的清廷处于被动之中，保路运动激发的民潮力量很大，可以算是一种"政治参与爆炸"。清王朝也在保路运动的声浪中，被武昌起义推翻。

矛盾在于，当一个统治者在有足够威望，在没有陷入深重危机的情况下，适度地进行立宪民主化的改革，还比较顺利，在王朝统治合法性还比较高的情况下，清末立宪使更多人参与政治生活，扩大了政治参与的途径，本来或许会是好事情；然而，当社会问题已经积重难返，统治者的正当性受到被统治者的严重质疑，也即陷入统治危机的情况下，如果这时才进行立宪改革，激进的反体制派就会利用立宪来挑战王朝统治的合法性，立宪不但不利于形成社会共识，反而会使整个社会的政治分裂更为严重，这无异于使原有社会矛盾进一步激化，变成火上浇油。清末筹备立宪变成了革命的加速器。

我们可以看到，清王朝辛丑变法，经历了从开明专制模式向立宪模式的大转变。所谓的开明专制模式，就是指的是专制统治阶级利用自己的传统专制权威，来推行现代化的政策，统治者的权威是不容挑战与质疑的，日本的明治维新其实就是一种以钦定宪法确定下来的开明专制，德国俾斯麦改革、奥地利约瑟夫二世的改革，也都属于开明专制型改革的范畴。然而，开明专制要能稳步推进并取得成效，必须有一个条件，那就是统治者在其臣民中必须拥有比较充沛的统治合法性或正当性。

从晚清中国处于后发展国家现代化初期阶段的发展逻辑来说，开明专制模式是比较合适的改革战略路径，一旦放弃开明专制模式，改为筹备立宪，实际上就会产生一系列意想不到的不可控因素，尤其是汹涌而至的广大士绅阶层与排满派青年知识分子的参政要求将使统治者面临前所未有的挑战与压力。在进入危机时期的晚清社会，社会分歧本来就已经十分严重，扩大政治参与的结果，又反过来使得长期积聚的矛盾分歧、长期被压抑的政治参与浪潮一旦有了合法政治参与的渠道，就会像井喷一样难以阻挡，这是当年慈禧太后及清廷官僚们完全想象不到的。

清王朝改革失败的历史启示

历史的选择如同个人的命运史一样，往往决定于一些偶然因素，20世纪初期生活在中国的不少外国观察家都认为，如果慈禧在的话，武昌起义即使发生，也只会是一场流产的小政变，根本成不了大事，只要慈禧太后还在，她不会那么愚蠢地让满人最大的潜在政敌袁世凯去镇压革命。事实上，即使慈禧已死，在摄政王掌权的情况下，如果他不是派袁世凯"出山"去镇压武昌起义，而是派北洋系的冯国璋去镇压反叛者，这场发生在华中地区的小规模政变，也会很容易如同孙中山发动的多次广州起义一样，被扼杀在襁褓当中。而只要再过两年，清朝就立宪了。立宪后的中央与地方权力掌控在内阁、资政院和省谘议局的士绅手中，而资政院与谘议局就是汉人的天下，排满革命也就没有必要了，反清起义的号召力与动员力也就会大大地减弱。中国的历史选择将会是另一种样子。

退一步说，即使慈禧太后死了，她当时不把最高权力交给摄政王载沣和幼小的宣统皇帝，而是交给其他皇族近支，清廷都不至于如此无能，当时在权贵阶层当中，还有很多统治能力和经验都比较强的人。由皇族近支中的年富力强、有现代意识的人物当皇帝，革命成功的可能性就会大大减弱。

又如，当武昌起义发生后，摄政王派了只会纸上谈兵的荫昌出征，如果不是荫昌没能在前面两个星期的最佳时机里去扑灭这个革命，而是换了清军其他更为能干的将领的话，对于清朝来说，情况又会好很多。

再如，前往南方镇压的军事火车开到一半，居然连煤与水都没得供应，于是当官的只能下令让士兵用马刀代替斧头，去砍沿铁路的树木来生火开动火车，整个过程的组织能力和后勤供应水平之低，都反映出整个清王朝统治层水平的低下与拙劣。

鸦片战争到英法联军之役，足足有20年时间，但清王朝统治者完全无动于衷，麻木不仁，没有任何改革举措。19世纪50年代以后，咸丰皇帝当政，受其父亲道光皇帝的保守态度的影响，不但没有想到变革，而且进一步强化了保守闭关的立场。致使英法联军利用"亚罗号事件"，打到北京，此后他逃到热河，让恭亲王出来收拾局面，这才使中国有了转机，如果他不是病死在热河，改革还是无法开启。

此后慈禧掌政，洋务运动虽然开展起来了，但一直缺乏高屋建瓴者来认真推进现代化事业。30年的洋务运动没有多少成效，日本一赶上来，就相形见绌。

甲午战败后，中国朝野上下痛定思痛，再次有了新的改革契机，但是很不幸，改革的策划者竟然是受到光绪信任，却缺乏从政经验的康有为、梁启超，严复用十六个字概括了这场改革的不成熟。他说，康有为是"上负其君，下累其友，书生误国，庸医杀人"。戊戌变法的失败，又引起保守派的反动，引发更大的国难庚子事变。八国联军入侵后，中国对外赔了九亿八千二百万两白银，中国差一点被瓜分，有头脑的中国人都会觉得当时统治者实在不配再统治。此时再想改革就为时已晚。

此时，清朝为了摆脱民族危机，想通过大幅度改革来挽回它在臣民中的威望。然而，大幅度的改革难度会更大，这就更需要有更大的权威来进行整合，此时，恰恰处于危机时期的统治者又没有足够的威望，于是，就会陷入如下恶性循环：危机越深，改革幅度越大，改革难度也相应越大，权威不断流失的清王朝越是无法控制秩序，于是越改越乱，老百姓越来越不满，社会问题越来越严重。人们觉得改革得不够，还要进行更大幅度的改革，统治者为了满足改革者的期望，于是更加大改革幅度。陷入饮鸩止渴的恶性循环，其结果可以概括为：从新政始，以革命终。

鸦片战争以后的清王朝，曾经有70年的机会来适应西方挑战。然而，一部清朝的变革史，却变成了清朝走向崩溃的历史。

这可以说明一个问题，那就是处于大变革时代的治国者，如果受固有的文化定见支配，就会失去关键的机会，社会一旦陷入危机以后，统治者再想通过改革来挽回自己的统治合法性，就会陷入两难困境。迟到的改革，会在长期受到压抑的、充满愤懑的臣民中，激发激进的、强烈的政治参与期盼，社会大众的各种政治诉求就会出现井喷效应。各种诉求从长远来看都是合理的，但却是统治者无法短期实现与满足的，改革如同潘多拉盒子放出的魔怪一样，一旦释放出来，任何人都控制不住。长期积累的社会矛盾，与人们内心的挫折感叠加在一起，这种迟误的改革反而会成为革命的导火线。

鸦片战争以后70年的清朝变革史，概括起来就变成：保守的文化定见导致迟误的变革，迟误的变革又会促成专制下不成熟的革命到来，不成熟的革命，又会使革命后的社会失去整合条件而走向碎片化。20世纪北洋军阀时代的来临，正是清王朝无力应对挑战而产生的因果报应。

20世纪初的思想新潮

辛亥革命民主思潮的观念考察

在思想文化史上，浪漫主义是一个很难确切定义的概念。然而，如果我们对人类精神生活中被称为浪漫主义的思潮现象做大体的概括，还是可以发现，这一概念实际上具有两个相互关联的意义层面。首先，它指的是一种潜含在人类精神深处的特殊心态（mentality）倾向。它崇尚主体自发（spontaneous）的冲动，独特的个人感受，以及人在冲决世俗生活中的规范、信条和习俗束缚时产生的高峰生命体验。浪漫主义者认为，人们在冲破世俗罗网时所感受到的生存意义和价值远比这样做可能导致的功利上的实际后果更为重要。人类各时代的浪漫爱情即属此类。用罗素在《西方哲学史》中的话来说，"浪漫主义者在推开对人性的种种约束时，往往会获得一种新的元气、权能感和登仙般的飞扬感"，这会使他觉得即使为此而遭到巨大的不幸也在所不惜。[1]

---
[1]〔英〕罗素：《西方哲学史》下卷，马元德译，商务印书馆，1976年，第221页。

浪漫主义另一个由此派生出来的意义层面，指的是主体把自己长期受到现实逆境压抑而产生的热情、理想和愿望，不自觉地投射到某一外部对象物上，而并不关注这一对象物的真实属性。人们经由这种潜意识的愿望投射和"主体向外扩张"的移情作用，来宣泄、抒发、寄托内心的深层企盼，并以此获得一种冲决现实束缚而感受到的人生超越感和审美体验。因此，正是在这个意义上，浪漫主义者往往以某种与现实逆境和阴暗面形成鲜明对照的"秩序状态"作为自己精神追求的支点。这个支点可能是某种历史上根本不存在，或存在过但却被人美化了的"合理状态"。例如卢梭心目中的田园诗般的中世纪，或陶渊明笔下的"桃花源"。这种"合理状态"所呈现的人与自然的和谐，人性的质朴和完美，乃是浪漫主义者深受现实生活压抑而产生的逆向愿望投影。浪漫主义者的支点也可以是某种异邦社会秩序，在浪漫主义者心目中它所呈现的特质，与现实的黑暗、丑陋和颓废恰恰形成鲜明的对比。此外，浪漫主义者的精神支点也可以是某种经由人的理性设计的、符合"人性"或特定的道德理念的乌托邦秩序，等等。

正是在这个意义上，无论是艺术思维或政治思维中的浪漫主义，其基本特质就是"主体主义"（subjectivism）。用欧洲思想史学者罗兰·斯特龙伯格的说法，即"人的心智参与对现实的塑造"（the participation of mind in shaping reality），或者说，是"心灵部分地创造了它所把握的外部现实"[1]。英国诗人济慈直截了当地认

---

[1] Roland N. Stromberg, *European Intellectual History Since 1789*, New Jersey, Prentice Hall. Inc. Third Edition, 1981, p.50.

为"美就是真",更是一语点出了浪漫主义的实质。

这种通过主体的愿望投影来重造"客体对象"的目的是什么?为什么人们宁愿用一个美化了的虚拟的"外部世界"来代替他们直接面对的实在世界?难道人类的福祉不正是以如实地认知现实为先决条件?

浪漫主义者之所以需要这样一个虚拟的支点,乃是因为只有当他们主观上把这个支点认定为实在的、真切的、可以实现的,他们所追求的价值或信念才有了基础和依据。浪漫主义者这种本能的"反唯物主义"倾向,有着其特殊的心理或社会功能。就最低限度而言,人们借助于这种"望梅止渴"的愿望投射,至少可以减轻现实逆境对人性的压抑而产生的挫折感和焦虑感,起到精神自卫和心理补偿的功效。

浪漫主义更为重要的意义还在于,它所焕发的人的主体能动性、生命元气、原创性和行动意志,可以进而转变为按人们的希望和理想去改变现状的精神动力和资源。正如卡尔·曼海姆指出的那样,"如果放弃了乌托邦,人类就会失去塑造历史的愿望"[1]。同样,也正如韦伯所指出的:"人类如果不曾反复追求不可能的东西,也就不可能获得可能的东西。"

然而,浪漫主义者的愿望和行动与真实世界之间的紧张和背离,在社会政治实践中却往往带来主观上不曾意识到的各种消极后果。

1　Karl Mannheim, *Ideology and Utopia*, New York, Harcourt Brace, 1952, p.236.

中国现代史上的政治浪漫主义

希尔斯（E. Shils）指出，西方知识分子中的浪漫主义思潮，是对市民社会机械、平庸、刻板的生活方式的精神反叛。希尔斯认为，布尔乔亚家庭、商业化的活动和市场，对人的激情的约束以及它们要求人在承受义务方面的循规蹈矩，所有这些都会窒息人的主体性、原创性、率真性，并使人失去自我和生机。[1]浪漫主义对于超越境界的追求，可以说是一个多世纪以来相当一部分西方知识分子中不绝如缕的价值倾向。

中国近代以来从来没有过成熟的市民社会，中国20世纪初以来的政治浪漫主义思潮，产生于民族生存条件极度恶化的时代环境。它最早的表现是深受民族屈辱和挫折感刺激的青年知识分子对诗化的中国民族灵根的礼赞。

陈天华是这种政治浪漫主义的最早代表人物之一。他在1905年发表的《论中国宜改创民主政体》这篇著名的时论中认为，中国人具有其他民族所没有的天生的禀质。早在蒙昧初启时，这种禀质已崭露头角，现在只不过被专制政治压抑而稍失其本而已。他认为："无目者，不能使之有明，本明而蔽之，去其蔽，斯明矣。无耳者不能使之有聪，本聪而塞之，去其塞，斯聪矣。"既然"吾民之聪与明，天之所赋也"，因此他认为，在推翻清专制

---

[1] Edward Shils, *The Constitution of Society*, Chicago and London, The University of Chicago Press, 1982, p.198.

以后，"中国人的能力不但可以恢复，而且可以在最短时日内恢复；一旦恢复，即可享有西方民族现在享有的完全的权利"[1]。根据他对中国民族灵根的这种判断，"中国醒悟之后，发奋自雄，五年小成，七年大成"。既然中国人"具有大和民族与条顿民族之所长"，"以欧美数百年始克致者，日本以四十年追及之，吾辈独不能以同此例求之乎？"虽然他也指出，"入手之方，则先之以开明专制，以为兴民权改民主之预备"，然而他又认为，由于中国民族上述种种优良品性在专制被推翻之后可以在最短时日内恢复，因此创立民主政体是指日可待的。他把西方民主政体视为"珍馐已罗列于几案之前，唯待吾之取择烹调，则何不可以咄嗟立办"[2]。

陈天华对中国人的民族性的判断，与近代中国人在现实生活中显示出来的经验事实并无关系，也完全不涉及前辈知识分子如严复、梁启超等人经常提到的中国国民性的种种负面表现，如"柔弱""涣散""麻木""旁观主义""无公德心""无血性"等。陈天华对中国民族性的美化还表现在把中国传统的地方自治解释为中国人具有民主政治能力的依据。他举例说："盛京吉林之间有韩姓其人者，与其地有完全之自治权，举日俄清不能干涉之，其实际无异一小独立国，而韩姓亦一乡氓也，未尝读书识字。其部下亦不闻有受文明教育者，而竟能为文明国民所不能为。谓非天

---

[1] 张枬、王忍之编：《辛亥革命前十年间时论选集》第二卷上册，生活·读书·新知三联书店，1960年，第120—125页。
[2] 同上。

然之美质，曷克臻是！"[1]

对中国传统民族性的民主能力的诗化和附会，也同样表现在汪精卫在当时的言论思想中，他认为："自由、平等、博爱三者，人类之普遍性也，论者虽武断，敢谓我国民自有历史以来，绝无自由平等博爱之思想乎？……夫我国民既有此自由平等博爱之精神，而民权立宪，则本乎此精神之制度也，故此制度之精神，必适合于我国民，而决无虞其格格不入也。"[2] 汪氏还进而把尧舜以来的"敬天安民""保民"思想，视为植根于国民中的"公法"基础观念，以此来证明中国国民自古有民权立宪之能力，因此，一旦"去其阻力，而予以佳境，则能力发舒，一日千里，目的之必达可决也"[3]。由此可见，汪精卫、陈天华对中国民族性"灵根"的诗化、审美化的判断，只不过进一步用来作为中国人可以以最快的速度，直接享有西方民主政体的论据，以此来宣泄长期以来受清朝专制和民族危机压迫下的屈辱感和求得民族富强的强烈期盼。而对西方民主政体的价值评价和它在中国的可行性的乐观判断，则是这种受压抑心理的折射。

我们还可以从孙中山早期思想中看到这种浪漫主义的深刻烙印。在《东京中国留学生欢迎会上的演说》中，为了论证何以中国在推翻专制王朝后可以径直采用民主政体时，他几乎使用的全

---

1 张枬、王忍之编：《辛亥革命前十年间时论选集》第二卷上册，第120—125页。
2 汪兆铭：《驳"'新民丛报'最近之非革命论"》，张枬、王忍之编：《辛亥革命前十年间时论选集》第二卷上册，第395—417页。
3 同上。

是一些与逻辑论证无关的类推。例如，他以造铁路无须采用原始的"粗恶"的火车头，而可直接采用最新式的火车头，及"各国发明机器须积数百年之功，而仿而造之，则岁月之功已足"来类推中国可以直接仿效西方的民主政体。他以世界各国立宪亦必须"流血得之"来说明，"同一流血，何不直截了当采用共和政治"；他以"取法乎上，反得其中"来证明中国必须从"最上之改革着手"方能取得真正的效果；他还以美国黑人、菲律宾和檀香山的土著民族由于与外人交通，一跃而为共和，来说明一个国家能否采用民主政体与国民受教育程度无关；并以此类推，如果说中国不能直接采用民主政治，岂不是诬中国人连这些土著还不如？所有这些类推都用来达成这样一个充满感召力和激情的乐观结论："十年、二十年之后，（中国）不难举西人的文明而尽有之，即或胜之焉，亦非不可能之事。"[1] 特别值得寻味的是，从《民报》刊出的演说记录稿可以看到，凡是演说中不断被掌声所打断的地方，也即是最能打动他的青年听众的心弦的地方，几乎全是由这类明快而简单的类推来表达的。

浪漫主义的政治魅力

浪漫的议会民主观在当时的神奇魅力何在？为什么上述过于

---

[1] 孙文：《在东京留学生欢迎会上的演说》，张枬、王忍之编：《辛亥革命前十年间时论选集》第二卷上册，第125—127页。又见中国社会科学院近代史所编：《孙中山全集》第一卷，中华书局，1981年，第277—281页。

简单的，乃至天真的类推和比喻，居然在中国青年一代知识分子中具有如此强大的感召力？固然，正如一位美国学者曾指出的，在20世纪初，当中国正谋求与传统的政治制度模式决裂时，当时的人们对于经济发展与政治发展之间复杂的制约关系还没有什么认识。[1]当革命派基于正义的原则来抨击旧的政体，并力求尽快地仿效西方最先进的议会民主政治来推进中国的现代化时，他们这种政治选择所基于的理论和认识水平，还处于相当幼稚的阶段，但这一点并不能说明，浪漫的议会民主思潮在当时为什么能如此紧紧地扣住人心。

早期孙中山作为浪漫主义者和政治家，他巨大的政治魅力并不在于他的理念的严谨和逻辑力量，而恰恰相反，在于他以热忱、激情、愿望投射和想象力支撑的那种政治憧憬和乐观预言的魅力。

事实上，许多与孙中山有过密切交往的人士都提到，孙中山具有强烈的幻想家的气质。有的研究者指出："孙中山对于外国在政治实践和物质进步中无论什么新鲜事物，他都要求立刻推广到中国来，然而他的绝大部分计划都是非常不切实际的。"[2]例如，他曾设想中国可在五年到十年内，通过向外国银行家贷款建成350万里的铁路，而这一铁路的总长度，却是根据中国人口比美国多

---

[1] Lucian Pye, *The Spirit of Chinese Politics: A Psychocultural Study of the Authority Crisis in Political Development*, Cambridge, Mass, M.I.T. Press, 1968, Chapter 1.

[2] 〔美〕韦慕廷：《孙中山——壮志未酬的爱国者》，杨慎之译，中山大学出版社，1986年，第302页。

5倍而推算出来的(事实上,该铁路长度以里程计,可以绕地球40圈)。他的私人顾问和朋友端纳曾在一封私信中详细描述了孙中山坐在地板上随心所欲地在一张大地图上画上包括从喜马拉雅山到戈壁沙漠的密如织网的铁路规划图的情景。[1]孙还认为"无须全国稳定,只需各省同意"就可以借到筑路所需的巨款。另一位英国《泰晤士报》记者戴·福来萨(D. S. Frasar)在1912年3月的一封私信中,称孙中山的各项财政计划是如此不切实际,以至于"幼稚到不值得重复一遍"[2]。跟随孙中山多年的私人秘书李禄超也指出:"孙是一个梦想家,他梦想乌托邦,梦想建立一个健全的、秩序井然的政府,他有崇高的理想而又极难变为现实,所以被广东人取了一个'孙大炮'的绰号。"[3]一位孙中山传记的作者也评论,"孙中山的一生是一部梦幻被击碎的色彩黯然的历史。这是历史本身显示出来的记录,而不是孙博士提出每一项新的计划时就可以预见得到的记录"[4]。

以孙中山为代表的政治浪漫主义的这种特殊吸引力,只有处在当时中国人面临的极度屈辱、充满挫折压抑和痛苦的精神氛围中才能得到理解。20世纪初叶,西方列强的侵凌,国土被瓜分的前景,人心的泄沓、颓废,专制官僚政治的腐败,使许多青年知

---

1 〔澳〕骆惠敏编:《清末民初政情内幕》上册,刘桂梁等译,知识出版社,1986年,第969—972页。
2 同上书,第925页。
3 〔美〕韦慕廷:《孙中山——壮志未酬的爱国者》,杨慎之译,第6页。
4 同上书,第305页。

识分子和留学生本能地渴望一种非常态的、紧急的解救民族生存危机的途径。他们认为只有全新地、迅速地摆脱现有秩序状态，才能解除人们的现实的苦难和心灵的创痛。这是1900年庚子国变以来越来越强的社会心态。

正如法国思想家索雷尔（G. E. Sorel）曾经指出的那样，当人们的生存环境发生了突然的剧变和恶化时，人们习以为常的经验和思维方式已无法对这种变化做出合理的解释，从而对往常视为当然的事物产生了根本怀疑，这时就极容易接受某种投合人们深层企望的富有想象力的宗教和政治神话（political myth）。浪漫民主主义认为，只需充分调动人的主体意志，便可使一个符合人们愿望的强大而独立的民主共和国成为现实。这种信念和憧憬，使深受挫折和几乎陷于绝望而又不甘沉沦的同胞相信，中国人不必为近代的不幸而自卑，中国自古以来就是一个禀赋卓越超群的民族，只需我们一鼓作气推翻专制政体，就足以使我们享有世界上最美好的制度和最理想的秩序，中国已经进入了一个梦幻般的英雄和史诗时代。

孙中山传记的作者史扶邻（H. Z. Schiffrin）对孙中山在东京留学生欢迎会上的讲话之所以受到极其热烈的反响这一事实，做了如下的评论："他的乐观主义，他的诉诸基本的民族感情和他的反对不彻底的温和的解决办法，在青年人中引起了共鸣……无论是严复所关心的《天演论》或是梁启超所关心的外国优势力量，都不能保证迅速恢复中国的伟大，而这正是孙中山所提供的。他的'人力的进步'的理论要求中国以它独特的传统和潜在的力量取得迅速的发展，以致全世界很快就拜倒在它的脚下。……更重要的是，他的理论使青年人的抱负得到满足。"[1]端纳曾以挖苦的口吻讥讽孙中山是一个"自以为把芸芸众生带往希望之乡"的"中国的摩西"，并认为孙的这种气质使他"不宜担任任何需要常识的工作"。[2]

置身局外的西方人，恰恰忽视了政治浪漫主义对于当时青年一辈的中国人所具有的政治神话的力量。孙中山的超凡魅力（"卡里斯玛"），或法国学者白吉尔（M. C. Bergere）所称孙中山的"魔术的力量"（magic power），恰恰是与他本人独特的幻想家的气质联系在一起的。正是这种与现实经验保持相当距离的，不受世俗理性（secular reason）和社会事实干扰的超越性的幻想，正是这种与人们受压抑的愿望投射相结合的诗情梦幻，支撑着一种乐观的信念，而这种类似宗教的信念，是备受挫折而不甘沉沦的人们重新焕发精神元气和"登仙般的飞扬感"的源泉。

中国早期议会民主派的认知陷阱

议会民主的提倡者们主张推翻旧王朝以后，以直接创立西方式的议会民主政体来作为中国现代化的政治选择。这样，他们就不自觉地陷入了一种认知上的错位。因为，他们所向往的西方

---

[1] 〔美〕史扶邻：《孙中山与中国革命的起源》，丘权政、符致兴译，中国社会科学出版社，1981年，第315页。
[2] 〔澳〕骆惠敏编：《清末民初政情内幕》上册，刘桂梁等译，第927—969页。

民主政体，是西方社会历史演进的产物，这一政体又与西方的经济、社会结构和价值系统有机地结合为一个相互依存的整体。西方社会的商品经济的充分发展，导致承担不同社会功能和分工的个体、利益集团和阶层的多元化。这种多元的社会自主细胞，又通过契约性的联系进行利益交换和沟通。而长期历史演化发展起来的，代表不同自主集团和阶层利益的竞争性政党，则以共同遵循的契约性游戏法则进行政治活动，谋求政治利益。议会政治，则是在上述基础上实现各社会势力之间的契约性利益整合的手段。用严复的话来说，西方社会的各种制度，"皆如桥石然，相倚相生"[1]。议会民主政体如果缺少上述这些社会、经济、文化诸因素的配合和支持，是难以有效运作的。由于议会政治系统与契约性社会系统之间存在着这种有机的对应关系，熊彼特（J. A. Shumpeter）十分确切而又生动地把西方政治精英在议会政治条件下争取选票，比喻为西方企业家力争以符合市场需求的产品来争取消费者手中的货币。

然而，如前文所述，中国早期议会民主派人士，他们在把在西方行之有效的多元议会政治视为中国人应该享有的道德权利和实现中国民族自强的直接工具时，实际上就不自觉地陷入了怀特海（A. N. Whitehead）所称的"错置具体感的谬误"（fallacy of concreteness）。怀特海认为，一个东西本身有其特殊性，但是，如果把它放错了地方，那么它的特性就被误解，它给予我们的具

---

[1] 严复:《法意》"按语"，《严复集》第4册，第958页。

体感就不是与它的特性有关了。[1] 林毓生先生曾对这种认识谬误做了进一步的阐释，他指出："了解另外一种文化是非常困难的事，把另外一种文化的一些东西当作口号是相当简单的。……把外国环境中因特殊的背景和问题而发展起来的东西，随便当作我们的权威，这样自然产生了'形式主义的谬误'（formalistic fallacy）。"

林毓生指出，这种谬误在于，"不知那些口号所代表的观念的复杂性和它在特殊历史情况下演变出来的性格，即把外国的一些观念从它们的历史来源中切断"[2]。这样做的结果是，"我们常常把自己想象出来的意义投射到这几个口号上，我们常常会根据我们的观点，我们的问题，或我们所关心的事情来解释这些名词。这种解释常常与这些名词所代表的思想没有多大关系"[3]。林毓生在《中国人文的重建》一文中，是在批评胡适、唐君毅时提出这一"形式主义的谬误"的观点的。但这一分析对于我们理解20世纪初的浪漫民族主义在仿效西方议会政治上的认知错误也同样适用。

当陈天华、孙中山与汪精卫等人士主张"择地球上最文明的政治法律来救我们中国"时，他们心目中的民主共和政体已经与其特殊历史渊源和具体社会背景切断了关系，用严复的话来说，

---

[1] 转引自林毓生：《中国人文的重建》，载《思想与人物》，台湾联经出版公司，1983年，第24页。
[2] 同上书，第13—14页。
[3] 同上书，第14页。

是"徒知其能而不知其所以能"[1]。

20世纪初的这些中国变革者，对西方民主政体的兴趣和引入这一制度的期望，并不是由于中国社会内部经济结构的契约化和市民社会的增长，要求建立一种与这种社会发展状态相适应的政治体制，而是由于中国人在西方现代文明的示范效应的刺激下，把摆脱专制政体的愿望投射到这种与专制政体形成鲜明对比的异质的制度上的结果。

可以这样说，西方先进工业文明社会的民主政体有两个：一个是真实存在的，对该社会的经济、社会秩序的运行起政治整合作用的民主政体。虽然它在西方本身的运作也存在许多弊端，但它的有效运行，还是以西方社会内部中产阶级和市场社会关系的存在，以及自主的利益主体之间的契约性关系的存在作为前提的。另一个是中国早期改革者的"愿望投射"所"发现"的西方民主制度。它从制度群体和相关条件的有机关系中，被单独地抽象出来，并经由主体意识的"过滤"，变成中国人心目中的简单公理和口号。而且，由于它实际运行的各种内隐的支持条件已被省略了，这种制度在人们的观念中也就变成普天之下皆可适用的工具。人们还会乐观地认为，移植这种制度是一件轻而易举的事。这种西方民主政体，用陈天华的话来说，似乎是一盘在砧板

---

[1] 严复：《原富》"按语"，《严复集》第4册，第584页，原文为"按：观此知欧洲议院之制，其未至为久远。民习而用之，国久而安之，此其所以能使国而无弊也，今日中国言变法者，徒见其能而不知其所以能，动欲国家之立议院，此无论吾民之智不足以立议院也，就令能之，而议院由国家立者，未见其为真议院也"。

上"切好的菜肴",只需放入中国的锅中烹调一番即可享用。这种虚幻的乐观论断,又因补偿了人们长期的压抑感和挫折感,而具有了政治神话的魅力。

辛亥革命以后建立的议会政体,用章太炎的说法,是"横取他国已行之法,强施此土"的结果。这种新政体,一方面从与西方社会条件的有机关联中剥离了出来;另一方面又与中国长期的历史、文化、民族习惯、社会经济发展水平与社会结构性质决然悬殊,因而无法获得中国社会内部各种条件因素的匹配与支持,其结果,势必淮橘为枳。正如严复所指出的,其效果无异于"取骥之四蹄,以附牛之项领,从而责千里马,故不可得,而田垄之功又以废也"[1]。

民国初年多如牛毛的党派和无休止的党争、贿选丑闻、接连不断的内讧和此起彼伏的内阁危机,均属于新旧政体都无法有效地进行政治整合导致的政治脱序（anomy）状态。1912年9月,章太炎指出,民国初年的议会政治的结果是:"制宪法以为缘饰,选议会以为民仪,上者启拘文牵义之渐,下者开奔竞贿赂之门。是乃不改清之积弊,而反凌其末流……徒为数百莠民增其意气,而元元之民困苦如故也,其转于沟壑弥甚也。然则议员之为民贼,而宪政之当粪除,于今可验,吾言亦甚信矣。"[2]这种浪漫的议会政治实践在中国知识界和民众中产生的幻灭感,可以从当时著名记

---

[1] 严复:《与〈外交报〉主人书》,《严复集》第3册,第560页。
[2] 汤志钧编:《章太炎年谱长编》上册,中华书局,1979年,第419页。

者黄远庸在1912年春的一段感言中看到：

> 晚清时代，国之现象，亦惫甚矣。然人心勃勃，犹有莫大之希望。今以革命既成，立宪政体，亦既确定，而种种败象莫不与往日所祈向者相左。于是全国之人，丧心失图，惶惶然不知所归……今之政客，亦既多矣，然其人之意气精神，殆无一人不怀消极与悲观，疲倦之气色，见于眉宇，枯窘之论调，千口而一律……乃今全国之人，厌倦舆论，厌倦议会，厌倦政府，厌倦一切政谈，其结果将厌倦共和，厌倦国家……此人心枯窘之所由来也。[1]

浪漫主义与近代中国激进主义

前文着重分析了政治浪漫主义在信念、激情、愿望投射等非理性层面的因素，在最后一节里，让我们考察它在理性层面的一些基本特征。

必须指出的是，政治浪漫主义者，一旦力求通过自己的意志和行动来争取实现诗化的社会目标时，他往往本能地需要寻找某种逻辑自洽的理由，来为其信念的合理性和政治选择的实效性进行论证和辩解。因为人毕竟是理性的社会动物，只有当理性告诉他，他所做出的选择不但在道德上是合理的，而且在社会实践

---

[1] 黄远庸：《远生遗著》上册，商务印书馆，1984年，第88页。

中也是可以取得预期成效的，他才会把自己的计划和行动付诸实现。然而，我们可以从中国早期政治浪漫主义者的立论方式中发现，他们采取的逻辑虽然在表面上具有形式逻辑的推论过程，但诸概念之间的推演关系，却有着特定的暗示性和相关性。其逻辑运演的大前提又往往是若干不可证伪的道德判断，有时，政治浪漫主义又往往以形象的类比或者以不自觉的循环论证来代替逻辑推理等，正因为这种"逻辑"不是以认知客观世界的真为目的，而是以辩解信念的善和"实效性"为职志，因此，我们可以把这种形式上具有逻辑的特征而实质上"志在信仰"的特殊逻辑称为"类逻辑"（quasilogic）。

人们的浪漫政治信念和行动选择，经由这种"类逻辑""类理性"的文饰和理由化，从而可以获"理性哨卡"检验合格的"通行证"。这样，政治浪漫主义者不但相信自己的计划和目标顺乎人心，而且也是合乎"历史必然性"和社会实效性的。这种由信念与"理论"两者相结合的"信念—类逻辑"的双环链关系，以及这两方面因素之间的相互补充和依存，一方面既满足了人们受压抑的愿望与情感的诉求，另一方面又满足了人们的理性诉求，可以说，这种"双环链结构"乃是理解一切浪漫主义政治神话之所以具有强大的政治魅力、社会感召力和民众动员力的关键所在。

然而，这种"双环链"乃是一种自我封闭的结构，它的"类理性"因素可以有效地排斥世俗理性与经验事实对于判断和认知过程的参与，形成一种认知陷阱。这就决定了以这种认知陷阱为基础的乐观自信和行动力量,一方面,固然可以按政治浪漫主义者的愿望摧毁现存旧秩序;另一方面,浪漫主义政治家却在按自己预想的社会改造蓝图建立新秩序方面事与愿违。20世纪初中国浪漫的议会民主派在推翻旧王朝以后,无法实现他们乐观预想的创建民主政体的目标,这一历史事实可以证明这一点。

政治浪漫主义与一般的宗教有相似之处,这两者都是以某种符合人们的深层愿望的信念和神话(myth)作为自己安身立命的基础的。但是政治浪漫主义与宗教却有着本质的区别。一般而言,宗教许诺一个可望而不可即的彼岸世界,并以抑制人的愿望、限制人的"自我",来求得主体与外部世界的平衡。[1]

而政治浪漫主义则相反,它在"类理性"回护下,通过打开幻想的阀门,释放和宣泄人的欲望,并以"类逻辑"的理论构筑的政治神话,来预言浪漫主义的理想王国在现世兑现的可行性或必然性。正因为如此,宗教坚信一个现世不可实现的彼岸世界而走向宿命论。而政治浪漫主义则坚信一个可以用行动和意志实现的"新秩序",而走向唯意志主义与乌托邦。由于政治浪漫主义具有把自己的主观愿望对象化、外化为一个"新世界"的特殊能力,由于作为人们愿望投影的"新世界"和"新秩序"是如此富有魅力,由于与其相对比的现实世界和秩序又是如此平庸黯淡,而实现这一新秩序的可能性又被一厢情愿的"类理性"渲染得如

---

[1] 〔英〕A. J. 汤因比、〔日〕池田大作:《展望二十一世纪——汤因比与池田大作对话录》,荀春生等译,国际文化出版公司,1985年,第374页。

此简单明了，凡此种种浪漫的观念均构成政治激进主义的思想基础，而在政治激进主义那里，我们均可以发现浪漫主义的影子。

在20世纪以来中国现代化的历史上，浪漫主义的思潮之所以具有强劲的势头还在于它具有一种在中国土地上不断自我复制和再生的循环机制，浪漫主义的政治实践与中国深重的历史重负相互作用，往往导致现代化变迁中极为严重的结构退化性危机与脱序性危机，在新的一代人们的眼中，这一苦难的现实所刺激起的"文化地狱感"、幻灭感和挫折感，又将成为下一轮浪漫主义思潮的温床，而建立在新的"价值革命"基础上的信念、憧憬和梦想，又总会寻找到新的投影对象。毫无疑问，为这种愿望投影进行理由化论证的"类逻辑"思维，如同获得性遗传因子一样，再次显示出它的魔幻力量。在中国这块古老而又年轻的土地上，在这个人们的浪漫行动参与创造的苦难现实中，诗人革命家与浪漫主义政治家始终拥有触发诗情梦幻的灵感的丰富资源，也始终拥有自己的表现场所和拥护者。在这样的历史环境中，拒绝世俗理性和经验事实的理想主义情怀，将始终会充当中国知识分子的精神支柱和新的宗教的替代物，这或许是20世纪以来中国现代历史上最耐人寻味的现象。

新文化运动与观念型知识分子的兴起

20世纪初期是产生思想家的时代

众所周知,20世纪的中国进入了一个剧烈的历史变动的时代。这种历史变动影响之深远,可以说中国历史上前所未有。20世纪的思想大潮,直接影响了甚至决定了中国从传统社会向一个新社会变动的历史趋势,决定了此后好几代中国人的历史命运,甚至可以说,我们现在的一切,我们民族近百年走过的历史道路与当下中国的现实处境,都是这种影响的结果。无论是指20世纪的历史变动的巨大幅度,还是指对我们的影响而言,20世纪思想史都具有极为重要的意义。

为什么20世纪的思想史会呈现出如此丰富的内容?这首先因为,进入20世纪以后,中国陷入了前所未有的生存危机与疑难境地。19世纪中期以后,中国人的生存条件日益恶化。中国向何处去？这个巨大的问题，从来没有如此强有力地刺激并震撼着中国人。一方面，民族危机的压力，旧文化权威的瓦解，旧的人文秩序的解体，旧制度对人性的压抑，使新的一代开始产生对自由民主的强烈需要；另一方面，随着旧秩序的崩溃而出现的无序状态，人们生活于一个没有安全感与稳定感的环境之中，这又使人们感受到建立一种秩序的重要性，但这种秩序如何建立，如何在保持稳定的同时，又能满足人们对进步与自由的需要？一个社会在什么体制下，才能保证进步与繁荣？旧时代的人们把社会的不公平视为天经地义，人们并不感到这有什么可以怀疑的，因为历来就是如此。然而，当新的价值观出现以后，人们对于什么是合理的社会这样的大问题开始有了自己的新的尺度与标准。怎样的社会才是一个好的社会？什么方法可以使中国走向这一目标？这些都有是千百年来中国人从来没有遭遇到的问题。

两千年来的中国历史上也有过民族陷入巨大危机与生存困境的时代，为什么过去没有产生像20世纪初的那种巨大的新思想变动？这与20世纪的思想巨变与旧文化价值的式微、解体有重大关系，原有的思想已经不能应付中国的生存需要。传统的儒家思想已经失去了对中国人思想的原有支配力量与权威性，19世纪中期以后相当长的一个时期内，中国人确实是以传统文化提供的价值与思维方式，来对西方挑战给中国带来的压力与困境进行判识，并按这种传统框架来提出解决之道的。然而，旧文化在应付西方挑战过程中的挫折，以及它所表现的无能为力，使人们渐渐怀疑沿用祖辈习以为常的方式来解决自己面对的新的问题的有效性，但新的道路是什么？人们并不清楚。社会在既没有新秩序，又没有旧秩序的情况下，人们感受到从来没有过的困惑。严复说"旧者已亡，新者未立，怅怅无归"，可以说最确切地表达了当时中国人处于困境的心态特点。

一般而言，社会的疑难情景，是新思想的温床。在20世纪初的中国，一方面，是巨大的困境；另一方面，现存的思想资源没有提供解决困境的办法，这就使中国人渐渐陷入一种深刻的疑难境地，如果人生没有这种困境，没有这种人生的障碍，如果有疑难，而已有的文化思想可以提供摆脱这种矛盾与困境的办法，并被多数人所认同，那么，人们会习惯于从原有的思想资源中去寻找办法，来解决问题，从而不会为新思想的产生与出现预留下空间。例如，19世纪70年代的洋务派士绅官僚，曾经是力求在原有的儒家思想框架中，来尝试解决问题的（例如"用夏变夷论"，以及"中体西用论"等），但从传统思想资源中寻找对付新问题的办法并没有取得成功，洋务运动的失败为戊戌变法派走向新的政治与思想选择提供了社会条件。

这种为解决中国生存危机而激发的思想运动，发端于变法运动，而中国到了20世纪以后，面临的问题比洋务运动时更为严重，要对付的问题也越来越多，在这种情况下，人们不得不开始寻找自己认为合适的方法来应付自己面对的生存危机。于是，进入20世纪初期以后，中国就进入了一个思想极为丰富的历史时代。用我们的话来说，这是因为，问题是思想之母。这样一个时代是最容易产生思想家的时代。换言之，有社会关怀与献身精神，并充满智慧的人，每个时代都有，但20世纪初的中国，要比其他时期的中国，更容易产生思想家。

　　生活在这个时代的中国知识分子，与80年前的龚自珍相比，可以说是十分幸运的。处于万马齐喑的乾嘉时代的龚自珍，曾怀着先觉者的苦闷心情写到，他所处的时代是一个没有才将、才相、才士，甚至连才盗才偷都没有的时代。当时的龚自珍发出的这一呼声如同置身于墓地中的活人的呐喊。然而，20世纪初五四时期的中国知识分子，他们的处境与龚自珍时代的中国人的处境则已经形成鲜明对照。在此以前，没有一个时代的中国人像五四时期的知识分子那样，对这样一些重大问题产生群体性的普遍关注：中国向何处去？中国的现状是什么？中国的文化出了什么问题？未来的中国应该是什么样的？用什么办法可以实现人们所认为的理想社会的目标？在现存的文化资源与思想中，也没有任何既定的政治权威与文化权威，可以对此做出解答，人人都可以自由地提出自己认为合理的正确的见解。人们可以自由地形成自己的信仰，并身体力行地为之奋斗。从1905年清末新政废止科举后的十多年里，这种思想自由的空气几乎可以说是与日俱增。到了1915年前后，《新青年》这样的杂志出现，引发了新思潮的急剧增长，此后二十年中，出现了各种主义，如无政府主义（安那其主义）、基尔特社会主义（工团社会主义）、俄国式的社会主义、开明专制主义、国家主义、实用主义、自由主义、新三民主义、人权派、乡村建设派等；在文化方面，出现"五四"以钱玄同、吴稚晖为代表的激进反传统主义与全盘西化派，以辜鸿铭为代表的国粹主义等，都是知识分子对中国所应该走的道路这一问题上所做出的思想文化选择。

现代知识分子的三大特点

在这种历史背景下，真正意义上的中国知识分子才得以出现。

什么叫知识分子？文化学意义上的或狭义的知识分子就是运用独立的思想来思考社会问题并以此来对特定社会困境做出自己的应对与选择的人们。知识分子就是以知识为基础，通过对社会困境的独立思考而形成自己的信仰与道德理念，并以这种自己认同的理念为基础形成对社会的批判能力的人。人们常常说，知识分子是社会的良心、"人类价值的守护者"。我们也可以把这种人称之为"纯知识分子"，以区别于那些受过高等教育的、仅仅以知识技能作为谋生手段的人。

每一个时代都有这样一批知识分子，他们深切地感受到自己所处的社会面临的困境与问题，总觉得这些问题与困境需要他予以关注、思考与批判，如果不这样做，他就会觉得于心不安。他总是关注自己身边的生活，并在自己所从事的学术研究与思考中，去寻求他所关注的社会问题的症结与起源，并力求运用自己的心智，为发现与解决这些时代性的问题而做出自己的思想探求与选择。

为什么知识分子在不同的社会与不同的时代，总是会充当人类社会的良心并自觉承担起批判现实的社会使命？为什么人们总是把知识分子与人类的良知联系起来？没有人要求一个知识分子必须这样做，但只要他是知识分子，他就会自觉担负起这种社会责任。

有学者认为，知识分子是人类基本价值（如理性、自由、公平）的维护者。他们一方面根据这些价值来批判现实社会中的不合理现象，另一方面则努力推动这些价值在社会中的实现。这种特殊含义的知识分子与一般脑力工作者一样，必须拥有专业知识与技能。他可以是教师、新闻工作者、学者专家、工程师，如果仅仅局限于自己的专业，他还不是真正意义上的知识分子。他同时还必须深切地关注国家、民族、社会的命运。这种关怀又必须是超越私利之上的。事实上，各个利益集团也会有自己的代言人，有他们的压力集团与院外活动家。这些代言人也会为利益集团的利益关注社会问题，例如美国工会聘请的律师，但这种关注是基于一个集团在利益上的考虑。而知识分子则以公共利益为基础来指点江山，来为社会提供他认为最合理的历史选择。

更具体地说，这种特殊意义上的知识分子有三个基本特点。

其一，思想性，知识分子具有学理上的抽象概括能力。知识分子所拥有的学理与知识资源，使他能在更为理性的层次上，对所发现的文化与社会问题，做出整体性的概括解释。一般人也可能会从自己切身的经验中，对社会问题提出自己的判断与评价。但这种判断与评价往往停留在较为具体的、就事论事的"感想式的议论"的层面上。而知识分子则可以运用符号、理论与概念思维，把这种分析与认识上升到一个更为普遍的层次，从一个更为深刻、更为广泛的层次上，从历史与文化的高度来把握问题。

其二，以道德良知为基础的独立性，他们执着于自己的思想与信仰，而不依附于某一个既得利益集团。他们总觉得社会有问题，总觉得良知上不允许自己对这种社会问题漠不关心，总觉得自己对这个问题的认知与回答，对这个问题的解决负有不可推卸的责任。总觉得自己对此问题没有解决有一种深深的难以摆脱的内疚感。正是在这个意义上知识分子被人们称之为具有宗教承担的人。知识分子的社会良知，使他们永远具有对现存秩序的批判精神与热情。这种具有超越性的道德激情有什么意义？基于这种道德激情，他总觉得他对社会有责任，社会上的问题与他有关，他总是要超越自己的职业角色与地位，运用自己的知识与思想，去为社会的问题与困境谋求解决之道。这一特点，体现了知识分子具有价值立场的独立性，因此，人们也把这种超越个体社会地位而关注社会普遍命运的知识分子称之为"游离态"（free-floating intellectual）的知识分子。

其三，由于他们具有观念思维能力，通过运用概念工具来把握现实并提出思路，由于他们具有强烈的道德激情，又由于他们具有比别人更多的知识与信息，来对公共事务进行判断，这就使他们特别关注社会现实，比常人更有社会敏感性。他比一般人更能敏锐地发现社会面临的困境与矛盾，并力求对他所发现的问题与矛盾做出学理上的解释，向社会提供他所认为合理的解决与选择。

当一个有知识的人具有以上三个特点时，他就在社会进步与社会生存中形成一种特定的社会角色，并在一个社会中具有其他阶层人士难以取代的社会功能，即进行独立的现实批判与提出社会大选择的功能。知识分子之所以适合于承担这种社会功能，乃是因为，当社会困境需要提出选择时，原有的经验已经不足以应付新的问题与矛盾，这时就需要一种新的选择，而这种新的选择只有通过思想与符号的方式来表述，才能被理性的人接受。这就是"说出个道道来"，知识分子就承担着这种特殊的社会功能。正因为如此，知识分子首先是"问题中人"与"思考中人"。

现代知识分子出现的历史条件

传统士大夫可以说是知识分子的前身，但不能等同于现代意义上的知识分子，因为，儒家是其安身立命的基础，士绅的地位与官僚本位的意识，使之并不具有现代意义上真正的独立性。实际上，戊戌变法人士已经具有了现代意义上的知识分子的主要特点。但他们这些受年轻皇帝青睐的入仕者身上还有着士大夫官僚的某些特点，还不具有社会学意义的代表性。

到了五四时期，才出现了中国真正意义上的知识分子，如陈独秀、胡适、李大钊、严复、章太炎、梁启超、蔡元培、瞿秋白等这样一批自由知识人。为什么五四时期才出现真正意义上的知识分子群体？什么历史原因与社会条件使这种现代意义上的知识分子不是在其他时候，而恰恰在20世纪初期出现于中国？

首先，从社会条件方面来看，这些五四人士的行为方式与士大夫已经有了根本的不同。中国传统士大夫在一定意义上也具有上面所说的知识分子的一些相类似的特点。例如，他们同样有道德关怀、社会良知意识，以及社会敏感性。但是，首先，他们是以传统的儒家道统作为判断是非的基本原则的，并不具有儒家以外思想上的自由选择的独立性；其次，中国士大夫在社会地位上，存在着与传统人文秩序的有机联系，存在着传统社会内角色的多重身份的重叠，即地主、官僚、士绅之间的身份的互换与循环。士大夫的上述这两个特点，使之不太可能采取儒家以外的立场来思考社会问题。纲常伦理、忠君观念、官僚角色的定位与乡村地主的价值观与情趣意识，已经渗透到他们的精神深处，他们基本上并不具有独立于儒家道统的其他立场。他们对传统专制独裁进行的批判，也只是在儒家内部立场上的批判。总而言之，他们并不具有现代严格意义上的思想独立性。

而到了20世纪初期，科举制度的废止，使上述三位一体的内循环不再可能，传统士大夫再生产的道路从此中断，士大夫的价值与理想不再成为读书人安身立命的基础，学堂的出现使知识成为职业，读书人以自由职业为基础，不再依附于统治者的权力，他们游离于现存体制之外，独立的地位为中国新一代知识人成为真正意义上的独立思想者提供了社会条件。

其次，从思想资源与思想话语方面来看，西方学术的大量引入，各种主义与思想成为人们对社会进行思考的思想资源，以这种种新思想为基础来思考问题，就实现了以符号进行社会批判与认知的思想工具。而社会困境与问题如此丰富复杂，刺激了他们的忧患意识，激发了他们的社会良知，使其不得不运用自己的心智能力，力图独立解决这些问题，并提供自己的解答与选择，在这种情况下，各种来自西方的思想与主义的输入，就为人们提供了思想上的分析框架与思想资源。

综上所述，一方面，20世纪的历史大变动与困境，为思想的多元化与新思想的出现，提供了精神方面的条件与可能；另一方面，新型知识分子又由于内缘外因的配合应运而生。这两个方面条件的结合，使知识分子成为新思想的社会载体，思想繁荣的时代终于来临。

正是在这个意义上，近代中国思想史，实际上就是中国知识分子对中国问题进行思考与求索的历史。

知识分子"观念人"的两重性

在这里，我们要提到知识分子中的一种特殊类型，我们可以称之为"观念人"（the man of ideas），知识分子是运用观念来思考问题的，这里指的观念，主要是一些与终极价值有关的人文观念。知识分子是以与人文价值相关联的符号、以更具普适性的抽象概念来作为运思工具的。这就使知识分子自觉地进入了以价值为核心的精神领域，要求对世界秩序、对文化、对这些概念所表述的对象进行解释，并产生一种由概念引发的对更为广大的人生意义领域的观照。正因为如此，知识分子由于观念的执着而比其他阶层的人更具有一种道德激情,更具体地说,知识分子具有一种超越感,他总是追求一种更为完满的社会理想,这种理想在现实生活中也许并不能实现,但他总是以这种他所认定的理想境界为尺度,来衡量自己所处的社会现实。这就是说,知识分子往往有一种终极关怀,有一种基于追求美好的目标而采取的道德立场。

知识分子所具有的思辨能力、道德激情与社会敏感性,使之有可能以具有超越其自身利益的眼光,来审视社会问题,其知识也能有助于对问题做出自己独立的解释。他们总是一批与传统政府"过不去的人"。这一特点反过来,又使传统的专制政府从来就把社会中的知识分子视为最头痛的人。这就是传统专制政权出现"反知识分子现象"的一个重要原因。

另一方面,有些知识分子有可能变成为一种可以称之为"观念人"的特殊类型,此类人执着于某种抽象的观念与主义,他的普泛的道德感的极度扩张,可能使之受一种浪漫情结的驱使,而变得不切实际,他会忘记人类的有限性与人类理想实现的有条件性,会变为自己所崇尚的乌托邦理想的俘虏。这样,他也会在现实生活中变得成事不足,败事有余。

知识分子是理念的创造者,是社会理想的承担者,而观念往往会脱离现实,变成不切实际的乌托邦,他们往往会通过发动革命来实现这种理念,把这种理念强加于社会。

一个知识分子越是坚信自己理想的合理性与完美性,他就越具有独断性与所谓的"铁石心肠",这种基于对自己坚信的观念的忠贞不移，就会将别的不同意他们观念的人，视为"真理的敌人"，而不是平等的讨论者，尤其是当他们接受这样一种观念，即不同的思想观念源于不同的阶级利益这一判断时，他们就会把所有不同意自己的人作为阶级敌人与人民公敌来对待。而他们认为由于自己是效忠于唯一正确的思想与道路的，因而是人民的代表者，这样就产生了一种强烈的"道德优越感"，一种"反对我就是反对真理""反对我就是反对人民"这样一种特殊心态。甚至会不惜以流血与暴力来对付不同的意见者。这种情况在法国大革命时代表现得最为明确。例如，法国雅各宾派就认为，他们代表的是自由、平等与博爱，反对他们就是反对自由平等与博爱，法国大革命就成为"人肉搅拌机"，罗伯斯庇尔自己也就被人们视为"真理的敌人"而被推上断头台。正因为如此，罗兰夫人临死前说："自由，自由，多少罪恶借你的名字而推行。"最后，法国大革命以自由开始，而以暴政告终。

有人说过，"一切暴政中最恶劣的暴政，乃是冷酷无情的观念的暴政"。从法国大革命，到苏联20世纪30年代的肃反扩大化，均表现为激进理想主义以主义与理想的名义来推进革命时产生的矛盾。当人们以某种理念、主义、观念与意识形态的忠诚的名义来打击反对这种激进观念的人们时，他们是没有道德内疚感的。因为他们这样做时，自认为是为一种主义负责，他们也许会有私心，但这种私心可以从容地包裹在"为主义效忠"的名义下。

人们往往把知识分子定义为"和观念打交道的人"，这一概括实际上具有一针见血的深刻性。这使我们想到了英国当代思想家卡尔·波普说过的一句话:"几千年来,我们知识分子造成一种可怕的危害,以一种观念、一种学说、一种理论、一种宗教为名的大清洗,这都是我们的所为,我们的发明,知识分子的发明。"

观念人的历史影响

由于观念具有独立性,具有与经验事实脱节的可能性,这就可能使抽象的观念,变成一种高于经验的事物,成为一种美丽的符号,由于它的美丽,使人们会无限崇拜它,而产生一种对别的不崇拜它的人的不宽容。这仅仅是问题的一个方面,更重要的是,观念与理性一样,有容易把问题简单化的倾向,理性,就是抽象,这就容易把一种具有无数属性的事物简单化为一个名词或口号,这种简单化对于表述一个事物是必要的、不可避免的,但当我们把这种简单化的概念用来表述复杂的事物时,我们就自以为这个简单的观念与理念就是事物本身,当我们运用这个观念与理念来改造事物时,我们就会忽视了事物的丰富性与多面性,这种改造就会是非常危险的。

可以说,人类进入近代社会以来,就存在着这样一种由于现代知识分子出现而产生的特殊张力,近代理性主义空前地张扬了知识分子作为观念人的能量,这是因为,人类在前现代社会依据传统经验生活,无须以抽象的观念来作为争取全新的生活的指引,一个在传统经验世界中生活的民族,不会未经经验尝试就去争取某种被理念视为美好的然而却并不存在的东西。经验可能会使人们也犯过失，但不会是大过失，而且也容易纠正。而近代以来，随着理性的发达，人们会以理性设计来要求过一种更为美好的、没有缺陷的生活。理性以及与理性相联系的观念，就会成为引导人们行动的新的方向。而理性本身具有的缺陷，会使这种对理想社会的追求变成对一种乌托邦世界的追求。观念与精神一旦掌握人心，固然可以变为强大的"物质力量"，另一方面，观念与精神对人心的吸引力是如此强大，又可以使崇尚这种观念、主义与精神的知识分子成为观念的奴隶，而观念、主义与现实经验的完全脱节，又会给社会带来无穷的灾难与始料不及的危险后果。

这种现代社会特有的张力，在中国进入20世纪时，由于西方思想的进入，由于中国民族生存环境的种种问题而产生强烈的对主义观念与新的价值理论的文化需求，变得极为强烈。五四新文化运动以后的泛科学主义、反传统主义的流行，进一步为超越经验的各种主义在中国的长驱直入扫除了思想障碍，并对中国后来的历史命运产生了巨大的影响。

正是在这个意义上，"五四"以来激进反传统思潮所体现的与传统决裂，实际上与中国20世纪的革命思维与价值观，具有直接的关系。什么叫"左"？"左"就是激进，就是彻底与现存秩序决裂，就是以某种理想原则与道德原理为标准，来彻底、全面地否定现存的事物的合理性。20世纪六七十年代出现的"文化大革命"，正是这种激进反传统主义走向巅峰与极端最典型例子，五四时期形成的激进反传统主义的思维方式与价值观，对一代人思考、选择解决中国问题的方式，具有潜在的深刻影响，现今大陆四五十岁的知识分子，在当年大都有过用斧头砸佛像的浪漫心态的高峰体验，当时的青年人，可以说是自人类社会以来最激进的反传统主义者。"文化大革命"中的"彻底砸烂旧世界""打倒一切旧文化、旧思想、旧风俗、旧传统"的"破四旧"运动，多少人为之如痴如狂。

在20世纪，中国人选择了以人类历史上从来未有过的激进方式，来反对自己的传统文明，并以此来决定自己民族的前途与命运。20世纪的中国出现的种种问题与悲剧，从思想上看，都与这种激进反传统的文化浪漫主义有关。最具反传统思想价值的人们却出现于一个最漫长的传统文明之中，可以说这是人类文化史上的一大奇观。人类不能没有自己的理想，批判旧秩序与旧传统中的不合理方面与劣根性的东西，是人类进步的前提，然而，理想主义一旦与激进的反传统主义相结合，又往往会使一个民族走向一种不切实际的乌托邦。这一点又将导致激进的理想主义者走向不自觉的悲剧。

五四文化浪漫主义的历史影响

五四思想运动的文化浪漫主义

作为一个中国思想史的研究者,我对五四思想运动可以说有一种相当矛盾的心理。一方面,我们这些生活于今天的中国人,都是五四思想运动的受惠者。没有五四时期思想先行者对民主、科学精神的启蒙,对民族命运的责任与使命意识的担当,没有那种思想上的对旧秩序的挑战与冲击,就不会有"五四"以后中国的那种生气勃勃的思想文化进步与发展。此后每一个中国人,都应该对五四时期的思想先驱者怀有一种深深的敬意。

另一方面,我又深深感到,五四知识分子存在着的一些思想缺陷,后来却对中国现代历史产生一些消极影响。这种思想缺陷主要表现在激进的反传统思想与泛科学主义这两个方面。

首先,五四知识分子中存在着一种占主流地位的激进反传统主义思潮与文化心态，五四人士往往不自觉地把西方现代文明视为标准的现代文明，而中国的传统则代表着落后的封建文明。这样就产生一种以全盘西化为特征的文化浪漫主义。

诚然，自近代以来，由于传统文化尤其是儒家官学化的意识形态的保守性与文化惰性，中国近代化备受挫折，整个民族为此付出了沉重的代价。批判旧传统当然是合理的。然而，五四知识分子的主流则把所有的中国传统视为封建的遗留物。用陈独秀的话来说，"固有的伦理、法律、学术、礼俗，无一非封建之遗"。他提出，"宁愿让国粹消亡，而不愿让中国现在的民族不适于世界之生存而归于消灭"。这句话听上去似乎很有道理，但实际上，这就把中国整个历史遗存下的传统文明，视为与民族生存完全对立的东西来加以反对。当时最为激进的知识分子钱玄同甚至认为，"欲废孔学道教，唯有将中国的书籍，一概束之高阁""二千年来用汉字写的书籍，无论哪一部，打开一看，不到半页，必有发昏做梦的话，使人终身受害不可救药"。他甚至提出要废除汉字，代之以万国新语，即人造的世界语。他认为，"只有这样才能驱除一般人的顽固野蛮的思想"。当时钱玄同、吴稚晖所代表的这种思想，固然是五四人士中的一个极端，但是这种激进的反传统主义则是当时五四知识分子中的主流思潮。当时的知识分子主流认为，中国的现代化，中国文明的重建，必须以彻底抛弃乃至摧毁本民族的文化传统作为前提。

一个民族的文化传统究竟意味着什么？意味着这个民族在长期适应本民族面对的自然与社会环境挑战过程中形成的集体经

验，它如同我们四周环绕的防护林一样，维持着一个民族的文化生态平衡。谁都知道，如果因为树林中出现了蛀虫，而要把这片防护林全部砍掉，其结果就会是大面积的生态平衡失调与水土流失。这种凝聚着民族集体经验的文化传统的某些方面，可能会随着时代与环境的变化而过时，但是，我们作为生活于先辈留给我们的传统中的后人，没有权利把整个传统文化作虚无的处理。简单地、片面地抛弃与否定自己的民族文化传统。

这种激进的反传统主义思维方式，一旦成为思想主流，对于一个民族的进步有什么后果？一个民族在进行新的历史选择时，就会失去这个民族的集体文化经验作为参照点与基础，就会根据头脑中凭空虚构的理念、主义与想当然的道德原则，在传统文化的废墟上，来建造一个由所谓理性设计的社会。人们就会不自觉地、漫不经心地把某种自以为合理的抽象原则与道德理想，来作为改造社会的蓝图。这种思维方式与价值态度，长期以来一直渗透到了中国20世纪知识分子与政治家的深层心理之中，并对中国的政治文化，对中国人的政治选择与文化态度有着深远的影响。

从进化论到唯科学主义

中国传统已经延续了两千年，过去时代的中国人为什么没有发现中国自己的传统有问题？五四人士之所以发现自己的传统是坏的，这是因为，人们的参照点变了，人们自觉或不自觉地以西方的文明作为参照点，来看自己的传统。为什么会以西方近代文明作为参照标准？这里，进化论起到至关重要的作用。什么叫进化论？进化论的本质是适者生存，不适者淘汰，即所谓的"优胜劣败"。

进化论是严复最早引入的。《天演论》在中国的传播是中国精神生活中的重大分水岭。《天演论》于1898年出版，清末就有30多种版本，从鲁迅到胡适、毛泽东，五四知识分子整整一代都深受影响，成为其信奉者。《天演论》出版后很快就轰动全国，成为中学生的读物。人们只了解那优胜劣败的公式在国际政治上的意义。在中国屡次战败以后，在庚子事件之后，这一优胜劣败的公式，确是当头棒喝，给无数人以极大刺激。物竞、淘汰、天择，渐成为报纸熟语与口头禅。

根据这一标准，胜者为优，败者为劣。过去中国的标准是义理、道统、天道，中国的失败、但在义理的标准下，义理总会战胜。现在的问题是，有义理却不能帮助我们民族生存，在19世纪中期以来，西方与中国文化冲突表明，西方文明是胜利者，中国传统文明是失败者，这样，西方文化为优，中国文化为劣的判断也就应运而生。进化论的积极意义在于通过优胜劣败的观念，摧毁了传统的保守的义理道统至上的观念，当义理不能帮助我们解决生存危机，为了生存，人们就应该抛弃这种过时的教条。这就从根本上确立了中国向西方学习的必要性的信念。

然而，进化论的消极性则在于，它基本上是要求弱者向强者仿效的理论。这就不自觉地会忽视不同文化的特点与异质性。它无意中把中西文化的差异，理解为先进与落后、文明与野蛮、强大与弱小、发达与不发达的区别。两种文明的区别变成了高下之间的区别。这种单线的逻辑就进一步意味着抛弃中国传统就是抛弃野蛮落后，全盘西化就是全盘拥抱文明与进步。这种进化论由于其过于简化的发展公式与单线论，由于否认了世界各民族的多元性，一种文化的历史性、文化内部各种因素的相互依存，存在着与激进反传统主义的密切关联。

五四思想运动的另一个思想缺陷就是唯科学主义。五四知识分子提倡科学，这固然是完全正确的。但是，这里指的唯科学主义或泛科学主义，则是由于对科学的崇拜，而走向对自然科学规律在社会领域中的滥用，当人们把某种社会原理视为符合科学规律的社会原理，就会不顾一个民族的社会经济与文化条件，来建造一个全新的符合他们心中的科学规律的新社会。这时，人们越是把某种社会理想模式视为符合科学的普遍规律，他们就越会对这种历史选择抱有如同科学家对科学规律的那种自信。其结果就会把不切实际的乌托邦式的社会工程设计，视为客观的必然实现的东西，就会不自觉地走向不顾条件的主观主义。正因为如此，五四思想运动中的激进反传统主义与泛科学主义，这两种文化浪漫主义心态相结合，就会使人们很容易忘记自己的历史局限性、忘记社会条件的局限性去追求一种不切实际的乌托邦。

"五四"激进反传统的历史启示

对于五四思想运动中的消极性的批评与审视，可以给我们一个重要的历史启示，那就是，我们必须从中国的实际出发，在传统文明的基础上，来建设自己的现代文明。值得欣慰的是，总体上说，中国大陆已经从反传统的历史悲剧中走了出来。"一切从实际出发""实践是检验真理的唯一标准""市场经济是不可逾越的历史阶段"，这种种朴素的道理之所以凝结为民众、当政者与知识分子的基本共识，正是用无数曾经发生的历史悲剧作为"学费"而换来的。

这里，我想起了黑格尔在《历史哲学讲演录》中说过的一段话。他认为，"过去的东西，好像在我们的现实之外，但事实上，我们之所以为我们，乃是由于我们有历史"。"我们必须感谢过去的传统，这传统通过一切变化了的、因而过去了的东西，结成一条神圣的链子，把前代的创获给我们保留了下来，并传给了我们。"正是基于这种认识，黑格尔认为，"各民族带着感激的心情，接受这份遗产，掌握这份遗产，它就构成下一代的灵魂"。

20世纪的中国人似乎极少有过这种对历史文化的温情体验态度。为什么传统受到黑格尔如此的礼赞？因为，在黑格尔看来，传统是在不断发展变化的，用黑格尔的话来说，"传统并不仅仅是管家婆，只是把她所接受的东西忠实地保留着，然后不加改变地传给后代，它并不是一尊不变的石像。而是生命洋溢的、有如一道河流，离开它的源头越远，它就膨胀得越大"。

因此，在纪念"五四"时，一方面，我们应该纪念"五四"的思想启蒙与民族主义精神，应该缅怀先驱者的贡献；另一方面，也应该反省五四时期知识分子中的那种激进的反传统主义，继承"五四"的精神，超越"五四"的局限性，才是对五四思想运动的最好的纪念。

知识分子如何避免观念的陷阱
——对近代激进思潮的批判反思

近三十年以来，知识界对新文化运动的心态发生了明显的转向。如果说，从20世纪80年代初期，处于改革开放初期的中国主流知识界对这场思想文化运动怀有强烈的道德激情与浪漫审美心态，那么，现在更多的是转向平和、冷静与审慎的反省。本章尝试以一个保守主义者的视角，从经验主义立场，怀着同情理解的态度，对20世纪这场决定中国命运的思想文化运动中的激进主义做进一步的反思。

中国激进反传统主义是世界思想史上的独特现象

众所周知，发端于1915年的新文化运动，其内部始终存在两种思潮势力，一种是北方以《新青年》为代表的激进反传统派；另一种则是南方以《学衡》为代表的，被汪荣祖先生称为具有新古典主义的人文主义立场的保守派。[1]在这两种思潮对话与碰撞中，保守派与激进派在现代思想史上都有重要地位，都为中国20世纪的思想发展做出了自己的贡献。然而，必须承认的是，北派的激进反传统主义思潮是新文化运动的主流。陈独秀在《敬告青年》中宣称，"固有之伦理、法律、学术、礼俗，无一非封建制度之遗"，"吾宁忍过去国粹之消亡，而不忍现在及将来之民族，不适世界之生存而归消灭也"。[2]这种激进反传统主义思想可以说是新文化运动北派的宣言，这种话语在当时占有优势地位是毋庸置疑的。

这种激进的全盘反传统主义的强烈程度，吴稚晖、钱玄同与鲁迅三人表现得最为典型。吴稚晖喊出"把线装书扔到茅坑里去"的著名口号。钱玄同提出要"废除汉字"，在他看来，"2000年来用汉字写的书籍，无论哪一部，打开一看，不到半页，必有发昏做梦的话"，"初学童子则终身受害不可救药"。[3]他还说："欲使中国不亡，欲使中国民族为20世纪文明之民族，必以废孔学灭道教为根本之解决，而废记载孔门学说与道教妖言之汉文，尤为根本解决之根本解决。"[4]钱玄同认为，为废孔学而废汉文之后，可用世界语取而代之。陈独秀则对钱玄同的激进反传统思想予以坚决支持，他认为自古以来汉文的书籍，几乎每本每页每行，都带着反

---

1 汪荣祖：《新文化运动的南北之争——重新认识新文化运动的复杂面相》，《上海文化》2015年第10期。
2 陈独秀：《敬告青年》，《中国现代思想史资料简编》，第5页。
3 钱玄同：《中国今后之文字问题》，《中国现代思想史资料简编》，第417页。
4 同上书，第420页。

对"德""赛"两先生的臭味。

鲁迅最著名的观点是"礼教吃人",他在《狂人日记》写道:"我翻开历史一查,这历史每页上都写着'仁义道德'几个字,我仔细看了半夜,才从字缝里看出字来,满本都写着两个字,是'吃人'。"《狂人日记》的意象在于,中国的传统文化是如此的畸形,人性是如此被彻底扭曲,以致生活在这种文化中的所有人都不正常了,唯一的正常人则被整个社会看作是"疯子"。鲁迅通过这个奇特的文学意象,表达了他心目中的中国传统历史、文化与社会的荒诞性,《狂人日记》可以说是中国激进反传统主义思想达到的巅峰,其激进与极端程度在人类思想史上可以说是独一无二的。尽管有些咬文嚼字的学者曾质疑鲁迅的《狂人日记》有抄袭果戈理作品之嫌,但绝大多数人并不认同这一点,因为这个具有激进反传统的文学意象,太具有颠覆性、独特性与原创性了。

值得注意的是,这种全盘的反传统主义思潮对新一代中国人的思想文化与政治选择,均具有持续的影响力。激进反传统主义对于打击保守势力有正面贡献,但也带来一系列消极后果。激进反传统的思维方式以人们并不曾意识到的方式延续到"文化大革命",1966年6月1日《人民日报》发表"横扫一切牛鬼蛇神"的社论,支持红卫兵的"横扫一切"的"破四旧"的革命行动,其逻辑论据就是"彻底砸烂旧世界"。"文化大革命"反传统思潮的核心就是,包括所有"旧思想、旧文化、旧风俗、旧习惯"在内的传统,都是"封建主义的腐朽上层建筑",因而被统统列入要打倒与扫荡之列。

浪漫主义与进化论：激进反传统主义的两重动力

为什么会产生这种激进的全盘反传统主义思潮？事实上，后发展民族意识到本国文明与西洋文明的差距，都会产生西方文明先进与本土文明落后的意识，但这并不意味着非要全盘地否定自身传统。例如，《文明论概略》的作者福泽谕吉认定当时的欧洲各国与美国是世界上最文明的国家，土耳其、中国、日本等亚洲国家则被他判识为"半文明"国家，他把非洲、澳洲地区的一些民族判识为处于"野蛮"阶段。他得出的结论是："现在世界各国即使处于野蛮状态或是还处于半开化地位，如果想使本国文明进步，就必须以欧洲文明为目标。确定它为一切议论的标准。而以这个标准来衡量事物的利害得失。"[1] 福泽氏用"文明阶梯论"作为分类的标准，在这一分析框架中，他采取的是实用理性的观念，用文明程度高低为标准，这种文化比较并没有导致全盘反传统主义。

中国的全盘反传统思潮产生的原因，可以从情感与思想逻辑两个层面来考察。在心态情感层面，浪漫主义崇尚自发的冲动、独特的个人体验，强调人在冲决世俗平庸生活的规范信条时，在破除习俗、铁笼般的制度对人心的束缚时，所产生的高峰生命体验，在他们看来，由此而形成的生命美感体验要比可能导致的实际后果更为重要。用罗素的话来说，浪漫主义者在推开对人性的

---

[1] 〔日〕福泽谕吉：《文明论概略》，北京编译社译，商务印书馆，1959年，第11页。

种种束缚时，往往会获得"一种新的元气"，一种"权能感与登仙般的飞扬感"[1]，这会使他觉得即使为此遭到巨大的不幸也在所不惜。浪漫主义在人类思想解放中，具有重要积极作用。思想解放不可能是冷冰冰的理性判断的结果，它肯定要伴随着人们在精神上强烈的对"登仙般的飞扬感"的追求。罗素认为，平庸是人类生活的宿命，而冲破这种平庸，又是人类精神上最深层的渴望。任何重大的思想解放运动中都可以看到人类的浪漫主义的影子。而中国近代史上的浪漫主义，是对僵化的、死气沉沉的、铁屋般的保守习俗与现状的一种刚愤的反向运动。

浪漫主义还有另一种由此派生的含义，那就是通过这种"主体向外扩张"的移情作用，来宣泄、抒发、寄托内心的深层愿望。用欧洲思想史学者斯特龙伯格的说法，就是"主体的心灵参与了对客体的塑造"[2]。

当人们用激情、悟性、意志、"以美为真"（英国诗人济慈语）的快感来张扬理想时，就会油然而生一种强烈行动趋向。浪漫主义，就是快感至上主义，它由此产生的一种改变现状的强烈热情，在人类历史上曾产生巨大的变革作用。

新文化运动中的浪漫主义，不同于18世纪欧洲以"回归中世纪"为主旨的牧歌式的浪漫主义，这是一种在极端反传统的快感宣泄中，在与传统的断然决裂中获得精神飞扬感的浪漫主义。陈

---

1 〔英〕罗素：《西方哲学史》下卷，马元德译，商务印书馆，1976年，第221页。
2 Roland N. Stmmberg, *European Intellectual History Since 1789*, p.50.

独秀的《敬告青年》，是对青年的浪漫礼赞，他歌颂青年"如初春，如朝日，如百卉之萌动，如利刃，如人身新鲜活泼之细胞"。李大钊也同样热情地歌颂青年："青年之口头，无'障碍'之语；惟知跃进，惟知雄飞，惟知本其自由之精神，奇僻之思想，锐敏之直觉，活泼之生命，以创造环境，征服历史。"[1]新文化运动的浪漫主义者通过对青年的礼赞，来呼唤新时代所需要的勇气、意志力、雄心、直觉、想象力与理想精神。虽然浪漫主义者常常因其不切实际而四处碰壁，经受挫折与失败，但浪漫主义可以极大地激发人的主观精神，而主观精神的调动，又产生改造现实的能动的影响。

如果说，19世纪末谭嗣同"冲决网罗"的呐喊是中国20世纪浪漫主义思潮的滥觞，那么，邹容、陈天华等人则是20世纪初中国浪漫主义的开先河者。《革命军》的作者邹容鼓吹"非尧舜，薄周礼，无所避"继之，陈天华以《猛回头》《警世钟》再继之。陈天华对中国人的民族性的判断，与近代中国人在现实生活中显示出来的经验事实并无关系，也完全不涉及前辈知识分子如严复、梁启超等人经常提到的中国国民性的种种负面表现，陈天华对中国民族性的美化还表现在他把西方民主政体视为"珍馐已罗列于几案之前，唯待吾之取择烹调，则何不可以咄嗟立办"。他鼓吹"吾民之聪与明，天之所赋也"。[2]这种浪漫主义可以说是新

---

[1] 李大钊：《晨钟之使命》，《中国现代思想史资料简编》，第115页。
[2] 陈天华：《论中国宜改创民主政体》，张枬、王忍之编：《辛亥革命前十年间时论选集》第二卷上册，第120—125页。

文化运动激进文化主义的核心价值。

如果说浪漫主义是心态层次的因素，那么，社会达尔文主义的进化论则是支撑激进反传统主义思潮的学理与思想逻辑层面的因素。根据进化论的逻辑，"适者生存，不适者淘汰"，那么，适者为优，不适者为劣，由"优者"淘汰并取代"劣者"，就是"物竞天择"的必然逻辑。既然传统渗透着腐败与没落的东西，它扼杀了自由人性，使我们民族陷入生死存亡的危机，那么，为了求生存而淘汰它，那就成为一个理性人必须接受的"无上命令"，再也没有比这更强大的命令了。陈独秀说："吾宁忍过去国粹之消亡，而不忍现在及将来之民族，不适世界之生存而归消灭也。"社会达尔文主义为激进地抛弃传统提供了一种完整的理论逻辑框架。

要看到的是，社会达尔文主义是一剂具有强大摧毁力的话语猛药，它是一把双刃剑。一方面，只有近乎极端的"优胜劣败"两叉分类，才具有刚性的话语力量，来摧毁顽固、封闭、僵化的专制文化对人心的束缚，才能砸碎传统官学的保守壁垒；然而，另一方面，到了新文化运动时期，激进反传统主义者把自己祖先创造的文化，整体上看作是必须淘汰的"劣者"，使人们进入一种"文化自虐"状态，这种"文化自虐"心理恰恰是宣泄浪漫主义快感的温床。可以想象，当吴稚晖、钱玄同与鲁迅说出这些极端反传统的言论时，会产生"痛即美"的快感。事实上，心态上的浪漫主义与进化论提供的逻辑，在此时已经交融在一起了。

启蒙理性的程序漏洞和两种启蒙理性的崛起

传统，包括习俗、习惯、制度与文化，乃是一个民族千百年来应对自身的环境压力与挑战过程中形成的集体经验，传统被打倒后，它们不再成为人们行动的准则与选择的标准，那么用什么东西来取代传统，以引导人们做出自己的行动选择？

在扫荡传统之后，填补空白的就是启蒙理性，所谓的启蒙理性，就是以普世价值的"第一原理"为演绎依据，运用概念推演得出真知判断的思考方法。启蒙理性主义者认为，抛弃传统后，就可以经由这种启蒙理性，根据这种理性认定的普适原则、公理与价值，推论出一个好的社会。在启蒙主义者看来，这个好社会的蓝图，是无须以经验为基础的，只要根据理性与"科学"原则，就可以在人的头脑中建构起来。此前大凡人类的传统制度，都是以千百年来各民族在应对自身环境挑战过程中形成的集体经验为基础的，人们根据这种经验组织社会生活，形成社会规则与制度，而启蒙理性主义者心目中的理想社会，则是可以通过"理性的""科学的"方法，通过理性的建构，来予以确定并做出选择。当人们运用启蒙理性提供的普世价值与组织社会的第一原理，设计出重建社会的施工蓝图，它就进一步发展为建构理性，在建构理性主义者看来，理性人就完全可以如工程师设计机械一样，设计出理想社会的施工蓝图，建构一个好社会。在这里，建构理性与我们在经验生活中运用的常识理性不同，常识理性也可称为世俗理性，它是指健全人在日常生活中，摆脱宗教狂热、信仰教条的影响，追求功效最大化而使用的世俗理性。

用建构理性取代经验有什么问题？以往的人类总是依据经验来做出选择，一个在传统经验世界中生活的人，一般不会未经经验中的尝试，就去争取历史上不曾存在的东西。对理性推导能力的崇拜，让人的理念具有了独立性，人们就可以脱离经验，直接根据理性推导的观念来重建社会，这就使人们的行动具有与经验事实脱节的可能性。

激进反传统主义导致两种启蒙理性的崛起。一种是右翼的、以西方地方知识为普世价值与仿效标准的西化自由主义。陈独秀在1915年发表的《东西民族根本思想之差异》一文中认为，东方宗法制度的恶果是"毁坏了个人独立自尊的人格，窒碍了个人意思之自由，剥夺了个人法律上之平等权利，养成依赖性，戕贼了个人之生产力，东洋民族种种卑劣不法惨酷衰微之象，皆以此四者为因。欲转善因，是在以个人本位主义，易家族本位主义"[1]。《新青年》提倡的正是这种以西方个人主义为本位，以道德、伦理、政治与法律系统为准则的启蒙理性。以个人本位为基础的普世价值，对于冲击专制文化造成的奴性人格，固然具有革命意义，但以此为基础设计好社会，就会陷入全面脱序的困境。

除了这种以个人自由为基础的启蒙理性，还有一种是左翼的启蒙理性，包括工团主义、基尔特主义、安那其主义、暴力革命

---

[1] 陈独秀：《东西民族根本思想之差异》，《青年杂志》第一卷第四号，1915年12月15日。

主张的平等世界论。以上两种启蒙理性，都相信可以在脱离本土经验的条件下，按主体认定的普世性有效的价值，建立起好社会来。这个社会不是根据本民族以往的经验为根据，而是根据道德理想与美好价值为依据。

虽然启蒙主义思潮在打击专制旧传统方面有其正面贡献，然而由于传统不能成为中和、缓冲启蒙理性的中介物，启蒙理性就会在自身逻辑的支配下，走向建构理性主义，由于理性本身具有的缺陷，会使这种对理想社会的追求，容易演变成对"左"或右的乌托邦世界的追求。另外，观念与精神对人心的吸引力是如此强大，又可以使崇尚这种观念、主义与精神的知识分子成为唯心主义观念的奴隶，而观念、主义与现实经验的完全脱节，又会给社会带来无穷的灾难与始料不及的危险后果。全盘西化论产生的对西方民主的建构主义的追求，以及"文革"的极左思潮对乌托邦世界的追求，都是右与"左"的建构理性的产物，它们也都是观念异化的历史后果。

知识分子与观念的陷阱

自新文化运动以来，中国知识分子在历史上的作用表现得更为明显，与传统时代相比，20世纪的人们是以主义来行动的，20世纪是思想主义盛行的世纪，是由知识分子创造的各种主义支配人们的历史行动的世纪。知识分子在人类文明进步中的重要性就在于，他们通过自己的思想，在社会上形成一种话语的力量，正是这种舆论场上的话语力量，会进一步形成群体性的思潮与主义，认同这种思潮的人们，就会结合起来进行集体行动，并经由行动而形成人类生活中的历史选择。正因为如此，20世纪的知识分子通过他们的话语、思想而影响、改变，甚至改造了世界。

人们相信知识分子，因为知识分子比一般人能讲出道理来，知识分子也很自信，因为他们觉得读了书就有知识，对自己往往有很高的估计。然而，人们对知识分子的期望不能太高。事实上，正如历史上所表明的，知识分子也会造成时代的灾难。这是因为，知识分子是运用自己的理性能力来进行思考与思想创造的，而人的理性本身却有着一些先天性的缺陷，它有一种逻辑上"自圆其说"的能力，它会编织出一种观念的罗网，让人脱离现实，变成作茧自缚的"观念人"。一般来说，理性的缺陷主要表现在以下几个方面。

首先，个人的理性是通过抽象思维，把复杂事物予以简化。抽象与简化对于概括事物是不可避免的，也是必要的，但简化的结果往往忽略了客观事物的复杂性、多元性、多面性以及多义性。运用简化的理性思维来做出判断与历史选择，其结果往往是消极的，甚至是灾难性的。例如，观念型知识分子对西式民主具有的普世性的认识，造成民国初年的"旧者已亡，新者未立，伥伥无归"的社会失范状态，建构理性简单地把西方历史上演变过来的体制搬用到落后的第三世界中来，这样造成的结果是，旧的传统体制被打破了，而新的西化的体制却由于缺乏西方社会的各种条件，而无法有效运行，这种脱序会形成全面的整合危机。辛亥革命后的议会失败固然有多种原因，但这种体制缺乏本土资源的支持而造成的弱政府化、党争、军阀混战与国家碎片化，也是中国20世纪灾难的起源。

又例如，中国"穷过渡"的平均主义，当人们要用全面的计划经济这个"完美"的制度，来取代历史上形成的有缺陷的市场经济时，往往只想到这种由理性建构的"计划"的好处，却忽视了它的另一面，它同样也可能产生计划体制下的官僚主义化，压抑了劳动者的积极性与创造力。最为典型的是，波尔布特以废除城市、货币、市场，以及大清洗的方式来制造"新人"的"红色高棉革命"，这些都是"左"的建构理性的产物。

其次，个人理性的缺陷还表现在，一个社会主体所掌握的信息总是不全面的，当人们根据这种片面的信息来决定历史性的行动选择时，就会导致历史选择与判断的失误。

再次，主体自身的信仰、激情、人性中的幽暗的心理，以及浪漫心态，这些情感性的非理性因素，如同海面下面的冰山，会不自觉地在人们的潜意识中，支配着显露在海面上面的理性，主体的理性受感情与其他非理性因素的支配，也就会发生判断的扭曲与错误。

更具体地说，人们总是以为自己是根据理性原则来进行判断与推理的，但支配人的理性的，往往是混杂着潜意识中的非理性的东西。人们总是把自己内心所希望的东西视为当然的、可以实现的东西，然后用"理性"的、逻辑的语言，把内心浪漫主义的意愿，论证为"社会规律"或"普世性"的第一原理，论证为"客观"的实在法则。这些浪漫主义的、非理性的东西，经过华丽的理性外壳的包装，被误认为是真理。换言之，建构理性有许多"程序漏洞"，容易被浪漫主义乘虚而入，人的建构理性可能被人的信仰、感情、浪漫心态这些非理性因素无形中支配，建构理性很容易变成浪漫主义情怀的俘虏。脱离人类集体经验的建构理性，往往最容易与人心中的浪漫主义结缘，将浪漫主义者追求的美，视为客观实在的真。于是，浪漫主义就披上"理性"冠冕堂皇的外衣，登堂入室，大行其道。

当主体把浪漫主义的东西论证为真理来追求，把浪漫主义付诸社会实践，就会造成乌托邦的灾难。这种把浪漫主义的心灵投影，自圆其说地论证为"科学"，是建构理性陷阱，这种"建构理性"是被浪漫主义包装起来的"类理性"，它与自然科学的理性并不是一回事，它只是看上去仿佛与科学理性是一样的，但它其实是浪漫主义的衍生物。用一套看起来符合逻辑的语言，把自己心目中的实际上是乌托邦的东西，当作行动的目标来追求。其结果就可想而知了，无论"左"的还是右的激进主义与极端主义，都是左右乌托邦主义的实践者。

社会上的"左"与右的激进主义者，他们所推崇的愿景，无论是平均主义乌托邦世界，还是在落后专制基础上直接建构起来的符合西式普世价值的民主，实际上，都是在浪漫的"类理性"基础上形成的观念的陷阱。

回归有方向感的经验主义

早在百年以前，严复就对当时如日中天的激进反传统主义思潮抱有深切的忧虑，他指出，当人们把旧价值完全抛弃，"方其汹汹，与之具去，则斯民之特性亡，而所谓新者从以不固"。他还认为，对传统进行精择，这样的任务并非老朽国粹家所能完成，"只有阔视远想，统新故而视其通，包中外而计其全，而后得之，其为事之难如此"[1]。

激进反传统主义对集体经验的否定与扫荡，使之不能承担过滤外来经验与信条的功能，导致乌托邦主义大行其道，五四新文化运动以后的建构理性主义与"泛科学主义"，进一步导致各种超越本土经验的舶来的主义在中国的长驱直入，人们经由主义而行动，并改变着周围的世界。

正因为如此，对21世纪知识分子来说，要避免成为"观念人"，最重要的就是回归经验主义。所谓经验主义，就是尊重历史中形成的经验的连续性，就是在尝试过程当中，在错误中不断地进行纠正，来找出有效解决问题的办法来。经验主义和理性主义这两条理路中，经验主义比较安全、比较稳妥，知识分子应该用经验主义来避免"建构理性主义"的缺陷，因为生活太复杂，历史制约因素太多，我们只有在经验与试错中，找出相对而言更适合我们的路径与制度。

---

[1] 严复：《与〈外交报〉主人书》，《严复集》第3册，第560页。

知识分子对本民族的文化传统，也应该有一种"同情的理解"态度，知识分子做一个批判者并不难，只要你执着于某种价值尺度，就可以评点万事万物，难的是，还要同情地理解包括文化传统在内的各种事物的多面性，因为人类现实生活永远是"神魔混杂"、充满两难性与矛盾的。所谓同情地理解，就是不要根据自己的价值喜好，对所看到的事物随便贴用一些标签，不要仅仅用"好""坏"褒贬来进行简单判断，而要有一种同情地理解事物的复杂性、多元性、多义性、两难性。从它们的历史渊源中，从它们产生的背景与面对的疑难矛盾中去理解传统，并从中找到其内在的有意义的东西。只有具备了这种客观态度，才能更客观地对待传统，并从传统中获得启示，更务实地、更有效地提出解决矛盾的建议与办法。

近代以来，中国历史上最伟大的历史人物之一就是邓小平。他在思想史上的贡献就在于，从20世纪初的唯理主义思维回归经验主义思维。他摆脱了唯理主义的教条信仰的干扰，以经验主义的实事求是为出发点。他的"摸着石头过河"以及"实践是检验真理的唯一标准"的理论，就是回归到经验主义哲学，就是尊重事物的复杂性和多面性。通过经验试错，来寻找实现富强的合适路径，渐进地走向强国、富民、法制与民主的目标，实现中国向现代文明转型。

需要指出的是，我们在经验摸索过程当中，还需要一种方向感，这种方向感就是追求更美好的价值，这个美好价值是与人类共同的价值相通的。之所以称为"方向感"，是因为方向感意味着当人们在坚持追求美好价值的方向时，仍然谦虚地保持着对事物复杂性的尊重，意味着存在对未来可能性的更大的思考空间。

一个世纪后，当人们对新文化运动进行反思时，应该意识到，对社会进步真正做出积极贡献的知识分子，应该是尊重事物的复杂性与多面性、警惕意识形态化的启蒙理性对我们判断力形成干扰、有方向感的经验主义者。只有这样，知识分子才能避免"左"与右的各种激进主义和极端主义思潮对自己思想的干扰与支配，避免陷入观念的陷阱；而只有以有方向感的经验主义为基础的中道理性，才能客观认识世界，这样的知识分子才能摆脱主观主义，为社会进步做出真正的贡献。

儒家的乌托邦传统与近代激进主义

性善论与儒家的道德理想国

西方文明与儒家文明对人性的预设确实有所不同。西方基督教文明主张性恶论,这是关于人性的悲观主义的理解。既然人性是恶的,就不可能单纯通过道德教化来改造,西方文明因而发展出一整套基于西方民族长期集体经验的制度与法律,来约束人性中的恶。

相反,儒家文化中的性善论则是关于人性的乐观主义预设。儒家相信人性本善,认为通过道德的涵育与教化,就可以把人内在的善的潜质(即儒家所谓的"性")显扬出来,通过"道之以德""齐之以礼",就可以让人皆有之的内在的善的资源充沛于心身。如果全社会的人都能通过修养与教化,修炼成具有完善人格的君子,那么,理想社会就会到来。正是在这个意义上,中国文化中的性善论衍生出用道德主义来解决一切问题的政治哲学。

儒家执着于道德治国。儒家经典中的"三代",实乃由儒家所肯定的道德原则建构起来的乌托邦世界,它与夏、商、周的历史事实相距甚远,"三代"只是儒家知识分子心目中的道德理想国的投影。儒家根据德治的原则,想象出一系列理想化的古代制度,并把这种制度附丽到"三代"上去。这种乌托邦建构的过程,类似于现代建构理性主义的思维过程。在后者看来,良好的制度可以经由人的理性,根据"第一原理"与道德原则设计出来。这一建构过程是纯理性的,与经验事实无关,与人在适应环境挑战过程中的经验与试错无关。这种思维方式也可称为"儒家道德建构主义"。

儒家通过它所描绘的"三代之治"告诉世人,先人曾经生活在非常完美的过去,只要按"三代"的制度去做,什么问题都可以解决。儒家的这种道德建构主义,如同人类各民族的乌托邦理想一样,像黑暗世界的一盏明灯,确实起到了用理想世界来批判不公正的世俗生活的作用。然而,这种建构主义思维模式,也成为中国乌托邦主义的根源。对于被儒家理想化的尧舜禹时代的所谓古制,秦汉以后的人们渐渐信以为真,人们真以为历史上的"三代"就是曾经有过,后来却又消失的真实的美好社会。西汉末年的王莽与那个时代的人一样,就是坚信理想化的三代是历史上存在过的,而且是可以通过人们的努力,重新建构起来的,于是他力图运用他从西汉皇帝那里篡夺过来的皇帝的最高权势与行政官僚系统,在西汉末年灾难深重的现实生活中复古改制,结果造成了社会更大的灾难。王莽的悲剧是将乌托邦理想付诸实践而形成的悲剧。20世纪30年代，著名思想家萧公权先生认为，王莽改制是最古老的"社会主义试验"。同时，我们也可以说，它是中国乌托邦主义政治实践最早的惨痛失败。

康有为的《大同书》与近代政治激进思潮

传统儒家的思维方式千百年来一直深入中国人的骨髓，也深深地影响了近代知识分子的思维方式与行为方式。康有为的大同思想，其深层的思维句法结构，可以说与儒家文化中的道德建构主义一脉相承。在《大同书》中，家庭、私有财产、国家、阶级、婚姻等，举凡一切在适应环境挑战过程中形成的集体经验的产物，都被认为是罪恶的，或至少是缺陷严重的。康有为认为有必要凭着人类自己的理性，按照他心目中的道德理想的原则，去设计一些人造的完美制度。在康有为看来，既然人类凭自己的理性可以发明精美的机器，为什么就不能发明适合于人性的好的社会制度？用完美来取代不完美，用无缺陷来取代罪恶与缺陷，被认为是毋庸置疑的天经地义。康有为大同思想就是以这种乐观主义的逻辑为基础的。

在康有为看来，作为千百年来人类在现实生活中形成的国家、家庭、婚姻及种种传统习俗既然充满缺陷，那么，最理想的、最适合人类生活的社会就应该取消这些东西，而代之以他头脑中想象出来的、没有缺点的人造新制度。康有为在《大同书》

里认定，因为国家之间会发生战争，所以要取消国家，代之以"世界政府"；因为阶级制度会导致社会不平等，所以要取消阶级；因为家庭导致婆媳争吵、兄弟打斗，是自私的温床、罪恶之源，只会带来无穷的痛苦，所以可以而且有必要取消家庭，代之以"公养""公教""公恤"；又因为婚姻造成事实上的女子不平等地位，所以要取消婚姻，代之以一个月至一年为期的男女合同制；等等。

康有为的自信，源于他的理性万能信念。他认为，经验会犯错误，理性则如同公理几何，不会出错。他完全忽视人的理性是有缺陷的，尤其是具体个人运用的理性更是如此。事实上，康有为在运用他的理性时就出了问题。他把黑人诊断为"劣等种族"，继而主张：采用"黑白杂婚之法"，男性黑人必须与女性白人结婚，女性黑人必须嫁给男性白人，以便在"七百年至一千年"内，使黑人化为白人。这一荒唐的例子足以证明，观念人所信托的理性本身具有缺陷。

毫无疑问，这种以"性善论"为基础的政治逻辑，势必导致一种乌托邦倾向。康有为正是基于这一倾向，建构了通过对人进行教化以达到无私社会的政治哲学。

这种理想主义的社会蓝图，必然导致政治上的激进主义。谭嗣同的"冲决网罗"是20世纪激进反传统主义的先声。在他看来，传统就是"网罗"，就是束缚人性的东西，要实现一个符合人性与道德的社会，就必须冲决这些"网罗"，用观念中的完美主义世界取代现实。

可以说，谭嗣同是中国近代以来第一个把传统"妖魔化"的知识分子。当然，传统中有许多必须批判的东西，但"冲决网罗"则把传统符号化，使之被解释为在整体上没有积极意义与正面社会功能的东西。"五四"以后，全盘反传统主义取得优势话语权。谭嗣同的"冲决网罗论"为20世纪中国观念人的大量出现开辟了道路。

更严重的问题还在于，对"善"的理解是因人而异的。不同的时代、教养、性格、经历，特别是经受过不同挫折与痛苦的人，会在自己头脑中形成不同的"善"的世界愿景。人们会以自己所理解的主观的"善"为标尺，对世界现行秩序进行重新建构。受这种乌托邦理念与思维模式支配的人们，存在着一种强大的重构人类新秩序的道德冲动。由此而产生的道德优越感、斗争意识与正邪两值分类，是激进主义政治哲学的基础。

事实上，用自己有缺陷的理性，去设计社会改造的蓝图，强行挑战人类千百年的集体经验——这种行事模式，正是近代以来激进主义的巨大悲剧之一。对康有为的《大同书》进行深入分析，有助于理解20世纪激进主义的哲学基础与内涵。

古代、近代知识分子与现代知识分子具有深层同构性，都是用道德建构主义重建世界。孔子、康有为、"五四"以后的中国知识分子，虽然时代不同，价值观不同，但在思维方式上，却存在一脉相承的"道德理想国"传统。在儒家那里，道德王国在过去，即三代；在康有为与"五四"以后的中国激进知识分子那里，道德王国则在未来。这三者具体取向不同，但思维方式却颇具深层的同构性与延续性。他们都崇尚人类经验世界中并不存在理想王国，都不承认现实中的社会是人类集体经验的产物，不承认这种历史产物是一方水土上生活着的人在适应自身环境挑战中形成的。并且，他们都相信，可以用自己体认的道德理性原则来重塑新世界，前者的榜样在过去，因此趋向于复古；后者的榜样在未来，因此趋向于激进地反对传统。

为什么中国哲学缺乏西方式的经验主义传统

以道德建构主义为基础的中国知识谱系，本能地拒斥经验主义思维方式。虽然中国民间文化中也有朴素的经验主义传统，但作为精英主流文化的儒家思想，却缺乏西方意义上的那种以人类集体经验为基础的经验主义政治哲学。

美国著名思想史学者墨子刻（Thomas A. Metzger）曾这样评论道："在西方经验主义者看来，历史始终是一个神魔混杂的过程，社会中始终有着很多与人类理想相矛盾的成分。人类的生活一方面并不完美，另一方面也还是很有价值的，这个世界还是很值得留恋，是有趣味的。世界既不完美也还值得活下去，人们还有希望使世界变得比它原来的样子更好一些。既然人们对生活的要求既不太高，又不满足，这就不会走极端，就能心平气和地考虑这个世界的种种问题，如果人们认同这样一个前提，那么，无论是要保守传统，还是要改革传统，都是对方可以理解与体谅的。"[1]

墨子刻还认为，在保守主义者看来，"改革传统，是因为传统并不完美，保守传统，是因为传统值得我们留恋。它既不坏到哪里，也不好到哪里，这样，知识分子与国民就会形成一种保守主义与改革主义之间的持续的对话"[2]。这就是西方意义上的保守主义。西方的保守主义并不反对变革，但反对以人的理性去设计建构一个新社会，反对以这种想当然的"新社会"模式来取代现实社会。而儒家的道德建构主义却相反，以道德理想国设计为好社会的蓝本。到了近代，这种思维模式与思维"句法结构"，自然而然与激进主义合流。一切激进主义都采取经验的反叛者姿态，以自己心目中的道德意象为楷模，试图从根本上颠覆、否定现存秩序。

意味深长的是，早在七百年前的元代理学家吴澄的文集中，我们赫然发现"破私立公"这四个字。这种字句上的巧合并非偶然，而是表明近代以来的道德建构主义，与理学家的道德建构主义之间，存在深层次的逻辑同构关系。正因为如此，当我们研究儒家思想时，提倡儒学的学者一定要注意到这些层面的问题。儒家的道德建构主义有着发展为文化浪漫主义的潜质。

20世纪以来，中国的现代思想界中的自由主义学派与左翼思想学者，其价值取向虽然各异，思维方式中却都不自觉地存在着

---

[1] 参见萧功秦：《一个美国保守主义者眼中的中国改革》，《中国的大转型》，新星出版社，2008年，第307页。
[2] 同上。

道德建构主义。这或许与人们不自觉地承继了传统文化的深层结构有关。要克服思想中的片面性,还是要回到经验主义上去。

要之,性善论具有多面性。必须承认,对于一个缺乏制度性宗教信仰的民族来说,性善论在历史上也曾起到社会道德标尺的作用,它有着激励社会成员通过合理教化,获得积极向上的人生价值的社会功能。性善论与道德建构主义的关系,以及道德建构主义与乌托邦的关系,是思想史研究中一个值得注意的问题。

从儒家文化中获取积极的精神资源,扬弃儒家传统中的乌托邦主义,是值得当今中国思想界关注的课题。

严复对近代激进改革观的批判

"五四"以来的中国知识分子的"主义崇拜"

自20世纪初期以来，中国知识分子政治心态的一个基本特点是，崇尚某种抽象的中心象征符号，并以这种符号与理念作为一劳永逸地、整体地解决中国问题的基本处方。这是一种以某种"主义"来推演和涵盖解决具体问题的途径的思维模式。它认为，一旦人们认定某种主义是合理的、有功效的，只要符合某种"主义"的制度一旦建立，那么，从官僚腐败、国民道德水准低下、直到各种社会弊症和令人困扰的实际问题，也都能迎刃而解。这种以意识形态的"主义"来简单涵盖"问题"的政治文化现象，可以说是自"五四"以来直到80年代末中国知识分子的共同心态特征。

事实上，从1905年日俄战争以后，清末知识分子主流就曾认为，中国只要采取"立宪主义"，"上下一心，君民一体，国富民强"也就指日可待。人们可以从这种"立国救国论"中看到抽象的"主义崇拜"的政治心态的发端。

从20世纪初到80年代末，中国知识分子中一脉相传的对这种"主义决定论"的崇拜，可以说已经有八九十年的历史。甚至可以说，这种对抽象的"主义"的崇尚，已经成为近现代以来中国知识分子政治文化的重要组成部分。

从中国现代思想史的角度来看，首先对这种以抽象的"主义"来涵盖"问题"的心态现象进行质疑与反省的是严复与胡适。下面，本文试图分别对严复与胡适对"主义问题"上发表的言论做一简要的讨论，并进而把严复与胡适在这一问题上的看法做一比较。由于严复的思想远比胡适更为深刻，研究与发掘严复在这一方面的思想，对于深入研究中国现代政治思潮史中的抽象化的"主义"问题，无疑具有十分重要的意义。

严复对自然法与抽象的"主义决定论"的批判

在中国现代思想史上，最早对西方抽象化的"主义"进行学理上的批判的是严复。早在1906年，他在《政治讲义》中，就把从柏拉图到18世纪的卢梭一脉的思想家称之为"言治皆本心学"的"无根"的政治学家。[1]自1913年以后，他在《天演进化论》

---

1 严复：《政治讲义》，《严复集》第5册，第1243页。

《说党》《民约平议》等一系列文章与书信中，就多次对以卢梭为代表的"自然公理论"的思想进行了批判。可以说，严复的矛头自始至终就是指向以西方唯理主义的大陆哲学传统为基础的政治思潮。

严复在这一方面最具代表性的文章是他在1913年发表的《民约平议》。在撰写这篇文章以前，他曾在给熊纯如的信中指出，卢梭的《社会契约论》，使人们不惜以生命鲜血来实现它所主张的理想，但实际上却无济于事。原因就在于"其本源谬也"。这就促使他下定决心在百忙中抽出时间，写一篇批判"民约论"的文章，以达到"药社会之迷信"的目的。[1]

（一）严复对"民约论"的批判

严复在《民约平议》中指出，卢梭的"民约论"一开始就先验地假定了一个事实上根本就是"悬意虚造"的"自然公理"，即人生来就具有不可侵夺的自由权利。根据这一"天赋人权"的第一原理，人们应该摧毁现存秩序，重建一个人人平等的新世界。严复认为，自18世纪以来，人们往往把卢梭的"民约论"奉为金科玉律，以斗争来救世，其结果并没有实现人们原来所希望达到的目标，以致一误再误，不能自还。

为什么会产生这样的后果？严复认为，这是因为"民约论"的基本前提就是错误的。"民约论"开宗明义的第一条原则就是，

---

[1] 严复：《与熊纯如书》十五，《严复集》第3册，第614页。

"民生自由,其于群为平等"。这一点根本与历史与经验事实不相符合。严复引证赫胥黎的驳论指出,初生儿恰恰是最无生存能力,因而也最不能自由的,社会群体中的个人,无论在能力上、在体力上与智力上都存在着事实上的差异,设想人人平等的"自然公理"也是臆想。

因此,严复得出结论:"明者著论,必以历史之所发见为之本基。其间抽取公例,必用内籀归纳之术。而后可存。""若乎向壁虚造,用前有假如之术,而演绎之,及其终事,往往生害,卢梭所谓自然之境,所谓民居之而常自由常平等者,亦自言其为历史中之所无矣。夫指一社会考诸前而无有,求诸后而不能,则安用此华胥乌托邦之政论,而毒天下乎?"[1]

综上所述,严复在《民约平议》一文提出了这样一个核心思想,即以卢梭为代表的那种"主义",从先验的、抽象的第一原理出发,并以这种第一原理作为超乎各民族历史与文明的具体性的普遍原则。这种所谓的"自然公理"本身就是一种并无经验事实与历史事实作为根据和凭依的假定。用这种假定作为演绎政治行动的依据,来判断现实,现实秩序就必然被判定为"不合理、不道德"的,既然现实是不合理、不道德的,那么,人们唯一应该做的事就是去用强力摧毁它,并按照这种假想的第一原理去重组一个新的社会。但由于这种假定本身就是反历史事实与反经验事实的、虚拟的乌托邦,因此,即使人们的愿望再好,这种"向

---

[1] 严复:《民约平议》,《严复集》第2册,第337页。

壁虚造"的社会改造蓝图也是不可能在现实生活中实现的。严复认为，卢梭所代表的这种道路选择，即使确能做到摧毁旧秩序，也无法按革命者原先所以为的那样，重建一种合乎他们设想的新世界。

（二）严复反对政治上的"完美主义"

为什么卢梭的"自然公理"论对知识分子有如此巨大的吸引力？

唯理主义认定，现实世界是不完美的、丑恶的、不自然的。而理念的世界才是"真实的""完美的"和自然的。正是这种"完美主义"，如同宗教的救赎主义一样，对于理想主义者来说具有一种不可抗拒的道德魅力，并由此产生一种巨大的精神动力和政治感召力。

而经验论为基础的英美式的自由主义的基本信念是，自由的秩序是从旧社会内部生长出来的结果。既然如此，生长的过程只能是一种渐进的过程，这种思想认为，世界上的问题没有一劳永逸的解决方法，任何进步都是不完美的、有缺陷的。人世间永远不会有绝对的完善，人类在争取进步的过程中，只能做到"两害相权取其轻"。正是基于这一认识，英美式的经验主义的政治传统，拒绝终极目的，拒绝完美主义地、毕其功于一役式地、整体地解决所有问题，主张渐进地、逐步地逼近目标，一步一步前进。

严复正是从经验论的这一思想立场来认识问题的。他引用英国学者摩里的话说,"政治为物,常择于两过之间",并引法国文学家雨果的话"革命时代最险恶物,莫如走直线"。严复正是从这种"不完美性"出发,作为思考现实问题的前提。

严复认为,"向壁虚造"的卢梭思想之所以误人,就在于它具有"动以感情"的力量。[1]这种"动以感情"的力量就在于它主张一种完美的新秩序,在这种秩序中,人人享有天赋的权利与平等,但是,严复认为,从历史与经验来看,"物之不齐,物之情也""物诚有之,人犹甚焉"。换言之,不平等是事物存在的真正的"自然状态"。[2]他主张"人类之力求进步固也……(明者)其立事也,如不得已,乃先之以导其机,必忍焉以须其熟,智名勇功之意不敢存……夫而后有以与时偕达,有以进其群矣"[3]。如果说,以"整体性解决"为主旨的政治激进主义正是与完美主义相联系的话,那么,渐进的变革态度正是以非完美主义的价值观作为前提的。

严复政治思想的基础是经验论哲学。这与他本人所接受的英国自由主义传统哲学思想有密切关系,用哈耶克的话来说,英国真正的自由主义"只是一种旨在于使自发和社会产物之形成更易于理解的理论"[4]。严复也正是从经验论出发,来认识社会作为一个特殊的有机组织的发展变化过程的。他认为人的知识,来源于

---

1 严复:《严复集》第2册,第340页。
2 同上。
3 严复:《政治讲义》,《严复集》第5册,第1242页。
4 〔英〕哈耶克:《个人主义与经济秩序》,贾湛等译,北京经济出版社,1991年,第11页。

经验事实的归纳。他在《政治讲义》中指出:"盖天生人,与以灵性,本无与生俱来预知之知能。欲有所知,其最初必由内籀。(即归纳)……内籀必资事实,而事实必由阅历,一人之阅历有限,故必聚古人与异地人之阅历为之。如此则必由记载,记载则历史也。"[1]

严复特别强调历史经验对于政治研究的重要性,这种重要性在于,"读史之术在求因果,能即异见同,抽出公例",即历史的史实可以作为归纳求知的基础。

为什么研究政治必须用经验归纳法而不能用唯理主义的原理演绎?

严复认为,国家现象是历史上因时因地自然生成的:"一切本由种族,演为今形,由于自然,非人制造。"[2]严复在这里提出了一个相当深刻的观点,那就是,人造物可以用人造的原则的演绎来设计与制作的,而研究和认识作为自然滋长物的政治与国家,以"师心自用"的原则来进行演绎就会无能为力。因此,人们应把国家与政治现象视为一个外在于人的意志的客观实在的"有机体"来加以认识。正如对动植物研究,必须采用"因其自然而生公理"[3]的方法,遵循归纳法的原则来考求政治与国家事实,则成为取得政治真知的基础。

---

[1] 严复:《政治讲义》,《严复集》第5册,第1244页。
[2] 同上书,第1251页。
[3] 同上书,第1250页。

(三)严复论经验与传统不可简单割弃

唯理主义的政治观从至高至善的原理出发来评价传统时,就会把传统视为人类实现进步的"枷锁"或障碍,由于唯理论把人性预设为本善的,这种政治观从而认定,只要打碎传统加之于人身上的枷锁,世界就会恢复其应有的自然合理与和谐状态。

而经验论认为,传统的道德、价值与人文秩序,这些要素彼此结合,共同构成一种对社会成员的道德行为的外部约束机制,传统把人安顿在一个稳定的文化框架之中,只有当人处于这种"约定俗成"的规则的制约与限定之中时,他才是一个文明的人,他才与野蛮的、非文明的动物性的人有所区别。也只有处于这种条件下时,人才能运用他的现实的自由去追求自己的目的。经验论倾向于认为,人并不具有高度的理性与智慧,人是易于犯错误的生物。[1]传统对于人来说,则是一种不可缺少的制约力量。取消传统,也只能使人陷入无序状态。

严复正是从经验论的角度来认识传统的价值的,他在《庄子评语》英文批语中指出,"习惯一经变为反射的行动,事情无须用一点脑筋就做成了"[2]。在他看来,人类的习惯产生于实践。传统正是人们在应对问题的实践过程中形成的条件反射性的习惯。他认为,传统中自有"不可磨灭者存"。换言之,传统的存在,有其自身不可言喻的合理性。人类只要处于由习惯构成的传统框架

---

[1] 〔英〕哈耶克:《个人主义与经济秩序》,贾湛等译,第9页。
[2] 严复:《庄子评语》,《严复集》第4册,第1133页。

之中，就能够应付环境或实践。

严复的这一思想还可以从他对英国文学家与美术家刺士经约翰的话的肯定中看到，"凡物为数千年人类所宗仰赞叹者，必有至高之美，实非以其见赏者众，而人类之平均之识力感会，足以得其物之真也"。严复从这段话中得到启示，他认为，一个国家的传统价值并不会因一时的人们对它的主观评价而改变其存在价值。因为，传统是中华民族的"质文递嬗，创制显庸，聚无数人之心力，勤苦为之礼乐文章"而形成的。他还指出，中国人之所以"得以于民种之中，而犹有当前之地位，如是之阶级，则推原返本，非席吾古人之遗泽，又何从而得之"。因为中国的"国性民质"正是"受成于先圣先王数千年之淘熔渐渍者，有以为基也"。[1]

基于上述认识，严复在《说党》一文中认为，以某种抽象化的"自然公理"作为标尺来判断传统，这种"公理"就会被视为普遍原则，并被用来作为改造世界的基础和蓝图，而传统则会被视为与这种普遍原则完全对立的旧事物而一举扫荡之。在这种情况下，其"所破坏者，但首在家法""举其国数千年之政教，摧陷廓清"。[2] 这就意味着抽象的主义崇拜必然发展为政治上的以彻底反传统为特征的激进主义。

在《说党》中，严复把法国大革命作为这种激进主义的典型

---

[1] 严复：《思古谈》，《严复集》第2册，第323页。
[2] 严复：《说党》，《严复集》第2册，第308页。

例子。他指出:"当十八箕法民之为起义也。举国发狂,聚数百之众于一堂,意若一夕措注,或以划数千载之不平,而明旦即成郅治。且其志以谓吾法成,且徒法民之利而已,生人之福,胥永赖之。"[1] 在严复看来,这无疑是一种以全面改造社会、一劳永逸地解决数千年人类所有不平等问题为目标的总体的救世主义。

其后果将又如何呢?严复进而指出,以"自然公理"的名义对传统的冲击与摧毁,这样做的结果是,旧的虽然被破坏了,但新的却根本无法建立起来。他在《天演进化论》一文中指出:"顾破坏之而国利民福,其事宜也,若破坏矣,而新旧之利两亡。"[2]

因为,卢梭所鼓吹的自然法,乃是"悬意虚造之辞"。其结果必然是"无以善其后"。严复认为,法国大革命正是"名求国利民福,实则六七十年中,板荡元黄",只是由于法国当时正处于各国力量尚处于幼稚时期,才不致引起亡国的危险。而如果中国像法国大革命那样去摧毁自己的传统,由于"五洲形势大异于昔时",其后果"就更难以预测了"。[3]

(四)严复论民族生存条件对自由的约束

严复不仅从经验论的角度来批判西方唯理主义的自由民权论的虚拟性质,认为以一种"先设成心""向壁虚造"的抽象自由原理来设计改造社会的蓝图,是极为危险的,而且,他还进一步

---

[1] 严复:《说党》,《严复集》第2册,第308页。
[2] 严复:《天演进化论》,《严复集》第2册,第311页。
[3] 严复:《说党》,《严复集》第2册,第308页。

从中国面临的生存竞争的具体条件,来论证中国仿效西方自由,在现实条件下是不可行的。他在1909年给《新政真铨》的作者胡礼垣的信中坦诚地表达了这一思想。

胡氏在给他的信中谈到,"平等自由"是"万国同归""大同郅治之规",严复首先肯定了这一理想可谓"一往破的"之论,这一理想也是世界的"正鹄"。但他显然发现,胡氏用这一理念解决中国现实问题则是不切实际的,并且,这种理念与西方式的"自然公理论"的原则演绎有着颇为异曲同工之处。他在给胡礼垣的回信中指出,对于世界上各个不同的民族来说,实现这一目标的具体途径是并不相同的,之所以如此,乃是因为"天演程度各有高低故也"[1]。他认为,简单地以自由平等原则来组织社会生活,那么,由于"形气之用,各竞生存,由是攘夺攻取之私不得不有",而且,又由于"于此之时,一国之立法、行政诸权,又无以善持其后,则向之所谓平等自由者,适成其蔑礼无忌惮之风"。严复认为,这种情况一旦发生在国家与国家之间的生存竞争日益激烈的时代,其结果必然是"汰淘之祸乃益烈,此蜕故变新之时,所为大可惧也"[2]。

正是对中国所处的特定历史环境的具体考量,使严复得出这样一个著名的命题:"今之所急者,非自由也,而在人人减损自由,而以利国善群为职志。"[3] 这一论断,可以看作是严复的经验论

---

[1] 严复:《与胡礼垣书》,《严复集》第3册,第594页。
[2] 同上。
[3] 严复:《民约平议》,《严复集》第2册,第333页。

的政治观在民族生存这一制约条件下的具体反映。

严复经验主义的政治观的思想贡献在于,他比同时代人更早地认识到那种以抽象的理念与主义为社会蓝图与口号的、力求整体性地解决社会变革问题的主义,将会导致对现存秩序的人为的摧毁与破坏,并带来事与愿违的历史后果。他还认识到,只有在尊重现存秩序的历史连续性的前提下,渐进地求得新机制在旧机体内的生长,才能实现中国的富强与现代化。早在20世纪初,当他的同时代人还对经验论与唯理论之争一无所知的情况下,他就从学理上把握了唯理主义与经验主义之争的实质,并对唯理主义的社会政治观的僭妄性进行了相当具有说服力的批判。正是在这个意义上,严复可以说是中国政治现实主义思想家中的先行者。

然而,严复思想的悲剧性在于,他生活在中国既存的政治、文化和社会秩序正在走向解体的时代。正如林毓生先生在一篇分析"问题与主义"之争的历史意义的文章中所指出的,当中国处于整体性危机的时代,人们渴望着对问题做整体性的解决,"自由主义式的渐进解决问题的方式,不能够适合当时许多人的心态"[1]。正因为如此,早在欧洲大陆唯理主义对中国知识界的影响力的高潮尚没有到来以前,严复自1906年以后就开始对唯理主义的政治解决方式的危险性做出"超前"的警告,这在当时是远不能为中国大多数知识分子所能理解的,这一警告也就显得"生不逢时"了。

---

1 林毓生:《"问题与主义"论辩的历史意义》,《二十一世纪》1991年第8期。

胡适对抽象的"主义"的批评

继严复之后,中国知识分子中对近代以来的唯理主义的政治哲学进行批判的是胡适。1916年胡适在《每周评论》上发表的有关"多研究些问题,少谈些主义"的几篇文章中,提出的主要论点可以归结为以下几个方面:

空谈好听的外来的"主义"是极容易的事。

一切主义都是某时某地的人们针对具体问题提出的具体的救济办法。

人们为了简便起见,便用一二个字来代表这种具体的主张,于是,具体的主张便成了抽象的主义。

抽象"主义"的危险就在于它可以把许多完全不同的政治主张都用同一个名词代替,并用一个简单的口号来对复杂的问题自称作"根本的解决"。

只有从具体的问题入手,了解事实、病源、根据经验、学问、推测各种假定的解决办法会产生什么后果,才能使人类有解决具体问题的能力。

事实上,正如一位研究者所指出的,胡适在"问题与主义"之争中的论争矛头,是多方面的,而并不是单单指向社会主义者的。早在1918年3月胡适写的《旅京杂记》中(即李大钊发表《庶民的胜利》之前)他就指出:"现今的人,往往拿西洋的学说来做自己议论的护身符。例如你引霍布尔来驳我，我便拿卢梭来驳你。甲引哈蒲浩来辩护自由主义，乙便引海智尔来辩护君权政治，丙又引柏拉图来辩护贤人政治。不去研究中国今日的现状应该用什么救济的方法，而去引那些西洋学者的陈言来辩护自己的偏见。"[1]胡适在发表这篇文章时，中国的马克思主义还没有出现，谈论社会主义的主要还是无政府主义者、国民党人、进步党人和社会党人。[2]胡适针对"外来的抽象的主义"而进行的抨击，其矛头针对的是当时普遍存在于中国知识分子中的一种思想方法。

从认识论与思想史的层面而言，胡适是从经验论的角度来评价起源于西方文化的"主义"运用于解决中国"问题"的可能性与限定性的问题。这个问题即使在不同的时代与不同的历史条件下仍然存在，并且本身就有着十分重要的研究价值。本节试图从思想认识论这一层面切入，来讨论胡适在当时所提出来的问题。

胡适在批评以抽象的主义来解决中国的实际问题的思想倾向时，特别强调的一点是，对一种抽象化的主义的崇尚可能会掩盖对具体的问题的本身的性质、特点与解决方法的关注。换言之，一个社会存在的问题是相当具体的，具体问题发生的条件、环境，制约这些条件的各种因素本身也都是相当具体的，而在另一种文化环境中形成的外来的主义本身很难观照到这些具体的制约因素。因此，在缺乏对上述条件的观照的情况下的"根本性"的

---

[1] 《新青年》第四卷第三号，1917年，第252—254页；转引自李林：《还"问题与主义"之争的本来面目》，《二十一世纪》1991年第8期。

[2] 李林：《还"问题与主义"之争的本来面目》，《二十一世纪》1991年第8期。

解决，则会产生人们意料不及的谬误和严重后果。

正如林毓生先生在分析胡适在"问题与主义"之争的观念时所指出的，胡适显然认为，把一种在特定时空条件下的作为解决该社会具体问题的具体建议，从其对自身环境条件的依存中分离出来，并把它用来解决另一种文化中的特殊问题，是大有疑问的。胡适还反复表示他并不拒绝研究主义，但他认为，基于上述理由，人们首先要做的是研究这种主义兴起的特殊背景，它们所要应付的特殊问题的性质，以及它们究竟能否真正解决那些问题，这样，就可以决定，当我们在解决自己问题的时候，哪些主义值得我们参考。[1]

针对这种情况，胡适则更注重于从具体的事实、经验出发来求得对问题本身的认识，并从中寻求解决的途径。用我们今天的话来说，这样做的意义就在于可以避免先入为主的抽象的"主义"对我们独立考察问题并做出相应的判断时造成的干扰，并可以排斥这一外来主义中无关因素对解决中国本身问题所构成的障碍。正是在这一意义上，胡适主张以经验主义的立场，来解决中国自己的问题。

应该说，撇开胡适对当时兴起的作为一种"外来主义"的社会主义思潮的抨击，胡适对中国自20世纪初期以来发展起来的以源于西方的"主义决定论"的揭示与批评，从认识论的角度上看，仍然有其颇为中肯之处。胡适在写这篇文章时可能没有认

1　林毓生：《"问题与主义"论辩的历史意义》，《二十一世纪》1991年第8期。

识到,清末士大夫知识分子中盛行的"立宪救国论",可以作为这种以"抽象的外来的主义"来解决中国问题的最早实例。事实上,用胡适提供的上述论式来分析清末立宪思想的实质,实在是再恰当不过的了。[1] 尽管胡适在这场有关"主义与问题"的论战中,也把矛头对着当时方兴未艾的社会主义思潮。然而,从中国早期的社会主义思潮自产生开始,直到20世纪80年代"拨乱反正"以前,它所显示出来的简单化的教条主义的倾向性,从今天的认识来加以反思,也是人所共知的事实,否则就很难理解,为什么中国的社会主义运动会不断地陷入"左"、右的机会主义的错误并难以自拔。

然而,胡适的在"主义与问题"之争中的论旨和分析却有着相当的缺陷。首先,他认为,"凡是一种主义的起初,都是一些具体的主张……主义本来都是具体问题的具体解决法"。这一论断显然是相当片面的。胡适的经验论的思维定式,使他把所有的主义都无条件地认定为有其经验上的来源。这样,他就忽视了人类社会中的各种"主义"至少存在着两种根本不同的类型:经验主义类型与唯理主义类型。

经验主义类型的主义可以大体上归结为发源于针对"某种具体问题"而产生的"具体的主张"。而唯理主义的主义则源于人的理性对抽象的"第一原理"的构想,后者在政治上倾向于根据人们所构想的"终极目标""至善至美的原则",在摧毁现实社

---

[1] 见萧功秦:《清末新政与中国现代化研究》,《战略与管理》1993年11月。

会与传统的基础上，重建一种被认为是合乎"自然公理"的新秩序。正是这种类型的主义所提供的抽象理念，对于20世纪初期以来的中国知识分子具有极大的亲和力和吸引力。

当胡适把西方所有的主义都笼统地称之为起源于"具体的主张"时，他就无法解释，为什么只有法国大革命式的理想主义，才能在20世纪初期的中国风行一时，而英美式经验主义的自由主义，却无法在中国寻找到生根的结合点。而在这个关键问题上，正如前面所分析的，严复却做出了远为深刻的解释。

严复与胡适的经验主义政治思想的比较

严复与胡适都从经验论的角度对抽象的"主义决定论"进行了批评。他们都指出，简单地借用源自西方社会的被抽象化了的"主义"来解决中国本身的问题将会产生严重的后果。

他们都认为，必须从本国的历史与经验事实出发，通过对事实与经验的归纳方式，来寻求解决问题的途径。运用先验的原理、主义作为演绎解决问题的方法，在他们看来是行不通的。

胡适的长处首先在于，他鲜明地把"主义"与"问题"作为两个相对应的概念同时提了出来，并在这一基础上来论述两者之间的关系。其次，胡适行文又颇为通俗化，他提出的"多研究问题，少谈些主义"这一通俗易记的口号化的命题，也在当时起到引人注目的效果。此外，当时环绕这一问题产生的论战，都使胡适的文章产生较大的影响。

严格地说，胡适的讨论"主义与问题"的文章影响甚大，但其内涵相当肤浅而单薄，这几篇行文松散的杂感式的文字，缺乏严谨的概念分析与逻辑推演的周严性。

严复比胡适更早提出了对"主义决定论"的批评。而且，他具有就当时而言相当深厚的西方思想史与西方哲学的学理资源和知识根基。这使他一开始就把批评的矛头对准西方哲学中的唯理主义传统以及这一传统对于法国大革命式的政治思潮的影响。

从上述分析可以看出，严复的相关思想是建立在相当学理化的基础上的，他使用了相当丰富的概念，来分析有关经验论与唯理论的主义问题。本章前面提及的严复的议论中，人们可以发现严复运用哲学思维的广泛程度，他在分析中涉及以下这些方面：例如，从古希腊的柏拉图到18世纪的卢梭的一脉相传的西方唯理主义的大陆哲学系统；自然法的第一原理；政治学思想中的经验论与唯理论的对立；经验论主张的归纳法与唯理论主张的演绎法之间的对立；唯理主义与政治上的乌托邦主义的关系；他的议论还涉及唯理论以完美主义方式来作为改造现实的基础，必将导致彻底反传统的激进主义；而经验论以现实的非完美性作为改造现实的前提条件与出发点，则导致渐进论的变革观；等等。

严复在分析中使用的这些概念实际上构成一个相当严整的系统，从而显示了严复作为一个严谨深刻的思想家的厚实功力。

然而，由于当时中国知识界远没有达到熟悉这些概念的程度，由于严复的议论又主要散见于他的时论、按语与他给熊纯如的私人书信之中，除了《民约平议》一文外，他并没有专门就这一重大问题进行过系统的分析，又由于严复的文章风格过于艰深，这就使严复的相关思想在当时和以后的影响，都远不如胡适的同类文章。于是，学理根底较为肤浅的胡适，却以他那通俗易懂的杂感式的文字风光一时。而严复更为深刻厚实的分析却长期以来没有受到人们应有的重视。

为什么中国知识分子会形成对"自然公理"的崇拜？

为什么近代以来中国知识分子会形成对"自然公理"的崇拜？人们可以发现，胡适的解释是很缺乏说服力的。

胡适的论式过于简单。他认为，那些在西方原本是针对具体问题而产生的作为具体"解决法"的"主义"，仅仅是因为使用者为了简便起见用一两个字来表征它，从而使"主义"变成了抽象名词，他认为这就成了后来的人们（包括中国人）滥用它的原因。事实上，正如本章前面所指出的，属于英美的经验论范畴的自由主义正是以"对具体问题的具体解决法"为基础的，但却没有能被中国知识分子主流所接受，更没有引起中国知识分子对它的服膺与膜拜。而恰恰是大陆哲学系统的各种"自然公理论"或主义，这些并非"具体问题的具体解决法"的以演绎法为基础的普遍主义，却能在20世纪的中国得以长驱直入，如入无人之境。

胡适这种大而化之的、想当然的、粗陋的解释，只能表明胡适本人缺乏足够的西方学理知识与理论资源，因而难以认识西方的主义何以在中国传布这一文化现象的复杂性。事实上，这位自称的"哲学博士"对于西方唯理主义传统并无多少深入的了解。

相反，严复却相当准确地预见了法国大革命式的、以抽象的"主义"为特征的政治思潮，不可避免地会在中国产生狂飙式的冲击性影响。他在1912年11月给熊纯如的信中写道：

> 极端平等自由之说，殆如海啸飓风，其势固不可久，而所摧杀破坏，不可亿计。此等浩劫，内因外缘，两相成就。故其孽果无可解免。使可解免，则吾党事前不必作如许危言笃论矣。[1]

1914年他在给熊氏的信中又进而指明，正因为他预感到以《民约论》为代表的思潮将日益对社会产生巨大影响，所以决定花时间专门写一篇批驳《民约论》的文章。[2]

严复虽然并没有直接对此种趋势的原因做出解释，但他基于经验论的立场对唯理论的批判性的分析，却能为人们认识这一问题提供一条相当清晰的线索和思路。

严复的论式表明，唯理论的"主义"具有自诩为超越具体时空、社会与文化的普遍主义的性质。只要人们承认和接受唯理论的主义是普遍适用于一切社会和时代的"第一原理"或"自然公理"，那么，这种"主义"就可以用来涵盖一切社会的具体问题。

---

[1] 严复：《严复集》第3册，第608页。
[2] 严复：《严复集》第2册，第333页注。

这就意味着，一种"主义"越是具有抽象性和超时空性，它就越会被人们认为具有"普遍的适用性"。

这一点正如严复所指出的那样：如果人们不能"细察东西方历史与人群开化结合之事实"，就非常容易受以洛克、弥尔顿、卢梭为代表的17、18世纪有关革命独立的政治学说的"薰醉颠冥"，并把它所标示的道路，"视为人道惟一共遵之途径"，严复指出，在这种前提下去仿而行之，"则有百利而无一害也"。[1]

相反，以英国经验论为基础的主义，是以本国本地本民族的历史事实与经验事实的归纳作为自身存在的前提和立论的基础的，用严复自己的话来说，"言政治不求之历史，是谓无根"。经验论的主义总是较为"谦虚"地把自己的适用范围严格地规定在特定的经验与历史条件下，经验论没有唯理论的那种与生俱来的"僭妄性"。这一点可以解释何以中国近现代以来知识分子难以把英国经验论系统的主义搬用到中国来。而那些在理论上只要是与西方哲学中的"自然法"理论"沾亲带故"的理论主张或主义，之所以能在中国20世纪以来大行其道，基于这一分析，也就是不难理解的了。

当然，唯理主义的"自然公理"观，之所以对中国主流知识分子具有如此强大的吸引力和亲和力，其原因还应该从中国20世纪以来的历史环境与政治文化特质中去寻找。中国传统文化中"一理万殊"的传统思维方式，应该说，与西方唯理论的传统，

---

[1] 严复：《与熊纯如书》，《严复集》第3册，第648页。

在"思维句型"上具有深层的同构性，中国传统的儒家意识形态的价值体系，也颇具有"非白即黑""非正即邪"的"完美主义"的特征。这些文化特质，作为一些处于隐性状态的要素，在一定的条件下，似乎为20世纪初以来的中国人接受从西方舶来的"自然公理"论，做好了起跑前的"准备动作"，而19世纪末以来，中国传统文化秩序出现的严重危机、深刻的失范和文化挫折感导致的文化自卑情结，使中国人往往陷入一种"文化地狱感"的政治心态之中，处于这种心态中的人们，非常容易把摆脱可憎恶的现实环境的愿望，不自觉地投射到某种以普遍主义为特征的"自然公理"之上，并以此作为解决中国问题的不二法门。一个把抛弃本民族的集体经验（即严复所说的传统文化的"遗泽"），视为克服自身陷入的困境的必由之路的民族，是很难抵挡唯理主义的"自然公理"的诱惑力的。

结　语

直到20世纪90年代以后，由严复早在20世纪初就向国人揭示的有关唯理论的"自然公理"问题，才开始受到越来越多的中国知识分子的重视与反省。这种迟来的反省，使作者在结束本文时，想起了严复在80年以前给熊纯如信中所说的一段话，在这封信中，他预感到，"自然公理论"将在中国大行其道而"无可解免"，这种被他所称的"孽果"之所以无可解免，乃是因为，"此等皆'天演'行淘汰之见诸事实者。淘汰已至，则存立之机见焉"。他还进而指出,"华种终当强立,而此强立之先,以其有种种恶根性与不宜存之性习在,故须受层层洗伐,而后能至"。

至于中国人当受几许磨难,才能走向"强立"这一国人梦寐以求的目标?这位中国近代以来最深刻的思想家,充满哲理地告诉人们:"但问其恶根性与不宜存之性习多寡足矣。"[1]

这无疑是一种略带辛酸和伤感,然而又是令人欣慰的、催人上进的命定论。它告诉我们,我们民族时时发作的劣根性,又只能在走向未来的漫长旅途中才能淘洗。我们这个民族近百年来经受的种种磨难,恰恰与我们自身所固有的"不宜存之习性"有关,当然,也与传统思维模式与外来的不适宜的思维模式结合而形成的思维畸变有关。在80年以后的今天,在中国开始走向严复所渴望的"强立"坦途的今天,回顾并反省我们民族近代以来的精神历程中的种种曲折,无疑是极有意义的,尤其是在我们民族已经告别可歌可泣的20世纪的时候。

---

[1] 严复:《严复集》第3册,第608页。

"严复悖论"与中国现代化的困境

近代以来，在如何吸收西方文化以推动中国现代化的问题上，存在着激进主义与渐进主义两种政治选择与思潮倾向之间的对峙。

激进主义者认为，传统文化与价值，是实现现代化的根本障碍。他们主张彻底扫除旧传统，并迅速地、大幅度乃至全方位地输入西方政教与价值，以促进中国现代化的实现。而渐进主义者则认为，传统文化乃是实现一个民族现代化所不可缺少的媒介与杠杆。在他们看来，只有逐步地导入西方先进的制度文明，并使之与传统的基质相融合，才可能促成这一现代化过程的实现。就这种主张相对于激进主义的反传统性而言，它是保守的；就其所具有的现代化导向性而言，这种思想趋向又完全不同于近代的儒家那种把"三纲五常"视为"天经地义"的"原教旨主义"的守旧派。因此，我们可以把这种从现代化的意义上来重新肯定民族传统的价值的政治态度与思想称为现代化过程中的"新保守主义"（neo-conservatism）。

近代新保守主义变革思想是作为对激进主义的批评思潮而出现的。自20世纪初以来，激进主义与新保守主义之间的分歧与冲突就始终存在。然而，必须指出的是，激进主义思潮在近现代知识分子中总是占主流地位，而新保守主义的思想代表人物严复，则被指斥为不适时势的"守旧派"。他在中国现代化问题上提出的一系列富有启示的思想也并没有得到应有的开掘与重视。本章试图对以严复为代表的新保守主义现代化的基本思想进行简要的分析。

严复：一个被长期"误读"的思想家

严复在中国近代思想史上的地位是举世公认的，但长期以来，他又是一个受到误解的思想人物。他在甲午战争以后连续发表的那些气势恢宏的时论文章，使人们自然而然地把早年的严复归入开一代风气之先的激进的变革派思想家。早在戊戌变法以前，康有为、梁启超就对严复当时发表的时论文章表示了由衷钦服，而在戊戌变法失败之后，严复又为悼念戊戌六君子而抒写了充满悲愤与同情的诗词，这些都使人们认为他是戊戌变法派的一个同志；此外，在辛亥革命以后，由于他对民国初年议会民主政治的持续的批评，他对袁世凯的"强人政治"的肯定，他对袁世凯解散国会的支持并列名筹安会，以及他的尊孔保教的主张，人们又很自然地把他视为一个落后于时代的保守老人。在迄今为止研究严复的学术论著和文献中，后世的人们大多即如是评价严复的。这一点似乎已经成为学术界的一般共识。

事实上，只要我们仔细地研读严复从早期到晚年的主要著作、按语、书信，就会发现，严复的思想中并没有人们所以为的那种早期思想与晚期思想的断裂。即使在他发表的那些使他闻名于世的《论世变之亟》《原强》等文章的早期阶段，他就不曾是一个激进的变法派，尽管他因戊戌变法的失败与六君子的殉身而一洒同情之泪，但他却对这些变法派人士的政治战略与激进心态，始终抱着相当强烈的批评态度，而这种批评态度一直保持到他的晚年。

尽管他对专制政治的抨击所显示出来的激烈与深刻性，在当时来说几乎可以说是前无古人的，但即使在他以最为猛烈的方式来抨击传统专制制度的早期论文中，他也并没有认为，应立即在中国取消君主政治，这是因为，他认为对于中国而言，"其时未至，其俗未成，其民不足以自治也"。他反复强调西方的个性自由与个人的能动性，是西洋社会日臻富强的原因，但这并没有使他成为中国的自由主义者。一些国外的权威学者把严复称为"中国自由主义者"可以说是极大的误解。正是严复，认为中国长期专制传统以及由此形成的国民性，作为中国的既存现实，使中国不可能通过自由主义的方式来实现富强。严复明确指出，中国实现富强，首先需要的不是自由主义，而是开明的权威政治。他在自己的论著中反复强调，对于中国来说，需要的并不是华盛顿、卢梭，而是拿破仑、克伦威尔、商鞅、桑弘羊、张居正式的政治强人。[1]正因为如此，如果仅因为严复称赞过西方自由主义而把他当作自由主义者，而无视这位思想家所主张的现代化过程中的权威政治论，那无疑是本末倒置。

在对中国传统儒学的态度上，一方面，他竭力批判以原教旨的方式来对待儒家的古训，他对于"学术之非，至于灭种"的守旧的儒家"原教旨主义"的批判，可以说是力透纸背。另一方面，这并没有使他走向激进的反传统主义。相反，他始终主张从儒学传统中寻求凝聚"国性"的资源。他在民国初年提出的尊孔主张，不是由于他希望使中国返回到他早年竭力批判的传统时代去，而是出于他坚信，以儒家思想为基础的传统主流文化，乃是中国数千年来形成的"国性"的基础，因而有必要从传统主流文化中汲取民族凝聚力，以应付中国社会转变时代的社会整合与精神需要。可以说，在严复本人的思想中并不存在以往被学术界普遍认为的"早期的改革倾向"与"后期的保守倾向"之间的断裂，他所主张的渐进变革思想可以说是"吾道一以贯之"的主线。

一个安眠在墓碑底下的思想家，他对后世的人们最有吸引力的是什么？人们研究故人的思想不是为了使自己成为前人思想的"跑马场"，思想史的意义在于，人们可以透过思想家的言论去了解，他所处的那个时代的悬而未决的重大问题是什么？这位思想

1　参见严复：《与熊纯如书》，《严复集》第3册。

家是如何发现和解释这一问题的？他为解决这一时代性的悬而未决的问题提供了什么思路和建议？正如一位研究思想史的著名学者所说过的，一个时代的问题，如同历史长河中隆起的巨大的礁石，而一位思想家的理念与思想，恰恰如同撞击在那些隆起在河流中的礁石上的晶莹的浪花，后世的人们正是通过那些浪花，从而能感悟、认识、理解一个时代的问题的存在与问题的性质。

严复思想对当代中国人来说最能引起兴趣的，也最具启示性的方面，是他有关中国现代化困难、矛盾与相应的渐进式的现代化选择模式的思想。

严复是怎样认识中国现代化的？他认为中国实现富强的方式与西方相比，又有什么不同？中国在实现现代化的过程中面临什么样的根本矛盾、困难和两难困境？中国应采取什么样的政治选择才能达到富强的目标？以儒家为主体的传统价值体系在实现中国现代化的转变过程中可望起到什么样的作用？严复是怎样评价现代化过程中的政治激进主义思潮的？所有这些方面，构成了严复渐进式的改革思想的极为丰富的内容，而这些内容却长期以来并没有受到人们充分的重视。

人们可以发现，他的新保守主义的现代化思想，在政治、社会、经济诸问题上均有广泛的表现，从而形成一整套的完整的看法。并且，他的新保守主义的改革观，又是以哲学上的经验主义与对自然法的批判思想为基础的，这就使他的思想具有相当深厚的学理层次。

应该指出的是，由于中国思想家思维方式与风格上的传统特点，严复思想在形式上并没有西方思想家那样的现成体系和逻辑架构，他有关中国现代化的思想，一般散见于他的时论、按语与私人书信之中，而且，它们往往是以对具体问题的随感而发的议论的方式体现出来的。严复本人也许从来不曾计划撰写一部论述其政治思想的理论专著。尽管如此，重要的是，所有这些观念和议论，却彼此之间有着思想上的一致性与内在的逻辑性。

严复悖论：中国仿效西方所陷入的两难矛盾

严复的渐进主义的现代化思想的核心，是他的"社会有机论"，他认为，无论是近代西方的工业的文明社会，还是中国的传统社会，如同生物体一样，都是在长期适应自身面对的自然与社会环境的压力过程中演化出来的社会有机组织。根据这种社会有机论，西方发达的商品经济，高度自主的企业、利益团体与个人，契约性的人际关系，议会民主政体，多党政治与西方个人主义的价值体系，等等，这种种社会因子，用严复本人的话来说，如同有机体内"各司其职"的"器官"，彼此相互配合与依存，并结合成一个整体。同样，中国的小农经济、家族制度、官僚、科举与名教化的儒家意识形态，这些因子也是中国社会内部"相资相用"的有机组成部分。每一成分在社会机体内产生的功效，必须以其他社会因子的存在与发挥作用为前提与支持条件。严复认为，任何"治制之立，其法度隆污不同，要皆如桥石然，相倚相生,更其一则全局皆变"[1],正指的是各种因子之间的有机整合关系。

严复认为,当中国人为了寻求富强之道,简单地移植西方社会有机体内某一文化因子或成分时,这些因子就从原来的有机体内被单独剥离出来。这样,这一被剥离出来并被植入中国社会的西方因子,一方面既失去了西方社会其他因子的配合与支持;另一方面,又无法与"绝然悬殊"的中国社会内部各种社会因子相协调,其结果,就势必"淮橘为枳"。用严复的话来说,那就无异于"取骥之四蹄,以附牛之项领,从而责千里马,固不可得,而田陇之功又以废也"[2]。

严复认为,从"体"与"用"的关系而言,一个社会组织便是这个社会的"体",而这一社会内部的各种制度则是"用",而"体"与"用"则是不可分离的。他指出:"体用者,即一物而言之也,有牛之体,则有负重之用,有马之体,则有致远之用。未闻以牛之体,以马为用者也。""故中学有中学之体用,西学有西学之体用,分之则两立,合之则两亡。"[3]

正是基于这种"社会有机论"与"体用不可分离论",严复批评了那种简单地以为,只需引进西方联邦共和政体,就可以实现中国富强的不切实际的激进主张,他认为,由于在中国并不具备美国和德国实行联邦政治的条件,推行"联邦"制度,最终出

---

[1] 严复:《法意》"按语",《严复集》第4册,第958页。
[2] 严复:《与〈外交报〉主人书》,《严复集》第3册,第560页。
[3] 同上书,第559页。

现的充其量只不过是"连横合纵"的"藩镇联邦"而已。[1]

严复还进一步批判了中国人在吸收西方文化方面的思维方法上的弊病,他指出:"大抵吾人通病,在睹旧法之敝,以为一从夫新,如西人所为,即可以得无敝之法。""专制末流,固为可痛,则以为共和当佳,而孰知其害乃过于专制。"[2]其原因就在于,移植一种制度,如缺乏相应的条件,就会"迁地弗良"[3]。正因为如此,他认为:"制无美恶,期于适时,变无迟速,要在当可。"[4]

如果单项植入某一种制度不可行,那么,全盘导入其他各种与之相关的西方制度,乃至全部西方文化,是否能解决问题呢?

严复认为,这样做势必"一行变甲,便思变乙,及思变乙,又宜变丙。由是以往,胶葛纷纶"[5]。梁启超对严复的这一见解极为钦服,他认为这是一语道破中国变革的根本困难之所在,他又进一步把严复的这一思想概括为"当其论此事也,每云必此事先办,然后他事可办,及其论彼事也,又云必彼事先办,然后余事可办。比而观之,固已矛盾。而其实互为先后,迭相循环"[6]。

于是,我们发现,严复实际上发现了中国力求通过仿效西方制度来实现自身现代化时,所面临的一个深刻的两难矛盾:

---

[1] 严复:《与熊纯如书》,《严复集》第3册,第680页。
[2] 同上。
[3] 严复:《原强》,《严复集》第1册,第15页。
[4] 严复:《宪法大义》,《严复集》第2册,第240页。
[5] 严复:《拟上皇帝书》,《严复集》第1册,第68页。
[6] 梁启超:《与严幼陵先生书》,《饮冰室合集·文集》第1册,中华书局,1989年,第107页。

甲命题是："任何单项导入西方文化因子是不可能的，因为被引入的每一项因子与制度都需要一系列西方有机体内其他因子的支持与配合。"根据这一命题，只有全面引进西方社会有机体内的所有因子，才能使被引入的每一个因子或制度，获得生存的必要支持条件。

乙命题是："任何全方位引入西方文化因子与制度也是不可能的，因为这些因子实际上是不可穷尽的，每一项因子背后的支持条件是互为因果的，因而也同样是不可穷尽的。"如果从这一命题出发，那么只有单项引进，才有可能取得成效。

以上这两个命题就其本身的逻辑来说，都是合理的，然而，这两者却又是相互矛盾的。

我们可以把这种"单项引进"与"全项引进"的互悖命题称为"严复悖论"，我们可以用严复使用过的牛与马的比喻来说明这一悖论：当人们为了让牛跑得和马一样快，而把马蹄装到牛腿上去，这就是"单项引进"，然而，这样做却面临着一个巨大的矛盾，因为，马蹄要发挥作用，就必须以马的骨骼系统作为支持条件。而马的骨骼系统又必须以马的肌肉系统为条件，马的肌肉又必须以马的血液、循环系统与神经系统为条件，等等。对于"单项引进"论者来说，这无疑是一个无法应付的无限循环的过程。它在逻辑上必然导致要求进行"全盘引进"。这也就是为什么梁启超在前引《与严幼陵先生书》一文中，会从这一两难矛盾出发，进而得出只有"百举毕兴，而后一业可就"这样一种思想选择的原因。

然而，问题恰恰在于，即使马的身上的所有这些被人们意识到的器官系统完全能被人们同时成功地移入到牛的身上，最后人们还会无奈地发现，除非把马的全部基因都统统移到牛的身上，否则，马蹄不可能在牛身上起到它在马身上所达到的那种效能。而这样做，实际上就等于是把一头牛同时变成一匹马。由此可见，"全盘引进"实际上也是不可能的。

一旦人们发现"全盘引进"行不通而在逻辑上重新回到"单项引进"的选择上来时，又会再次陷入严复与梁启超所说的"此事彼事，胶葛纷纭，互为先后，迭相循环"的困境之中。

这一悖论的实质，正如严复所指出的，乃是中西社会有机体各自的内在结构根本不同。用严复在《社会通诠》一书的按语中的话来说，"东西二化，绝然悬殊"，从而出现两种异质的社会有机体之间的互斥现象。

"条件论"与"危机论"：严复对激进变法派的批判

实际上，无论是近代历史上那些主张"中体西用"的洋务派，还是那些主张把西方代议政治当作"最新式"的政治"火车头"引入中国社会结构中来的早期议会民主派，乃至主张全盘西化的激进派，都因片面地强调上述悖论的某一侧面而备受挫折，甚至碰得头破血流。中国近代化过程中不断出现的种种困难、矛盾、无序现象与整合危机，均可以由此得到解释。严复正是基于这一立场来对洋务派与戊戌变法派进行批评的。

首先，让我们来看一看严复对洋务派的批评。

从上述分析来看问题，近代的洋务派实际上正是前文所提到的"单项引进论"者。在严复看来，洋务派的错误就在于，他们没有认识到一种新制度必须以新的支持条件作为运作的基础和前提，用严复的话来说，"为政之道，除旧布新，相因为用"。而洋务派却只是"务增其新，未尝一言变旧"，而这种"专补不泻，日进参耆，恐痞疾终不可愈，积邪日以益坚，而大命之将倾无日矣"。[1] 在严复看来，以洋务派为代表的"单项引进"的变革选择，绝不可能取得人们预期的富强目标。

其次，让我们来着重分析严复是怎样批评激进的变法派的。而这一方面，可以说是严复现代化思想的核心组成部分之一。

严复始终对通过直接仿效西方的政教与制度来实现中国富强的主张持批评的态度。早在戊戌变法以前三年的1895年，他在其发表的著名时论《原强》中就指出："吾欲富强，西洋富强之政有在也，何不蹴而用之。于是其于朝也，则建民主，开议院，其于野也，则合公司，用公举……于是而期之以十年，吾知中国之贫与弱有弥甚者。"

为什么严复会认为，其结果会出现这种与人们预期相反的"贫与弱有弥甚"？

严复在《原强》中认为，这是由于，中国在数千年专制政治的压抑下，已经成为"病夫"，而"使病夫焉日从事于超距赢越

---

[1] 严复：《拟上皇帝书》，《严复集》第1册，第69页。

之间，则有速其死而已"。他显然认为，中国这个古老而多灾多难的民族，绝不可能通过简单、直接地移植西方先进制度文明，来迅速地实现富强的目标。

此外，严复同样认为，即使中国人一厢情愿地直接仿效"同文同种"的日本，也同样难以取得人们所期待的现代化成效。

以康有为为代表的戊戌变法派曾真诚地相信，由于中国"广土众民，十倍于日，又无封建之强侯，更无大将军之霸主……（中国）就今岁入，已逾万万……彼（日本）与我同俗，则考其变政之次第……取其精华，在一转移间耳"。正是基于这种观念，康有为得出这样一个颇为乐观的结论："大抵欧美以三百年而造成之治体，日本效欧美，以三十年而摹成治体，若以中国之广土众民，近采日本治体，三年而宏规成，五年而条理备，八年而成效举，十年而霸业定矣。"他进而向光绪皇帝进言："皇上若采臣言，中国之治强，可计日而待也。"[1]事实上，康有为也正是以"日本明备之政为政法"作为戊戌变法的"第一策"的。[2]

然而，严复却认为，日本之所以在三十年中达到"比迹列强"的成效，有着一系列中国所不具备的"天授"而非"人力"的条件。他指出，在日本变革之初，存在着天皇与幕府对立的封建政治格局，这样，就可以"使得阴行革命之实与反正之中"。而中国与日本相比，却是大一统的专制政体。其次，在变革发展

---

[1] 康有为：《进呈日本明治变政考序》，《中国近代史资料丛刊·戊戌变法》第3册，第3页。

[2] 康有为：《上清帝第五书》，《中国近代史资料丛刊·戊戌变法》第2册，第195页。

阶段，日本天皇可以"先于上位，故能用专制之柄，以偃维新之风"。而戊戌变法时期的中国，远不具有这样的政治权力结构。第三，就地理与国际环境条件而言，日本"有老大帝国之支那，以为其及锋之质"。这样，就减轻了西方列强对日本的正面冲击的压力，从而使日本能在相对有利的时空条件下，从容地进行变革。而且，在甲午战争之后，日本又由于在这场战争中的"一胜之效"，进而使"民气振，民志坚"，从而为日本进一步变革与实现富强，提供了极为有利的社会精神条件。[1]

严复还进而指出，中国不但不具备以上种种条件或"权籍"中的任何一种，而且，由于中国幅员之广大，几乎与俄国相近，而风气之"纯一"与封闭又远比俄国更甚，中国在政治方面的"湛涸"与政教之"火烈水深"比大革命之前的法国更为严重，却又没有法国那些西方启蒙思想家对国民思想的开导与启迪，更没有俄国彼得大帝这样的君主"以新其国命"[2]。由此可见，无视这种种不利条件，来侈谈仿效日本明治维新，以为如此便可以"三年而宏规成，十年而霸业定"，显然是乐观到了不切实际的地步。严复在不少言论中均对康有为的"由言甚易"，以及对梁启超的"妙才下笔，不能自休"表示了强烈的不满。[3]

这里，我们可以发现，导致新保守主义变革观与激进主义的变革观的根本分歧所在，那就是变革选择上的"条件论"与"危

---

1 严复：《主客评议》，《严复集》第1册，第120页。
2 同上。
3 严复：《与熊纯如书》，《严复集》第3册，第632页。

机论"之间的分歧。

自19世纪末以来，中国激进的变革论者，就始终把中国面临严重而深刻的危机，作为要求对中国进行全面、大幅度、快速度的"外科手术"式的根本性变革的唯一或主要的依据。例如，康有为在给光绪皇帝的政治建议中就反复地强调，由于中国面临危机，所以"不变则亡，小变亦亡，全变则强"，这一观点就是激进主义的"危机论"变革观的最明确、最典型的表述。而戊戌变法时期的光绪皇帝，也正是在康有为的"危机论"思想的影响下，在短短三个月的时间里，发布了几乎近三百道广泛涉及经济、政治、社会、文化教育与国防的变革诏令，而这些变革举措的实施条件，却几乎完全没有受到这位年轻皇帝的重视。

而新保守主义者或渐进主义者虽然并不否认只有进行变革才能使中国摆脱危机，并走向富强，但是，他们又相当强调，变革所应采取的方式，变革的速度、幅度与程度，则必须充分考虑到中国现实条件的制约；忽视客观条件对变革所应采取的政治选择的制约，不但不能摆脱危机，而且还有可能加剧原有危机与各种矛盾。

严复可以说是中国近代以来最早从"条件论"的角度来论证渐进变革的必要性的新保守主义思想家。他在《原强》一文中，就把"善政"比喻为"草木"。他认为，只有在"天、地、人"这三方面的条件具备，并与之相配合的情况下，才能"置其地而能滋大者，否则立槁而已"。严复还从中国历史上的变法失败教训中得出这样一个结论，即一个社会长期形成的"风俗人心"，应作为制定变法举措时予以充分考虑的前提。他指出,"王介甫(王安石)之变法,如青苗,如保马,如雇役,皆非其法之不良,其意之不美也。其浸淫驯致大乱者,坐不知其时之风俗人心不足以行其政也"。因此,在"民智已下,良德已衰,民力已困"的情况下,"有一倡而无群和,虽有善政,莫之能行"。[1] 这一段思想充分表现了严复的以"条件论"为基础的变革观。

严复正是基于这一"条件论"的观点来批评戊戌变法派的。他指出,"前识忧时的"变法派,为了图存于"物竞最烈"的新时代,"此其意诚善也",然而,根本的问题却在于,中国数千年形成的"民质",却在短时间内难以"速化","不速化,故寡和,寡和则勍者赽之",其结果,只能使变革者在反对势力的重重压迫下"相率为牺牲而后已",尽管变法者可以为国事而牺牲,然而,"天之生先觉也不易,而种之有志士也尤难,以一二人倡说举事之不祥,谋事之未臧,而又使吾国受大损也。且其效于群又何如?"[2] 严复还认为,戊戌变法派在战略上的根本错误可以用十六个字来概括,那就是"轻举妄动,虑事不周,上负其君,下累其友"。他认为,如果说中国局势陷入如此不可收拾的地步,那么,康梁辈对此是负有重要责任的。而他之所以自变法失败后不愿公开议论此事,只是不愿被人利用来"打落水鸡"而已。[3]

在这里,严复一方面对戊戌变法者的动机与诚意表示了明

---

[1] 严复:《原强》,《严复集》第1册,第13页。
[2] 严复:《主客评议》,《严复集》第1册,第120页。
[3] 严复:《与张元济书》,《严复集》第3册,第533页。

确的肯定和同情，另一方面，又认为戊戌变法之所以失败，乃是因为，变法派单从良好的愿望出发来决定变法的速度与幅度，而忽视了"人心风俗"这一条件对变法的制约性。其结果必然导致"曲高和寡"而失败。

严复反对以激进主义的方式来解决中国现代化问题，也正是以这一思想观点为基础的。在他看来，激进主义者的根本错误就在于，把中国在长期历史文化条件下形成的复杂问题看得过于简单了。早在1903年，他就尖锐地指出："浅谫剽疾之士，不悟其所从来如是之大且久也，辄攘臂疾走，谓以旦暮之更张，将可以起衰，而以与胜我者抗也，不能得，又搪撞呼号，欲率一世之人，与盲进以为破坏之事，顾破坏宜矣，而所建设者，又未必其果有合也。"[1]

特别值得注意的是，严复在这一段文字中所指出的，那些"浅谫剽疾"者在现实面前失败之后，由于"不能得"而"又搪撞呼号"。这一观点实际上提出了那些把复杂问题简单化的变革者所陷入的"激进主义自我循环"问题，即激进主义者一旦在遭受失败之后，由于思维的简单性，又由于挫折感与焦灼感而陷入的心态的不平衡，更由于他们不能从条件对于所行政策的制约性这一点来认识自己失败的原因，于是，便会在原有的思维定式的支配下，进一步对问题谋求更为激进的解决，要求以更大的幅度、更快的速度去"快刀斩乱麻""毕其功于一役"。如此而形成

1　严复：《译〈群学肄言〉自序》，《严复集》第1册，第123页。

激进选择与其失败后果之间的"恶性循环",一旦主持变革的决策者们陷入这种恶性循环,中国就会陷入更为深重的危机。

正因为如此,我们就可以理解,为什么严复会认为,激进派"其进弥骤,其途弥险"[1]。

从"新"与"旧"的整合中寻求现代化的出路

如何避免中国现代化变革过程中出现上述悖论?如何使中国的变革得以成功?严复提出一条新的变革思路。那就是,应特别注意根据社会机体内部新因素的发育与成熟的程度,并以此来作为引进和借鉴外来制度的基础。严复指出:

> 乃先之以导其机,必忍焉以须其熟,智名勇功之意不敢存……夫而后有以与时偕达,有以进其群矣。而课其果效,恶苦则取其至少,善乐则取其至多。噫!此轻迅剽疾者之所以无当于变法,而吾国之所待命者,归于知进退存亡之圣人也。[2]

严复在这一段论述中,提出了"导其机,须其熟,与时偕达"的渐进变革观,即把变革看作是如同一个"生物有机体"的生命发育成长的渐进过程,而人们必须根据这种发育生长的渐进性,来

---

[1] 严复:《政治讲义》,《严复集》第5册,第1242页。
[2] 同上。

确定变法的深度与制度移植与制度建设的程度。用我们的话来说，只有这样，才能使被植入的新制度与该社会有机体之间，在每一发展阶段得以实现整合，并使外部移入的制度与中国既存社会机体之间达到相对的相互适应，从而取得变革的实效。

我们可以把这一思想进一步阐发为，诱导社会机体内部的新因子或细微质素的成活与发育，使之成为嫁接外部先进文明制度的"内源性基础"，这种内部的质素与外部的制度的适度的两相结合，从而可以"与时偕达"地形成一种不断带动现代化纵深发展的机制。这一过程固然要比人们原先期望的要漫长得多，但对于推动像中国这样一个与西方工业文明截然不同的传统文明的进步与现代化来说，却又是必须经历的。从长远来说，其效果又是可以预期的。

由此，我们可以理解，新保守主义所主张的渐进变革论，正是以社会内源性的质素生长、发育、成熟的渐进性为基础的。我们可以在严复早期发表的《原强》一文中看到，严复的新保守主义，正是以"社会有机体"的"生长论"，作为其渐进主义的理论基础。在该文中，严复特别强调，一个社会的发展应该遵循"相其宜，动其机，培其本根，卫其生长，使其效不期而至"[1]。

在新保守主义者看来，在这种以移入西方制度与文化因子为手段的变革过程中，传统文化与价值可以起到什么积极的作用？

这里，涉及新保守主义或渐进主义的变革思想中最为重要的

---

[1] 严复：《原强》，《严复集》第1册，第13页。

一个问题。在严复看来,要顺利引导现代化过程的内源性发展,人们可以而且必须从传统的价值与文化因素中,提取出某些积极的因子,使之起到把外国先进文化引入中国的中介的作用。

严复认为,传统文化的这种中介作用首先表现在,正是一个民族共同的文化、信仰、道德和风俗,得以使这个社会借以凝结为一体,并构成彼此之间在现代化过程中的认同感。用严复的话来说,传统的儒家思想与价值乃中华民族借以凝结为"国性"的基础,而在一个民族林立的国际竞争新时代,"国性"又是这个民族向心力的基础。

在严复的现代化思想中,"国性"是一个十分重要的,并在20世纪初以后其多篇文章中反复得到强调的概念。严复指出,"大凡一国存立,必以其国性为之基,国性国各不同,而皆成于特别之教化。往往经数千年之渐摩浸渍,而后大著。但使国性长存,则虽被他族之制服,其国其天下尚非真亡"。他认为,一旦"旧之声明文物,斩然无余",其结果,就会如同过去的希腊、罗马与埃及,"虽名存天壤之间,问其国性,无有存者。此犹练形家所谓夺舍躯壳,形体依然,而灵魂大异"[1]。在他看来,"国性"乃是一个民族的文化灵魂,而一个失去自己的文化灵魂的民族,即使在种族竞争的时代存活下去都不可能,那就更不用说去实现富强的目标。

严复所称的这种"国性",是如何在一个民族的文化中体现

---

[1] 严复:《读经当积极提倡》,《严复集》第2册,第330页。

出来的呢？严复认为，这种对于一个民族追求自强自立的目标不可缺少的"国性"，恰恰体现在"群经"之中，用我们现今的概念来说，也即体现在中国这个民族长期历史过程中形成的主流文化、价值符号与意识形态之中：

> 中国之特别国性，所赖以结合二十二省行省，五大民族于以成今日庄严之民国，以特立于五洲之中，不若罗马、希腊、波斯各天下之云散烟消，泯然俱亡者，岂非恃孔子之教化为之耶！[1]

在20世纪初期这样一个巨大的文化变动时代，反对"蔑古荒经"，曾被不少研究严复的学者认为是严复从变革走向复古倒退的确证。然而，在严复看来，一个民族的"礼乐文章"即主流文化形态，它之所以历经千百年而存在下来，并非是个别圣贤精英人物的创造，而是"质文递嬗，创制显庸，聚无数人之心力，勤劳为之礼乐文章焉"[2]。

正是在这个意义上，他认为，作为中国主流文化形态的"群经"，不但具有教化道德的作用，而且，以儒家的"群经"，在中华民族追求富强与自立的过程中，乃是体现中国人的"国性"的载体。他指出：

---

[1] 严复：《读经当积极提倡》，《严复集》第2册，第330页。
[2] 严复：《思古谈》，《严复集》第2册，第323页。

> 中国之所以为中国者,以经为本原……至于人之所以为人,国之所以为国,天下之所以为天下,则舍求群经之中,莫有合者。[1]

严复还认为,正因为"群经"作为历史所赋予的中国人的一种文化资源,因此,在"世变大异,革故鼎新之秋,似可以尽反古昔矣,然其宗旨大义,亦必求之于经而有所合,而后反之人心而安,始有以号召天下"[2]。这里,人们可以发现,以严复为代表的近代新保守主义,力求以儒家的意识形态来作为现代化过程中的"整体号召机制"的资源。而在新保守主义看来,这种资源对于一个处于民族竞争时代的民族,无疑是一种重要的现代化中介因素。

其次,严复认为,只有当传统文化作为载体和中介体的情况下,从西方近代文明中借鉴过来的新的文化因子,才有可能顺利导入、吸收并巩固下来,如果我们把千百年来演化和积累下来的传统文化"方其汹汹,往往俱去",而"不知是乃经百世圣哲所创垂,累朝变动所淘汰",那么,其结果必然是"设其去之,则斯民之特性亡,则所谓新者从以不固"[3]。

这无疑是一个极为深刻的思想,它的中心意义是,中国作为接受外部文化的"受体"或"载体",正是以其固有的民族特性

---

[1] 严复:《与熊纯如书》,《严复集》第3册。
[2] 严复:《读经当积极提倡》,《严复集》第2册,第330页。
[3] 严复:《与〈外交报〉主人书》,《严复集》第3册,第560页。

为基础而存在的，如果这些民族特性被人为地取消或否定了，其结果，一方面就会使"受体"本身也就变成虚无的"空壳"，"皮之不存，毛将焉附"，从而失去了吸纳外部文化的能力；另一方面，从外部借鉴来的文化因子也由于"无枝可栖"，无法附着于"受体"之上，更谈不上巩固下来了。

正是在这个意义上，严复指出，对于一个国家的进步与富强来说，"新党"与"旧党"都是需要的，因为"非新无以为进，非旧无以为守"。"且守且进，此其国之所以骏发而又治安也。"[1]他还进而认为，"统新故而视其通，苞中外而计其全"，只有这样的"阔视远想"，才能使中国日臻富强。[2]

为什么严复认为，"非旧无以为守"？"旧"对于一个追求现代化目标的民族来说，究竟有什么积极的意义？这是新保守主义区别于激进主义，也同时区别于传统的"原教旨保守主义"的根本所在。

严复从他的经验论的哲学立场解释了这个问题。在严复看来，"旧"乃是一个民族在长期适应自身面对的自然与社会环境的挑战过程中形成的"阅历"、经验与习俗，严复在其《政治讲义》中反复强调一个民族的"阅历"对于这个民族的进步所具有的重要意义。他指出，"言治不求之历史，是为无根"。

严复认为，一个民族的文化传统，是在适应这个民族特定的

1　严复：《主客评议》，《严复集》第1册，第119页。
2　严复：《与〈外交报〉主人书》，《严复集》第3册，第560页。

生存环境过程中自然而然地、不自觉地形成的，当人们遵循这种传统经验来应付自然与社会环境时，他们无须经由理性的自觉认知，就能与外在的环境达到一种协调状态。严复在《庄子评语》中就曾用英文写下过一段评语，其大意是："实践变为习惯，习惯变为反射的行动，那么，事情就无须动一点脑筋就能够做成了。"[1]

我们可以用一个形象的比喻来说明上述思想的深刻性：传统文化作为一个民族在长期适应环境挑战的过程中凝聚下来的集体经验（collective experience），乃是这个民族特性的有机组成部分。它如同一片环绕某地人群的自然长成的生态林带，对外来文化的"风沙雨露"起着缓冲、过滤与调节的生态作用，这种生态调节功用并非是长期生活于当地的人们理性自觉地策划、设计与安排的结果，而是大自然的生态在长期历史演化过程中自然平衡与"筛选"的结果。如果人们因其有病虫害，而将其砍伐殆尽，一旦失去这道文化屏障的缓冲与筛选，外来文化虽然表面上可以势如破竹地、不受阻力地长驱直入，但却只能导致水土全面地、急剧地流失，一旦一个民族长期形成的文化生态环境，被人们视为"旧物"而人为地破坏殆尽，那么，这个民族的整体生存都会受到影响，更遑论其他了。正是在这个意义上，我们可以理解，为什么严复会认为，一旦把传统文化"方其汹汹，与之俱去"，则"所谓新者从以不固"了。

综上所述，我们把近代新保守主义的现代化思路概括如下：

---

[1] 严复：《庄子评语》，《严复集》第4册，第1133页。

他们主张，以从传统专制政体转化过来的开明专制，作为推动中国近代化的权威杠杆；以传统文化的价值符号作为现代化的中介，并从中国传统主流文化形态中去寻求中国"国性"的根基，以此作为在国际生存竞争时代使民族得以凝聚的基础；并在这一条件下，诱发传统社会内部的、内源性的现代化质素的生长、发育与成熟，并使之与从外部渐进地、步步为营地引入的新制度相协调，这样，就可以在发展的每一阶段，始终保持有效的整合状态，并形成以内源为主的发展机制，这样就可以避免"单项引进"与"全项引进"的两难悖论与矛盾，从而逐步地、稳健地实现以自然经济为基础的传统社会向以市场经济为基础的近代文明社会的历史转变。

正因为如此，我们可以说，新保守主义在批评现代化过程中的政治激进主义与守旧的国粹主义的过程中，在深入认识中国现代化的长期性、复杂性和艰巨性方面，在强调中国吸收西方文化与制度的过程中的约束条件方面，为后人留下了一笔值得充分重视的宝贵的思想财富。

严复思想的悲剧性及其启示

当然，严复有关中国现代化的思想远远不止这些。只要我们从这一角度来重新研究严复发表的大量论著，我们会发现，严复有关中国渐进现代化思想的深刻性、严整性与原创性，确实是超越同时代人的。

在中国寻求现代化的富强之路的过程中，严复可以说是对中国学习西方的困难和矛盾认识得最为深刻的思想家。他作为最早有幸亲身到过西方，并因此了解中西社会文明的根本差异的中国近代思想家，比当时大多数忧国忧民的知识分子更为现实地、冷峻地关注中国走向一个富强的现代社会的初始条件和约束性因素。

他超越同时代人的地方，在于他能够清醒地认识到，中国与西方社会的历史、文化与环境条件存在着"东西二化，绝然悬殊，人心风俗，不可卒变"[1]的巨大差异，并且，他正是在这一客观认识的基础上，力求寻找实现从专制政治向更为文明的民权政治进行转变的中介点，这种对中国现代化的初始条件、约束因素与中介环节的观照和强调，显示了严复的思想的深度与内在的逻辑性。严复的现代化变革思想可以说是一个尚未受到研究者充分重视的思想宝库。只要人们深入到其中并加以仔细研究，将会极大地丰富我们认识中国问题的智慧。

然而，严复本人却实在是一个悲剧性的人物，他在晚年日趋消沉与悲观。长期以来，一些学者简单地认为这是严复从一个改革先驱人物沦为保守落伍者的方便的论据，在他们看来，一个在大转变时代而处于悲观颓丧心态中的老人又怎么能跟得上历史的车轮？然而，只要我们能全面地理解严复的内心世界，我们就会发现，严复的悲观心境有多方面的原因。

---

[1] 严复：《社会通诠》评语，《严复集》第4册，第1024页。

首先，这是由于他比别人能更深刻地明察中国问题的严峻性，从而产生的忧虑感有关。众所周知，思想者的乐观常常是由于他本人对问题认识得过于简单、肤浅和天真所造成的，而历史上那些曲高和寡的思想家悲观心态的产生，又往往是由于对问题与矛盾的复杂性的深刻的、有时往往是过于敏感的认识相联系的。

其次，更重要的是，严复晚年的悲观主义又与他的超越同时代人的思想理念得不到世人的理解与同情有关。自从20世纪初开始，充满政治激情与浪漫理想的、亢奋的新一代，在以前所未有的激进的反传统态度来实现他们梦寐以求的现代化目标时，他们的着眼点以及他们更钟情的，乃是一些从西方舶来的抽象的符号与主义，而不是致力于探求实现中国现代化目标的约束性条件。在他们眼中，严复已经不能提供这种意义上的进步的思想动力与精神资源。中国已经走向了一个充满激情的新时代，严复由于他的思想得不到同时代的理解而充满精神的孤独。严复的悲剧乃是一个无法与同时代新人进行对话与沟通的思想老人的悲剧，是一个时代的特立独行的智者与他的时代暂时还找不到结合点的思想悲剧。

然而，单纯从上述角度进行分析，还不能说明严复思想何以对同时代人缺乏思想魅力的原因。

作为一种深具现实洞察力的并更为求实与稳健的现代化选择，为什么新保守主义在"五四"以后的近现代中国知识分子及青年一代中缺乏吸引力？其原因也是多方面的。

首先，中国传统专制结构与名教化的儒家意识形态，对外部世界的深闭固拒和僵化反应，导致中国近代严重的民族生存危机，从而导致对这种危机负有历史责任的传统文化价值的合法性资源急剧流失，其结果便是，更具激进反传统色彩的、全盘西化的思潮，由于迎合了人们的浪漫心态而赢得更多的支持。

其次，在这里，我们要特别强调指出的是，一个与以严复为代表的近代新保守主义本身有关的原因。那就是他们对传统文化向现代性的转化殊少贡献，从而难以使传统价值与文化承担起现代化的中介和杠杆功能。

众所周知，传统文化是一个多侧面、多层次的复杂整体，它在中国现代化过程中具有积极与消极的"两面刃"的特点。更具体地说，一方面，正如前文已经指出过的，一个民族的传统文化是吸收外来文化时所不可缺少的"载体"与中介；另一方面，作为传统文化的主要部分的封建的意识形态与价值，以及严复反复强调的儒家的"群经"，无疑又对变革与现代化起着强有力的阻碍作用。如果不对后一方面的保守特性进行深入批判与改造，单纯地强调对传统文化的现代化意义的肯定，并不能真正地使传统文化起到现代化的中介作用。因而也绝不可能使青年一代信服。例如，"存理灭欲""重道抑器""三纲五常""天不变道也不变""用夏变夷"等，这些在儒家"群经"中得到反复强调的传统价值符号，又如何转变为引导现代化的中介？

严复本人也似乎认识到对传统价值符号进行改造的历史必要性。他曾指出："四书五经，固是最富矿藏，惟须改用新式机器发掘淘炼而已。"[1]但他本人却极少致力于此。或许由于他对自己所钟爱的"群经"过于沉溺而丧失了对其消极面的警醒,当他简单地以"尊孔读经"的价值回归来应付激进主义、道德流失和社会无序化时,由于名教儒学在20世纪以后已经声名狼藉,他的良苦用心则很容易被人们误解为向传统专制的简单复旧。在人们心目中,他本人也很难与老朽的国粹派泾渭分明。

另一方面,儒家名教作为传统文化中一个极有影响又尚未被改造的部分,它与传统专制政治又是如此同构和互补,以儒学的价值回归来实现民族的自立自强,又往往不自觉地暗示着向专制传统的回归。当严复把重建现代化所需要的政治秩序的希望寄托于作为政治军事强人的袁世凯身上时,当他身不由己地列名于筹安会的名单时,他无疑犯下了一个历史性的错误,其根源就在于此。这也铸成了他个人的悲剧。

近代新保守主义给人们留下了发人深省的历史启示。那就是,如果在阐明渐进的现代化选择的合理性与必要性时,不能致力于对传统文化进行创造性的改造与转化,使传统价值与文化符号不再起到排斥外部新鲜文化营养的消极作用,它就难以成为社会共识的新的基础,并成为凝聚民族人心的力量。另一方面,如果简单地抛弃新保守主义的合理内核,人们在反省近代激进主义的认识缺陷时,又将丧失可资汲取的历史与思想文化资源。

每一个时代的人们都可能发现,前代思想家对自己时代所具

---

1 严复:《与熊纯如书》,《严复集》第3册,第668页。

有的新的意义。

伟大的思想家之所以值得后人重视，就在于他们所揭示的一些重大问题，不但对于当时的人，同样对于后世的人来说，也是不能回避的。在探索这些重大问题时，这些智者运用他们的智慧做出了创造性的贡献。时代会过去，而问题来自过去，却又延伸到现在乃至将来。一位西方思想史学者说得好："在一个需要更多的政治与学理智慧来应对复杂深刻的现实困境与问题的时代，忽略前代思想家的智慧资源是可悲的，正如我们要理解当代物理学的问题时，忽略牛顿与爱因斯坦同样是可悲的一样。"

也许正因为如此，当我们涵泳于严复的思想中的时候，我们不但能更深入地理解思想家所处的那个时代，而且也能通过思想家们对他所面对的问题进行的思考而将使自己变得更为成熟而深沉。

中外文明融合的回顾与前瞻

文化失范与现代化的困厄

在思索中国近代化的历史命运时，人们总不由得把中国与近邻日本这两个同样属于儒家文化圈的国家进行比较，中国人对于日本近代化的成功，多少还抱有一种嫉羡交织的复杂心理。法国学者芮恩柯特（A. Riencourt）曾形象地把总是向外输送文化的中国的传统文明称为"阳光文明"，而把吸收了中国传统文化而发展起来的日本文明称之为"月光文明"。[1] 看来一向善于吸收外部光源的月亮，较之只知散发自己的光和热的古老太阳，在回应西方挑战方面反而显示出更大的优越性。

除此之外，日本近代化的成功，从文化层面而言，我们还可以发现许多其他有利因素。例如日本人传统思维模式中的实利主义倾向，实际上是一种朴素的经验主义，这种实利主义价值观，比较容易突破本民族的文化定见，在应对西方异质文明冲击时，

---

[1]〔法〕芮恩柯特：《中国的灵魂》，纽约哈泼出版公司，1965年，第107页。

更容易转化为现代化所需要的世俗理性。而中国文化受道统至上的观念支配，泛道德主义的观念总是要把外部异质事物以古老的道统标准来评判，这就容易在士绅精英与广大民众中，造成群体性的保守排外的倾向。

又例如，日本岛国环境中产生的那种惧怕与国际社会割断联系的文化上的孤独感和不安全感，在咄咄逼人的西方文化面前，又很容易激发为见微知著的危机意识和文化创新意向。甚至日本神道教与儒教并尊的多元文化结构，对于保持传统价值体系在外力冲击下免于全盘崩解的那种双层抗震功能，也是功不可没。日本上述文化层面的因素互相配合，促成了日本近代化的成功。而日本的传统文化又在近代化转型过程中保存了下来，并成为整合现代化转型过程的政治秩序的积极因素和中介物。

中国的近代化过程，恰恰与日本形成鲜明的对比，中国这个大陆国家，幅员太辽阔了，文明太悠久了，以至于难以注意到外部冲击，华夏的大陆文化，相对于岛国而言，天生具有过强的文化自满心理，很难产生对外部文明的好奇与敏感。中国人的宗教意识原来就很淡薄，儒学不得不经由心性化的方式，向宗教化、信仰化发展，一身而二任地兼管政治秩序和社会道德规范的两重功能。

这又使受儒学浸淫的士大夫知识分子很难克服儒学的信仰化的、类宗教化的思维方法来求实地、世俗地判识和理解西方异质事物的价值和意义。再者，以维持社会稳定为己任的儒学，与传统专制政体如此同构，以至于传统政体因屡遭屈辱失败，声名扫地，而趋于崩溃时，憎恶传统政体的中国人也渐渐陷入了儒学信仰的危机之中。

而一旦儒学对社会人心的羁制力和魔力日渐衰微，那么近现代之交的中国，便出现了上自知识分子、官绅人士，下至平民百姓的群体性的文化失范现象。用严复的话来说，那就是"旧者已亡，新者未立，怅怅无归"的社会心态。人欲横流，士风败坏，政治糜烂，民生凋残，这些现象也纷至沓来，只要读一些清末民初的政情社会史料，谁都能看到这种文化并发症的严重程度。当日本人开始分享近代化成功的喜悦时，中国正在遭受传统政治权威与传统价值体系的双重危机的折磨。政治权威贫乏症、反传统的激进主义思潮与普遍而深刻的文化失范，是中国从传统社会向现代化转型过程中产生出来的三个症候群。

20世纪初以来，新一代的知识分子，因文化失范而痛心疾首地呼唤着理想主义。但他们往往又进而发现，这种理想主义的精神着落点很难在中国现实土地上找到。

充当理想支点的是什么？是传统的温良恭俭让的伦理道德？它正被愤怒的青年一辈押上审判台，等候着对其祸国误民的罪行的宣判。

是平等、博爱、自由和民主？西方引入的民主似乎并没有帮助中国人解决辛亥革命后迫切需要的国家权威问题。而中国土著的布尔乔亚还躺在襁褓之中。

那么，是科学理性？它充其量只是一种世俗理性工具，并不能回答人们的终极关切。

在中国进入现代以来，也许最有资格充任理想交点的，还是屈辱者渴求自立自强的民族主义，然而民族主义只有与某种价值体系和精神目标相结合，才有可能存在，而这种精神目标仍然涉及理想支点的问题。理想主义实在难以找到自己的驻足之地。

中国近代以来的知识分子与传统文化有一种"剪不断、理还乱"的深层联系，而这种联系又阻碍了近代中国向现代化的转型。这确实是中国近现代文化中的一个极为重要的侧面，可以给人们以多方面的丰富的启示。然而是不是还有着另外一个同样值得注意的并被人们忽略的侧面，即传统价值体系在近代的衰微和瓦解，以及反传统的激进主义思潮的崛起，使传统文化不能充分发挥它在转型时代羁约人心和稳定转型秩序的功能，从而使这种现代化转化过程显得更为困难而曲折？

从其他非西方后发展国家的现代化来看，传统文化和价值体系，对现代化过程有着特殊的助力。巨大的现代化的社会变迁的设计者们，往往必须运用传统社会中生成的、大众可以理解和认同的价值符号和语言措辞，才能进行广泛的社会动员。这就需要从过去的文化主题中，做出选择性的强调和强化。利用传统对人心的魅力，来使这种转型更为圆顺。

更具体地说，人们深层心理中长期形成的文化定式，一旦接受此类有助于社会协调和凝聚的价值符号的刺激，往往易于在人际关系中接受这种价值符号指向的指导。从而有助于重建社会转变过程中所需要的社会规范和秩序稳定。

日本可以作为运用传统价值符号在人心中的权威合法性来缔造转型社会秩序的典型成功例子。同样，20世纪初，土耳其现代化之父——基马尔，以他的基马尔主义（kemalism），号召复兴传统的土耳其价值，并成功地获得了广泛的支持。墨西哥对"哥伦布以前帝国"的赞颂，秘鲁以印加帝国作为国家模型与民族共识的来源，甚至那些缺乏西班牙殖民以前的文化传统的拉美国家，也都以独立战争作为号召。[1] 可见传统的作用，绝对不仅仅是现代化的阻力，它一定程度上是传统国家现代化过程中必要的整合秩序的得力工具。

如果从这一角度来认识辛亥革命以后梁启超、严复、康有为、章太炎的尊孔、保教的主张，我们可以发现，这些杰出知识分子的价值回归，正是对激进主义者反传统的简单化态度的一种反抗，是一种尝试重新运用传统价值符号来实现民族自强和现代化的认真努力。

这种把传统价值回归视为现代化的助力的思想，表达得最深入的，莫过于严复了。他指出，当人们把旧价值完全抛弃，"方其汹汹，往往俱去"，"设其（传统）去之，则其民之特性亡，而所谓新者从以不固"。他还认为，对传统重新予以精择，这样的任务，并非老朽国粹家所能完成，只有"阔视远想，统新故而视其通，苞中外而计其全，而后得之，其为事之难如此"。[2]

那么，以传统价值回归来防止文化失范，并以此来实现现代化转型所需要的社会稳定，在中国是不是能够获得成功呢？

人们发现，中国的传统价值体系与旧的专制结构是如此同构，中国儒学为实现其维系传统政治系统的功能，又是发展到如此宗教化的程度，从"存理灭欲""重道抑器""重体轻用""天

---

[1] 参见萧新煌编：《低度发展与发展》，台湾巨流图书公司，1985年，第144—145页。
[2] 严复：《与〈外交报〉主人书》，《严复集》第3册，第560页。

人合一""厚古薄今",到"道之大原出于天",以至于只有当儒学具有这些准宗教化的、信仰主义的品格时,它能胜任支撑国家权威的功能。

这种儒学与旧政体的同构性和非世俗理性化,反过来,又使用心良苦的传统价值回归转而变成对专制主义政治权威的回归。

儒学对人心的镇制作用,是以牺牲其向世俗理性的转化来实现的,儒学对政治秩序的稳定作用,是以顺从专制权威、煽起思想奴性来实现的。于是,又一次激起更强烈的反传统主义,伴随这种激进主义升格的,是对权威政治的进一步的深恶痛绝和更广泛、更渗透于中国人心态的文化失范。

为防止文化失范而求助于传统,为现代化的政治新生又须抛弃传统,这或许是中国现代化历程中特有的二律背反现象。其结果是,中国人在自觉的意识层面的对传统的抨击日益激烈;另一方面,在深层的或不自觉的意识层面上,这种传统对人心的镇制力,以及由此而引起的对权势者的诱惑力又从来没有削弱过。旧政治的复活,又进而激起意识层的反传统的激进主义。文化失范又更深了一层,如此循环往复。

于是,当我们回顾中国走向现代化的历程时,会蓦然发现这样一个奇特的现象,即在世界上这个唯一具有从来没有中断过的古老文明的国度,一百多年后的今天,中国人对传统文化保留之少,也许是世界上任何其他民族所没有的。更具体地说,一个当代中国人与他一百多年前的祖辈站在一起相比较,他们在生活方式、语言风俗、服饰起居、思想观念、道德规范和价值态度等各方面的差距之大,远远超过其他任何民族,无论是日本、印度、伊朗、巴西、英国……这种文化断裂的世界第一，到底使人们感到自豪还是黯然神伤，这是一个夹带着审美情感的伦理价值问题，自然有新儒家和他们的反对者们，以及反对者的反对者们，会去解答。作为一个历史研究者，我个人更感兴趣是如何去认识和描述这一过程发生的机制。

这里就涉及文化研究的方法论问题。当今我们普遍采用的文化研究方法，大体上仍属于思想研究方法或文化学方法，主要注重于运用文化学和哲学的概念范畴，进行逻辑运演，这种方法对揭示研究对象的本质固然有其贡献，并且今后也仍然是文化研究中的主要方法。但它也容易倾向于自圆其说，而支配我们力求自圆其说的内在理路，反映的往往是我们既存的心态和期盼。一个憎恶传统的研究者，不会运用文化学的概念推演出传统可爱的结论，反之亦然。结果，研究过程往往在有意无意中变成心态与结论之间的循环论证。这样的作品，有时其审美价值也许会更大于学术价值。

我们的文化研究，发展到现在这一阶段，是否应更多地引用一些国际社会科学中常用的行为研究方法？例如，各种类型的传统国家的现代化比较研究、政治文化研究、政治心理学、政治社会学方法等。又例如，是不是尽可能多地选择一些在运用行为方法来研究传统国家现代化问题方面卓有成效的国外学者专家的著作，以为我们的借鉴？其中，如亨廷顿（S.P. Huntington）、布莱克（C. Black）、派依（L. Pye）等的著作，颇有助于冲淡我们思维方法中原已过于丰富的伦理道德本位主义。

虽然在任何学术领域，采取的方法都可以是多样的，更何况马克思讲过："人类并不要求玫瑰和紫罗兰发出同样的芬芳。"

近代中国变革的三种两难矛盾

从文化角度而言,一些学者就曾发现,中国传统的儒家社会的民族同质性,现世性的价值的共识,是一个传统社会向现代化转型过程中有利于社会整合的因素。[1] 然而,自近代以来,中国又恰恰是一个在走向现代化的历程中充满着巨大的挫折与创痛的国家。

为什么中国传统政治文化中这些有利于社会整合的各种因素,并没有在早期现代化历史上起到应有的作用,而一个最注重宏观秩序稳定的文化,却在20世纪以来,陷入了现代化的严重挫折与困顿?众所周知,连续不断的权威危机、政治上的认同危机、严重的社会失范、激进与保守的冲突、政治选择上的冲突

---

[1] Lucian W. Pye, *Asian Power and Politics: The Cultural Dimension of Authority*, Harvard Univ. Press, 1985, p. 60.

与政治上的不稳定，这种可以用艾森斯塔特的"现代化的断裂"（breakdowns of modernization）一语来表述的历史现象，几乎贯穿了自19世纪末到20世纪前期的基本历史过程。

我认为，把文化研究与历史研究结合起来，分析文化因素如何导致历史困局，以及历史困局又如何进一步引起文化与政治选择的两难性，对于认识这一问题，可以提供重要的思路。

从中国传统文化与政治的互动关系来考察，大体上可以认为，自近代中国承受西方挑战以来，中国的传统主权国家的保守的意识形态信条与高度集权的专制政治体制相结合，形成一种特殊的回应西方挑战的综合反应模式。在这种模式下，一方面，保守的意识形态与传统思维方式相结合，作为对西方冲击的信息进行认知与判断的解释框架，不能对这种信息的性质与意义做出客观准确的判断与处理；另一方面，传统政体结构的僵化性，又使这种体制很难进行自我更新，其结果就进一步在中西冲突中遭受新的屈辱与挫折与民族危机。[1]

下面，让我们进一步考察，自19世纪末到20世纪初，中国现代化在政治层面面临的三种重大的矛盾，这些矛盾所具有的两难性，又进一步导致政治精英与知识精英内部，在解决危机方式、

---

[1] 必须指出的是，中国19世纪中后期以来的历史，具有多方面的内容，远非"现代化"这一概念所能全部包容。中国所有重要的变化也未必是由西方所引发，而且，即使是中国人对西方势力的反应，也受到其本身面对的现实生活中的各种内部因素的制约与影响，70年代以后，美国学者柯文（Paul A. Cohen）在《在中国发现历史：中国中心观在美国的兴起》一书中，对以往学者运用"西方冲击—中国反应"分析模式的过程中出现的过于简单的倾向，进行了相当系统的批评。然而，从历史的基本趋势而言，西方挑战与中国回应，仍然是理解中国早期现代化的不容忽视的基本线索。

途径、在对待传统政治秩序、传统文化价值等问题上，出现日益严重的认同分裂与政治两极化。而这种两极化是中国早期现代化陷入挫折的重要原因，也是理解中国20世纪政治与文化基本走向的关键因素。

权威整合力与变革主动性的矛盾

中国清末以来的现代化过程中，最突出的问题是，当政治中心尚有较为充沛的权威合法性与动员力时，这个政治中心缺乏变革的主动性，当它已经陷入权威危机，并由此产生前所未有的改革主动性时，却又丧失了变革成功所必需的整合动员力。这两个因素之间，始终存在着无法重合的错位关系。

在后发展国家的现代化过程中，政府是否拥有相对充沛的权威资源，对于成功地推进现代化具有极为重要的意义。传统的君主权威政治的合法性，具有一种控制人心的政治神话（political myth）力量。这种传统政治资源本身对于改革启动而言，并非是不利条件。梁启超曾用通俗的语言，指出传统君主制度的政治神话对于这个国家的政治整合的作用。他指出，君主制之所以能保持，靠的是历史上形成的习俗和心理，人们把它视为一种"似魔非魔"的东西而尊重它、崇敬它。正因为如此，这种君权的尊严便能"在无形中发生一种效力，从而能直接或间接地镇住此国"[1]。

---

[1] 梁启超：《异哉所谓国体问题者》，《饮冰室合集·专集》第9册。

可以发现，日本的现代化过程正是成功地借助了这种传统君权的政治神话力量，来作为政治整合的基础的。

正因为如此，如果君主能利用这种政治神话力量来推行现代化政策，就可以在消耗较低的"政治成本"的情况下，较为顺畅地使有关改革的各项政令渗透于社会各层中，并得到贯彻和实施。同时，这种权威合法性既可以压制体制内的保守派反对变革的势力，也可以抑制更为激进的政治势力对现存秩序的冲击和破坏。这种权威就可以起到欧洲历史上的绝对主义的开明君权推进现代化的那种作用。

然而，正如梁启超所指出的，被人们视为"似魔非魔"的君主权威这种神话信念，是"不可亵渎"的，一旦亵渎，这种维持其神话般的力量的基础也就化为乌有。这就正如同木主被狂生击碎以后，它在人们心目中的神圣性化为乌有，不可能通过把木主重新恢复旧状的方式来恢复一样。[1]

清末中国的情况正是如此，自19世纪后期以来，中国早期现代化过程的基本特点是，当清王朝的统治者和政权尚享有较为充沛的权威合法性、行政效能的阶段，由于传统政治文化与专制结构的惰性极为顽固，从鸦片战争以来，由于中国传统的体制容纳变迁的能力和对新问题的适应能力极度低下，从而使清朝统治者没有利用这一时机进行成功的变革，其结果便是，自鸦片战争以来，连续不断的丧权、割地、赔款，尤其是庚子事变所导致的空

---

[1] 梁启超：《异哉所谓国体问题者》，《饮冰室合集·专集》第9册。

前的民族生存危机，从根本上削弱了政治中心的权威合法性。

到了20世纪初期，清王朝的统治者由于庚子事变的巨大国耻，其政治神话力量受到破坏，其权威合法性开始急剧流失，并已经丧失使对臣民的镇制力之后，才真正意识到认真变革的必要性，然而这时这个政权已经没有足够的权威资源来动员改革了。事实上，这种矛盾在戊戌变法时期就显示了出来，而在清末新政中就已表现得相当明显。

深深陷入权威危机而惊恐不安的清王朝统治者，又在20世纪到来之际，比其历史上任何其他时期，都更为渴求通过变革来维系其列祖列宗遗下的政治产业。然而，在这种情况下，清廷的传统权威已很难成为转变秩序的支点和力量。关于这一点，我们可以从1905年的《东方杂志》上一位作者的评论中，看出当时中国臣民心目中的清廷权威合法性的急剧衰落。这位作者写道：

> 自庚子之役，朝廷威信实大堕落，遂不复能如大彼得之变法而有风动之效。而蚩蚩之氓对于朝廷已大消其畏威之念。不复如曩时之屏息雌伏。此所以去年一岁之中各省抗粮闹漕之事累累而不绝。[1]

这位作者还指出，自1904年以来，见诸明文者就有21次之多，这显然是清王朝自开国以来前所未有的。

---

1 霍照：《立宪私议》，《东方杂志》1905年第11期，第219页。

这种权威合法性的急剧衰落，对于清王朝推行新政改革，将产生什么样的实质影响？

首先，从积极方面而言，正因为清政权陷入权威危机，这就会迫使清朝的最高统治者，以过去前所未有的决心和迫切意愿，通过加快变革的步伐来恢复它在臣民中原来享有的权威，并开始主动地推行大幅度的变革计划，力求以改革的实效来赢得其在民间的信任并恢复其权威。正如世界各国历史上大量历史事实所表明的那样，处于危机中的专制政权，往往会迅速地一变而为渴求变革成功的最为"真诚"的改革者。因为这种"真诚"实际上源于传统君主对延续其王朝生命的愿望的真诚。这一点正如亨廷顿所指出的："残存的君主比历史上任何时期都更热衷于现代化的事业。他们从事改革的动力也许更胜过一些民族解放运动的领袖。因为后者已多少具有了现代的合法性。相反残存的君主的政治合法性已经受到了怀疑，他们必须借'良好的政治表现'来重新取得被统治者的信任，并以此来巩固自己的地位。"[1] 就这一点而论，权威危机的形成，对于驱使传统专制政权从保守转向变革，未尝不是一个积极的因素。

另一方面，与此矛盾的是，权威合法性的丧失，对于一个充满焦虑的统治者来说，其消极后果大得多。那就是，统治者将由此而丧失推进改革所必需的政治动员与政治整合能力。他们此时已经缺乏足够威信、能力和命令的贯彻能力来动员各种资源，整

---

[1] 〔美〕塞缪尔·P.亨廷顿：《变动社会的政治秩序》，张岱云等译。

合社会并控制变革的进程。

而且,权威危机的深化而引发的上述矛盾实际将会相应地更为尖锐化。更具体地说,深重的权威危机的压力,一方面会迫使统治精英被深重的内外危机感所引发的焦灼心态所驱使,去从事远远超出自己能力与条件的大幅度、高难度、急剧的变革。各种从未经过尝试的新举措也就会连番出台,以至于饥不择食。自1901年开始的清末新政,清政府不但恢复了被其在戊戌政变后中止的大多数的戊戌变法新政措施,而且又在几年后进一步推行戊戌变法所不曾规划的全国范围内的预备立宪,各种新举措层出不穷。

另一方面,此时权威合法性资源、政策自由选择的空间、国家所能掌握的经济财力资源、受治者对该政权的服从和效忠的程度、行政命令贯彻的能力均处于对于实施上述大刀阔斧的、急剧的、大幅度的变革十分不利的情况下。上述危机引致的权威合法性资源的急剧流失,又会使统治者更加无力对自己发动的大规模举措进行有效的整合,于是就形成恶性循环。这一特点恰恰与日本明治维新形成鲜明对比。日本传统执政者在其权威资源尚处于相当充沛的时期,就及时地运用这种权威资源来推进了本国的变革,而变革所取得的实效反过来又不断使这种权威合法性增值。这样,就使日本统治者可以进一步运用新增的政治资源推进难度更大的变革,形成权威资源与变革实效之间的良性循环。中国近代的情况则恰恰相反。

正是在这个意义上,传统社会文化所形成的综合反应能力的僵滞性极大地影响了权威的效能,而这种权威危机的形成,又成为中国现代化的极大障碍。

"急诊室效应"与激进与守成的两极化

政治与知识精英能否在重大政治选择与目标导向上,具有相对一致的共识,是保证现代化稳定持续进展的基础。而19世纪末期以来,中国早期现代化的挫折所引发的共识危机,则破坏了这一基础。

近代以来的中国在追求现代化目标的过程中,面临的第二种两难矛盾是"急诊室效应"下的政治选择上的两难性。这种情况有如前面提过的针对医院里的重症病人,医生中在治疗方案上出现的两极对立一样。一种医生认为,由于病人的病情恶化,危在旦夕,为了挽救病人的生命,必须立即进行大手术。另一种医生则恰恰相反,认为正因为病情严重,生命垂危,病人根本不具备施行大手术的条件,任何大手术只能使病人加速死亡,因此只能进行小手术。大手术即使必要,也只能在以后病人体力稍有恢复的情况下才能进行。

19世纪末至20世纪初中国的情况正是如此,中国近代民族危机越是深化,"急诊室效应"所引发的上述"治病方案"上的分歧也就更为尖锐而激烈并趋向于两极化。

自19世纪末以来,尤其是自甲午战争以后中国民族危机日益深化以来,在中国改革问题上,政治精英与知识精英中,也同样存在着政治观念与政治选择上的日益分化与对立。以中国面临严重的危机作为大幅度急剧变革的理由的人们，构成激进的变革派。另一种人则成为变革中的保守派或渐进派。前者以"危机论"作为依据与立论基础，后者以"条件论"作为依据与立论基础。

在戊戌变法时期，"急诊室效应"引发的政治选择的两极化已经初见端倪。以康有为、梁启超为代表的变法派就是以"救火追亡，犹恐不及"的"危机论"，作为"不变则亡，小变亦亡，大变则强"的立论根据的。而反对康梁变法的相当一部分人士，并非反对变法本身，而是认为中国的现实条件并不能承受康有为所主张的激进的改革。

从自1905年到1911年的清末筹备立宪过程中，在清朝政治体制内部，在立宪派与反对派之间，以及在立宪派内部的激进派与缓进派之间，存在着相当激烈的论争和思想冲突。1906年8月清政府召集的廷臣会议上，这种在"危机论"者与"条件论"者之间的政见冲突就表现得特别明显。下面，我们可以通过对这场论争的个案分析，来进一步考察危机条件出现的上述两难选择。

当时反对立宪的人士，绝大部分都不是倭仁式的极端保守派，而是赞同渐进改革的温和派与渐进派。他们反对在当时进行立宪，并非出于坚持儒家保守的意识形态信条或原则，而主要是从中国并不具备立宪的客观条件方面来立论的。这种"条件论"的看法可以概括为以下四个方面。

首先，他们认为，中国处于严重的内忧外患和国势虚弱的情况下，因而无力承受立宪这样的重大变动可能带来的危险和动荡局面。例如文渊阁大学士孙家鼐认为，正因为从君主国到立宪国的转变是这样一种"用人行政之道无不尽变"的巨大变动，具有相当大的风险。在他看来，这样大的变动，在国力强盛时推行也难免有"骚动之忧"，而在当时中国国势衰弱的情况下，"变之太大太骤，实恐有骚然不靖之象"。因此，孙家鼐认为，政府目前所能做的是"但宜革其丛弊太甚之事，俟政体清明，以渐变更，似亦未迟"[1]。孙氏并不反对立宪，他的立论根据是，重大的变革必须在国家的资源、能力、对社会的控制力相对强大的情况下，才具有成功的可能。中国在当时显然还不具备这样的条件。

其次，他们认为，立宪政治必须以国民程度作为先决条件。他们认为，即使要以立宪来发起全国之精神，那也是在一定的条件下才有可能，这个条件就是"民之程度渐已能及"，然而，中国的当前的情况则是"国民之能知立宪之利益者，不过千百之一，至能知立宪之所以然，而又知为之之道者，殆不过万分之一，上虽颁布宪法，而民又懑然不知，所为如是，则恐无益而又适为厉阶"。因此，他们认为，中国在国民尚缺乏立宪所必要的知识程度之前，立宪改革必须慎之又慎。[2]

再次，这些立宪保守派认为，吏治清廉是推行立宪的必要条件。军机大臣、协办大学士、保守的蒙古官僚荣庆指出，他并非

---

[1] 《中国近代史资料丛刊·辛亥革命》第3册，第15页。
[2] 同上。

不深知立宪政体之美，但中国的实际情况是，政体宽大，渐流弛紊，因此必须"先整饬纪纲，综核名实，立居中驭外之规，定上下相维之制"，他认为，只有这样行之数年，使官吏尽知奉公守法，然后才能逐步推行立宪。如果不考虑中国与西洋国情与局势的不同，而仅仅为了追逐立宪的虚名，其结果势必使政府无法控制那些无法无天的神奸巨蠹，执政者将处于无权的境地，月长日久，将导致严重的后果。[1] 荣庆论点的实质是，原来传统政体下产生的宽纵之弊和由此产生的纪纲紊弛，在立宪政治推行以后反而会更加得不到有效的约束，其结果将使各级官吏为非作歹和腐败的痼疾变本加厉。因此，只有先行运用国家的权威整顿秩序，才能为以后的立宪变革扫清路障。

最后，保守派认为，立宪必须以地方自治为前提条件与基础，但中国在当前的条件下发展地方自治有很大的困难。反对派中最为坚决的人士之一，军机大臣、陆军部尚书铁良认为，这种困难首先在于，地方上劣绅、劣衿、土豪与讼棍，本是地方官府严加控制和管束的对象，而现今中国的情况是，此类人已盘根错节，"几无复与之争者"，如果推行地方自治，而这一类人公然握有地方命脉，这一矛盾又如何解决？[2]

那些在民族危机的"急诊室效应"压力下积极主张推进立宪的人士则恰恰相反。首先，他们从"危机论"立论，针锋相对地

---

1 《中国近代史资料丛刊·辛亥革命》第3册，第15页。
2 同上。

认为，正因为中国危机深重，因此，只有重大的改革动作和革新才能拯救中国，使中国摆脱危机。其次，他们认为，保守派所强调的各种条件，恰恰只有通过制度改革来创造。

例如，军机大臣、巡警部尚书徐世昌并不否认中国的国势虚弱，但他认为，正因为如此，中国必须进行大刀阔斧的变动，才能解决危机。徐世昌指出，支离的、逐渐变更的改革方法，中国过去早已尝试过多年，但并没有取得什么效果。徐氏提出一个颇有新意的论点是，逐渐的小变之所以不能取得成效，这是因为这种变革并不能改变人们的观念并借此激发国民的精神，"盖国民之观念不变，则其精神也无由变。是则唯大变之，乃所以发起全国之精神也"[1]。

在这里，立宪派一方的基本论据是，支离的、渐进的变革，无法克服传统体制和政治秩序的历史惰性和发动社会的力量来增加国力，因而也无法使改革取得实效，而改革不能取得实效，将会使中国的危机变本加厉。而要克服这种恶性循环，只有通过重大的乃至戏剧性的变革才有可能。因为这种大的社会变动将会极大地冲击人们的观念、振发国民的精神。而这种"全国之精神"才能克服以往的小变小革所无法扫除的历史惰性。事实上，人们可以从徐世昌的这一思路中，发现中国现代化思想史上的精神决定论的基本论式。

在国民教育程度问题上，立宪派认为，国民教育程度应该是

---

[1]《中国近代史资料丛刊·辛亥革命》第3册，第15页。

改革的结果，如果要等到国民教育程度达到立宪的标准时才实行立宪，那中国将永远看不到立宪的那一天来临。他们的结论是，"与其俟程度高而后立宪，何如先预备立宪而徐施诱导，使国民得以渐几于立宪国民程度"[1]。这种观点在当时具有普遍性，在立宪派看来，"程度以造就而益高，资格以历练而渐进"[2]。"先预备，后施行，年复一年，不免有苟且因循之患，即实行即预备，急所当急，乃以收倍道兼进之功。"[3]

大体上，我们可以将立宪派与保守派之间的分歧概括如下。

保守派或消极派认为，一个国家立宪要取得实效，必须预先具备一定的条件。这些条件包括：国家权威对于社会具有相对有效的控制能力，国力要相对强盛，并拥有较为充沛的政治和经济资源作为变革的后盾；国民教育程度必须达到相应的水平；吏治要相对地清廉；中央政府对于地方和社会基层的土豪劣绅必须有足够的约束能力；等等。他们认为，由于中国不具备以上这些条件，立宪将可能事与愿违，甚至可能是缘木求鱼。

而立宪派则针锋相对地认为，所有那些被保守派们视为立宪的先决条件的问题，从国力的强盛到国民的教育程度，只有通过立宪的驱动和引导才能发生人们所希望的变化。因此，与其说它们是立宪的前提条件，不如说是立宪的结果。在他们看来，现

---

1 《中国近代史资料丛刊·辛亥革命》第3册，第15页。
2 引自广西提学使李翰芬奏折，《清末筹备立宪档案史料》上册，中华书局，1979年，第300页。
3 同上。

存的政治格局和体制不发生立宪那样深刻的变动，而要在这一格局下去谋求国力的强盛和国民教育程度的提高，同样无异于缘木求鱼。

可以说，在中国由于民族生存环境急剧恶化的情况下，以危机论为基础的激进改革派与以条件论为基础的渐进派或守成派的分歧与政治冲突，自20世纪初期以后，一直是中国现代化过程中的政治冲突的核心问题。与环绕意识形态的理念与价值信仰而形成的激进与保守的冲突相比，这种冲突具有更为普遍与广泛的意义。

而且可以从历史事实看出，在危机深重的条件下，"危机论"变革观较之"条件论"变革观，在非理性的情感层面对政治精英具有更大的控制能力与吸引力，这一点可以解释，中国政治激进主义何以会压倒温和的激进的保守主义，而成为主流的价值趋向。危机环境所导致的共识两极化与政治分裂，始终是20世纪以来中国的变革过程中特别重要的因素。而这一特点则直接渊源于传统社会文化造成的"综合反应能力"的极度低下。

传统文化的两面刃特点与政治两极化

非西方后发展国家的现代化能否顺利推行的一个重要条件是，本土文化能否为转型过程所必需的社会凝聚提供精神资源。

绝大多数国家的民族主义都是把本民族的基本价值与主流文化形态作为自己的基础。这里的主流文化形态，指的是在一个民族中占主导地位的文化价值体系。例如儒家文化就是中国的传统的主流文化形态。由于主流文化是一个民族的政治精英、知识精英与民众文化认同的基础，当一个民族的主流文化价值成为这个国家的中心象征的组成部分时，它就对于这个民族的凝聚力和民族共识的形成，具有重要的意义。它也同样有助于形成现代化转型过程中的政治凝聚力和秩序稳定。

这里必须指出的是，本土的传统价值与制度文化，至少在以下三个方面对于一个后进民族的现代化具有特别的意义。

首先，现代化的社会变迁过程，必须保持社会载体的历史连续性与相对稳定性。而这只有在传统作为一种既存的镇制力量与纽带力量而存在的情况下才能实现。

其次，只有在传统文化与价值中寻找到某种中介因素，被引入的外来的异质的制度文化，才有可能被"黏合"或吸附在中国社会的母体上，从而使文化嫁接和移植得以成功。这里必须指出，这种中介物，不可能从外部引进，它只存于中国社会内部与传统文化内部。在严复看来，传统文化中所凝结的民族的特性或根性，正是这种中介物。严复把这种传统中体现的"根性"称之为"国性"，严复认为，"非新无以为进，非旧无以为守"。严复还指出，如果人们为了实现现代化而全面地拒绝传统，其结果将是"方其汹汹，与之皆去，设其去之，则斯民之特性亡，而所谓新者从以不固"。这就十分深刻地揭示了一个民族的"特性"所具有的巩固"新者"的中介功能作用。

最后，传统文化与价值对外来文化具有平衡与筛选作用。这些文化价值是一个民族在长期适应自身面临的各种环境挑战过程中凝聚起来的集体经验，起着缓冲、过滤、柔化和调节作用。如果人们因防护林有病虫害侵蚀而要把它砍伐殆尽，从表面上看，外来的先进文化可以势如破竹，不受阻挡地长驱直入，实际上只能导致文化上的全面"水土流失"与文化生态环境的根本破坏，更不必说可以生根、开花与结果了。

如果说，大多数后发展国家与民族运用本民族的主流文化价值作为民族主义凝聚力的基础的话，那么，我们却可以发现，中国近代以来的现代化过程中的民族主义，却是一种与之相反的现象。我们可以把中国20世纪的民族主义称之为"反主流文化"的民族主义。这种民族主义的基本特征是，在其中心象征领域中，儒家文化这一传统的主流文化被视为对民族进步的消极障碍而予以彻底排斥。人们可以从"五四"初期吴虞提出"打倒孔家店"以后的新文化运动中看到这种民族主义的发端。

自"五四"以来，中国的政治精英与文化精英是以人类历史上相当特殊的方式，即以激进的反传统主义的方式来推进本国的现代化的。反叛自身的主流文化传统，成为中国知识分子实现民族富强的基本手段。为什么会出现这种"反主流文化"的民族主义？这一点与一些学者所指出的包括中国在内的后发展国家的传统文化在与西方文明冲突与交汇过程中的"两面刃"特点有关。

这种"两面刃"的特点是，一方面，儒家主流文化是传统中国社会秩序赖以整合与协调的基础，是适应于传统中国社会的价值体系，中华民族要实现整体的凝聚，就必须借助于这种主流文化；另一方面，正如前面已经分析过的，中国传统社会文化所形成的对西方挑战的"综合反应能力"，对于异质的西方文化，对于近代以来的社会变迁的历史潮流，构成了一种巨大的惰性与拒斥力量。这就使中国的传统主流文化的文化权威在人心中急剧流失。由此而产生的后果是，中国由于现代化的受挫和民族生存条件的日益恶化而陷入深重的民族危机。中国知识精英与政治精英充满了强烈的文化挫折感与反主流文化的心态，从而使他们认为不可能从中国本土的文化资源中寻求实现现代化所必需的民族凝聚与社会整合的基础。

在早期现代化陷入危机与失范的条件下，上述两面刃特点导致什么后果？

一方面，激进的反传统主义者，会自然地把"人欲横流，世风败坏，政治腐败民生凋残"看作是传统文化劣根性的总表现，这就使他们进一步强化了原有的激进反传统的思维定式，并要求与传统文化作更彻底的决裂。

另一方面，文化保守主义者却又从同样的社会败象中看到回归到传统道德规范中去，对于一个陷入危机中的民族是刻不容缓。他们力求进一步强化传统的价值符号来作为抗衡文化失范的基本手段。然而，正如前面已经指出过的，传统价值体系与专制结构具有相当的同构性，这种结果又使用心良苦的向传统价值回归转变为对专制权威崇拜与对专制价值的回归。官学化的儒学对政治秩序的稳定作用，是通过顺从专制政治与煽起思想奴性的方式来实现的。例如，袁世凯统治时期的"筹安会"便是其中的鲜明而生动的例子。这种历史后果，反过来又进一步激起了更强烈的反传统主义。而激进反传统对现存秩序的更全面的冲击与挑战，又引发新一轮的规范危机与社会失范，于是形成六道轮回式的恶性循环。与此同时，政治与思想层面的两极化与分裂也随之变本加厉。这正是自"五四"以来，中国政治与知识精英在对待本土文化与价值问题上陷入两极化，以及中国现代化陷入困境的重要原因。

中国近代化的挫折及其历史后果

大体上，人们可以发现，自19世纪末以来，中国的现代化过程始终存在着以上三种两难矛盾的困扰。而从时间上看，这些矛盾的出现又有一定的顺序。

最初出现的是权威危机引发的两难矛盾。当中国的权威政治尚具有高度的权威合法性与权威资源的时期，传统意识形态、价值体系与政治结构构成的障碍，使这种权威力量缺乏改革的积极动机，当权威危机业已形成的巨大的内外压力迫使统治者开始积极推进改革时，残存的权威资源又使这种变革难以成功。于是，旧的君主制权威在现代化过程中瓦解与崩溃，新的政治权威形态又无法形成，并代替原有的专制政治对社会实现整合。

当大规模的变革要求已经出现时，危机论与条件论之间的两难矛盾，又使变革事业中的政治与知识精英，形成激进派与保守派之间的严重对立与分歧，使政治与知识精英内部在实现民族独立与富强的目标问题上形成共识危机，以及保守主义思潮与激进主义思潮的对峙的两极化。

最后，当保守派力求在传统规范中寻找重新整合秩序的资源，以这种方式来谋求摆脱中国现代化过程中的"失范综合征"，激进派则主张更为激进地摆脱现存秩序，更大规模与更大范围地引入西方的价值与政治制度，以此来作为重建社会政治整合的新的基础。这样，保守主义者为防止失范而求助于传统，而激进主义者又为了现代化的政治新生力主进一步否定与抛弃传统，这种两极对峙与"二律背反"不断在新的条件下的重复与循环，是导致现代化过程中的两种力量相互冲突与此起彼伏消长的根本原因。一方面，是政治激进主义与政治浪漫主义，另一方面则是各种类型的权威主义与原教旨式的守旧主义。双方都可以从上述两种对立的现代化选择中找到自己的理论基础。

"现代化的挫折"是美国学者艾森斯塔特提出的一个分析概念。它指的是一个国家的现代化启动并取得相当的进展之后又夭折的过程和现象。这种历史现象的重要特征是，原有的传统秩序规范分崩离析；社会各阶层缺乏对权威合法性的基本共识；执政者与知识精英在政治秩序、文化价值和道德秩序等重大问题上出现严重的认同分裂；社会间不同群体之间存在着连续不断的冲突和冲突的两极化，并始终找不到达成妥协的方式；在冲突与危机之间形成相互强化的恶性循环；而战争、瘟疫、灾害和各种因现代化而引起的内忧外患持续不断；等等。正如有的学者所指出的，现代化成功与挫折的根本区别并不在于现代化过程中是否会出现各种各样的矛盾和冲突，而在于国家或社会中能否形成解决矛盾、问题与冲突的能力，更进一步说，是能否形成一种促进、维持与控制变迁的能力。

可以说，在中国早期现代化过程中，权威危机、失范综合征，以及由此引起的政治选择上的两极化，这三者之间相互依存与互为因果，从而导致中国早期现代化的断裂，这是中国早期现代化研究的一个重要课题。这一研究对于认识制约中国现代化的长期因素，无疑具有重要意义。

从这一角度来研究中国早期现代化历史，将使我们能更深入地认识一个后发展国家现代化历程的艰难复杂性，这一研究过程所揭示的矛盾与问题，将使人们能从中获得有益的启示，并更深入地理解现代化过程获得成功的各种制约条件。

中华帝国文明为什么近代受挫于欧洲文明
——重新解释中国大历史（上篇）

中国的城墙文明与西欧的玫瑰文明

众所周知，一百多年以前开始的近代史，就是中国的农业帝国文明败给了资本主义工业文明的历史，中国被迫开始了痛苦的转型。只有从不同的文明结构这一更宏观的角度来考察，才能更深刻地理解近代中国的失败与帝国文明崩溃的原因。因为近代以来的历史，就是中西方两种不同文明结构冲突的历史。

这里我们先来看中华帝国文明的结构特征。它实际上是一个大一统的以"安分敬制"为基础的文明，社会个体"各守其分，不得相侵"，如同没有生命的城墙上的砖头，整齐地堆砌起来，这个文明中的人们，生活在三纲五常原则建构起来的整齐划一的社会秩序中。这是一种"求定息争"的非竞争性的文明。它的体量虽然很大，在近代以前，虽然可以通过规模效应，形成对前资本主义西方的"GDP优势"。但这种"砖墙式"的帝国结构本身，与西方文明的类似生物细胞体的多元结构相比，它缺乏微观的个体活力，因而也就缺乏微观试错的变异能力，在宏观上，也就相应地缺乏对变化了的环境的适应能力。这导致了它自身既不能发展出资本主义，到了近代，也无力应对西方资本主义文明的挑战。

中华文明的演化也是一个漫长的过程，人们自然会问这样一个问题：中华文明在春秋战国时代，也曾经生气勃勃，有百家争鸣，为什么后来会演变成为一种近代以前那样的非竞争性的文明？

从春秋战国到秦汉帝国，是中国文明史上的关键时期。也可以形象地说，是中华文明潮流的九曲黄河的大转弯。春秋战国时代，华夏文明内部也是列国并存的，是多元的，由小规模的诸侯国家构成的，这些小共同体是自治的，它们的边界是开放的，人才是可以在各国之间自由流动的，列国彼此是竞争的。这种情况与西欧文明结构颇为相似。

严复在《原强》中是这样概括西欧文明特点的，那就是"一洲之民，散为七八，争雄并长，以相磨淬，始于相忌，终于相成，各殚智虑，此日新而彼月异"。春秋战国时代的华夏民族也是如此。各国在竞争中日新月异。这种小共体之间的多元竞争型结构，能不断地焕发文明的生机与活力。中国那时是一个产生"大家"的时代。当我们阅读百家争鸣时代的诸家思想言论，我们都能感觉到那个时代的先人是何等的敏锐、机智，他们对人生与世界的洞察力是何等的深邃。丰富的思想观点层出不穷，中国传统的思想学术基础，都是在那个时代奠定的。

但这种多元竞争型文明结构并没有长期持续、稳定下来。春秋无义战，生灵涂炭，为了避免战乱，于是出现了霸主政治，在当时的一些有影响力的大国中，先后出现了五个霸主，这些霸主力图利用自己的实力与权威，在各国之间建立起妥协与和平均势，如果这种妥协与均势能稳定地形成，并一直延续下去，那中国就会如同西欧一样，保持着多元共同体并存的格局，那么中国的历史真就要重写了。然而，古代的中国华夏地区这种多元格局，到秦汉就结束了。此后两千年，中国基本上走的是一条以大一统的帝国文明为基本形态的历史路径。

我们可以追溯中国文明从多元竞争到大一统的路线图：第一阶段是从西周分封以后到春秋时代，是诸侯国多元并存格局。第二阶段，是战国时代的兼并战争时代。第三阶段，到了公元前4世纪，为了适应兼并战争中生存的需要，各国通过变法先后走向"军国化"，即国家以更高效的战争动员这一目标作为改革的方向，纷纷把国家变成中央集权的战争动员机器。在这方面最为成功的是秦国。公元前2世纪，最后结局是秦灭六国，中国演变为秦以后的郡县制的中央集权的帝国体制。

众所周知，我们祖辈生活于其中的这个帝国文明的基本形态，是皇帝—官僚—士绅相结合，形成中央集权王朝，周期性的一治一乱。秦汉以后，经由三国、两晋、南北朝，之后就是隋、唐、宋、元、明、清。每个王朝如同一个人一样，有青春时代，然后进入中年，被生老病死的问题所纠缠，经历了从盛世到衰亡的历史命运。经过漫长（如魏晋南北朝）或短暂（如五代十国）的分裂，但最终中国在乱世后又会回归于大一统中央集权的郡县制王朝。

正如有学者比较中西文明的历史后所指出的，中国的历史虽然丰富多彩，但这一郡县制帝国的历史循环，比起西欧封建社会复杂丰富的演进史来说，要简单得多。

郡县制的政治治理架构，在秦帝国基本上已经定下来了。然而，秦朝是一个新兴的帝国，制度创设还处于粗放阶段。粗放的制度，如同没有加工过的产品毛坯，质地很差，秦朝的崩亡就是因为这个体制缺乏必要的内部平衡机制，难以抑制秦始皇、秦二世这样的当政皇帝的非理性行为。但到了汉武帝时，帝国文明进入了比较精致化的阶段。汉武帝颁布了推恩令，建立了十三州刺史，通过"罢黜百家，独尊儒术"，确立了儒家的意识形态"道统至尊"地位，帝国文明的教化系统是以"道统高于皇统"的原则建立起来的。儒家的道统至尊就意味着，一个王朝的皇统是否尊顺儒家的道统，是它是否具有合法性（天命）的依据，这样的文化机制形成了对统治者行为的一定程度的约束，相当程度上实现了体制内部的生态平衡。

可以说，中国那么早就统一了，按理说，文明进步可以在稳定环境里实现了，两千年来，为什么中国并没有如欧洲那样，发展出更高级的工业文明形态，而始终在农耕文明的水平上打转？这个问题过去以"为什么中国没有发展出资本主义"的问题提了出来,许多学者认为这个提法是假问题,他们的理由是,不能用"资本主义"这个发生在西方的特殊现象,作为问题来套用中国,然而,如果我们再往深处想一下,这个问题确实是真问题,即使不用资本主义这个词。

这里必须指出的是,中国文明与西欧文明存在着一个根本区别,中国是以"整体抑制个体"的以"安分敬制"为原则的文化,西欧是以个体的多元竞争为基础的文化。这可能是问题的关键。

要了解这一点,还要回到荀子的观察。众所周知,在小农经济下,有一个特点,那就是,由于个体的生存方式和消费方式大体相近,是同质的。荀子很早就发现了这一点,同质个体的喜好和厌恶的东西大体是相同的(如农耕社会的土地、口粮、劳动力、水源),即荀子所说的"欲恶同物",而社会资源则是有限的,如荀子所说的"欲多而物寡"。于是这种同质个体之间的竞争就只能是荀子所说的"寡则必争"。在《富国》篇里,概括起来就是"欲恶同物,欲多而物寡,寡则必争矣"。这种同质个体为了同样的物而进行的竞争,是很难实现均势与平衡的。荀子有个说法,"人之生不能无群,群而无分则争,争则乱,乱则穷"。从文明史的宏观角度来看,这就是华夏的农耕文明同质性竞争陷入的恶性循环与难以摆脱的困境。

我们可以做出这样的判断:春秋战国之所以无法实现各国之间的均势,其原因与同质体结构的"欲恶同物,欲多而物寡,寡则必争"的特点有关。事实上,春秋无义战,战国兼并战争无法抑制，其根本原因，就是这种同质体结构，由于无法解决这个矛盾，各国虽然是多元并列，但农耕经济生产方式与生活方式、文化形态、价值观念与思维方式，可以说基本上都是同质性的，"欲物同物，欲多而物寡，寡则必争"的矛盾存在于各国关系中，它们之间是无法实现异质共同体之间通过不同利益交换而达成的契约的，因而也是无法实现有效、稳定的均势的。此种同质国家之间的兼并战争，不是两败俱伤，不是有你无我。这就决定了，在华夏文明内部的各国之间，就不得不通过经验试错的方式，来寻找解决问题的出路，战争国家之间的竞争最终走向大一统，就是这样的经验试错过程，以大一统来克服这样的困境，也就成为华夏文明集体经验的成果。这也是欧洲文明始终"散为七八"，而中国文明则走向大一统专制文明的原因。

在已经建立起大一统的专制王朝之后，小农经济的同质体结构并没有改变，同质体之间，即个体之间仍然会发生资源争夺，用什么文化手段来克服这一结构困境？中国的古人在长期集体经验与试错过程中，终于找到了一个办法，那就是通过"分"为基础的等级秩序，来实现同质个体之间分配平衡。《荀子》中有段话概括了这种办法的实质："无分者，人之大害也，有分者，天下之本利也，而人君者，管分之枢要也。"在这里，"分"（同"份"）就是每个人根据自己在社会中承担的社会角色、根据角色所发挥的社会功能或职能，被安排在不同的等级中，根据等级的高下，由体制分配给他不同的地位、荣誉和各种稀缺资源。

有了"分"，秩序就建立起来了，儒家的"克己复礼"，就是要求社会成员通过抑制个人竞争的欲求,恪守以"分"为基础的礼的秩序,这样的秩序就是三纲五常的秩序,就是"各守其分,不得相侵"的秩序。"分"能够起到求定息争的功能。人人按自己的"分"来接受分配给他的稀缺资源,天下就自然太平安宁。纲常就是"分"的秩序原则;礼教的目的,就是规范社会成员,使之尊重"分"的秩序;人君就是管"分"的枢要;刑律就是对违反"分"的社会成员予以惩治的威慑手段。整个中华文明体制中的各种文化要素,都可以根据其对于稳定"分"的秩序的功能予以理解。

正是在这个意义上,华夏文明大厦就是以"分"的原则建立起来的文明。"分"可以说是中国文化的最为核心的概念。如果要用一个字来概括中国传统文明,那么,再也找不出比"分"更为恰当的词了。中国文明中,一切其他的文化要素都是以"分"的原则为基础的。"分"提供了帝国社会结构中的基本的组织原则,它是这个同质性个体构成的社会秩序的关键所在。它要求个体"安分敬制"。在以"分"为基础的文明中,"无分之争"是必须受到抑制的,甚至是要受到排斥的,因为"无分之争"会导致"争则乱,乱则穷"。按角色(父母、兄弟、长幼、夫妇、君臣、亲疏、官爵高下、内夏外夷等)定"分",按"分"的高下确定享有的礼器多少,按礼器的高下,来分配财富、权力、名誉、机会,从而代替通过竞争来分配资源。这样的社会,就可以有一目了然的秩序。这种固化的以"分"为基础的秩序,通俗地说就是依等爵来排座位的秩序,是不需要个人的竞争努力的。

然而，问题的关键就在于，一旦排除了自主个体之间的竞争，就抑制了个体在竞争中才会焕发的才智、激情、个性优势与创新力。这样的文化，在宏观上就必然是缺少生气的。这样的文化必然是缺乏对环境变化的反馈能力和适应能力的，从长远来看，这种"分"的结构，当然竞争不过欧洲文明由无数个自主活动的细胞聚合而成的生命体。

虽然，中国在隋唐以后实行了科举考试制度，这种科举制给予社会个体以竞争的机会。并激发了个人为争取享有更多的稀缺资源（如荣誉、权位与财富）而努力奋争的热情，但科举成功的标准，并不是让考生激发自己的创新思维，而是背诵经典条文的求同思维。科举确实是一种前现代社会中的阶层开放性制度，其开放性的优点，反而被用来强化大一统的"分"的教义与定型化的"安分敬制"为核心价值的思维模式。

正因为如此，中国的集权文明，其内部细胞，用严复的说法，就如同城头上的砖块一样。砖墙式的个体是没有生命力的。

华夏文明靠的是大一统下的巨大的规模效应。文明的漫长延续，靠的是周期循环后的大一统文化的自我修复。如果没有近代中西方文明的碰撞，这个帝国结构还会沿着朝代的轮替继续下去。这种文明形态与西欧文明通过多元竞争来实现文化生命的进步不同。这让我想起了黑格尔的那句名言"万古长存的山岭并不胜过转瞬即逝的玫瑰"。正是在这个意义上，中国古代文明可以说是"城墙文明"，欧洲文明可以说是"玫瑰文明"。

从文明结构差异看中国应对西方挑战的失败原因

中西文明结构上的不同，为什么会导致近代中国的失败？可以说，中国文明与欧洲文明，从源头上就不同，前者是同质体文明，后者是异质体文明；前者发展出以"分"为原则的大一统文化，后者发展出以鼓励多元个体的竞争为基础的契约文化。大一统的"分"，造成砖石般的无生命的齐整划一，竞争中的多元，造成竞争体的生机勃勃。

与大一统的中华文明相比，欧洲文明具有竞争性的文化性格，这与欧洲地理环境的多样性有关。欧洲存在着山地、丘陵、平原和曲折的海岸线，生活在不同地理环境中的人，从事不同的经济生活，山地人种葡萄，平原人种粮食，丘陵人放牧羊牛，沿海人从事渔业，他们必须彼此交换自己的生产品才能满足生活所需，这样，从事不同经济生活的部落与人群之间，就形成商业交换，这就是异质个体之间的相互依存，商业契约必须由商法来保障，这样，异质个体之间，异质共同体之间，不同的国家之间，就由多分元竞争中形成的契约与商法来形成宏观秩序。这也是严复当年到英国留学后观察到的历史上的欧洲文明的特点。用严复的话来说就是"一洲之民，散为七八，争雄并长，以相磨淬，始于相忌，终于相成"。

欧洲中世纪的国家和城市为何能发展出资本主义？了解了中西文明的区别，也就能了解这一层了。西方文明从历史上就形成了这样一种几何形态：多元性、自治性、小规模性、竞争性、边界的开放性、流动性。在这样的形态里，多元个体与共同体在应对环境的压力与挑战时，很容易形成多元个体自主应对环境挑战的微观策略，无数个体自主地根据自己对外面挑战的适应手段，产生不同的办法，这些办法有的成功，有的失败，其中成功的办法，能通过边界流动而传递到其他共同体。这样，整个社会就可以由此而形成新的文化适应力。这也是为什么个体创新引起整体社会变迁的机制。

新制度主义经济学就是这样来解释西欧为什么会发展出资本主义的。新制度主义经济学家认为，西欧中世纪散布着许多多元自治的城邦国家，这些国家和城市的统治者为了强化自己的竞争能力，通过无数次的试错，逐渐形成了一种新办法，通过吸引资本、人才的政策来增强本国的生产能力和财富，进而发展出了一套有效地保护私有产权、工商业，保护个人创新的制度环境。其中某些城市最早发展起能保护工商业的法律，让工商业主能安全地获得利益。其他国家为了避免本国工商业主流动到先进国家去，为了应对战争需要，获得更多税收，不得不仿效先进城邦的新制度，这样，资本主义的经济、法律与文化，就通过这种方式不断从一个点到面地扩展开来。正是这种多元性、自治性、小规模性、边界开放性与社会流动性，让资本主义的经济、文化与精神得以形成并最后完成了整个欧洲社会向资本主义社会的演变。资本主义并不是根据某些理性原则人为设计的，而是人类无意识的试错与适应环境过程中演变过来的。正如一位德国学者所言："欧洲的不统一曾经是我们的幸运。"

而在大一统的中国文明中，在以分为基础的文化中，就不可能出现这样资本主义发展了，过去人们谈中国所谓的"资本主义萌芽"，如果从以分为基础的大一统文化与多元竞争文化这样的文明比较来看，实际上就是一个假问题。中国没有资本主义萌芽。因为萌芽暗示着它会发育生长。与其说是萌芽，不如说是死胎。

从文明的几何结构，从微观结构对宏观结构的影响来谈问题，比起就事论事地谈近代史，更能说明为什么帝国文明在近代败于欧洲文明。只有理解了这种几何结构，才能对文明特性有更清晰的认识。

为什么我在这里要反复强调文明结构的比较？因为我们现在有不少学者仍然有一些糊涂的看法，总是拿近代以前的中国文明超越当时的世界其他各国来说事，如果以现代化过程中产生的用来衡量工业化程度的指标"经济总量"或GDP来衡量前现代社会，那会造成很可笑的错位误读。把小舢板用竹条连接起来，并不意味着可以达到航空母舰的总量。

从文明结构角度看百年中国的分期

中国的近代化实际上是从19世纪60年代的洋务运动开始的，而不是从鸦片战争开始。当时少数的洋务派政治精英，从"天下中心"的梦境中醒过来，开始追求富强的现代化过程。

要评价中国改革开放这40年，我们就需要先剖析近代以来一百多年中国经历的六种政治选择过程：清王朝的改革运动，辛亥革命后的议会民主政治，袁世凯的强人政权，国民党的党国威权政治，毛泽东的革命运动政治，邓小平的改革开放政治。这六次政治选择构成百年中国现代化的曲折故事，它们的展开，与中国传统帝制下的近代化的特质仍然有关联。换言之，帝制文明正是这个故事的历史背景，只有对背景有足够的认识，才能解释百年史。大体上我们可以把百年中国的历史，从文明结构的角度概括如下。

首先是清帝国的开明专制化运动，这一运动经过洋务运动、戊戌变法和清末新政。可以说，帝国文明应对西方挑战的失败，导致帝国的崩溃与不成熟的民主体制的建立，此后的北洋军阀混战，说明中国进入了后帝国时代的碎片化时代。

其次，20世纪20年代后期，中国国民党与共产党两种政治势力进入政治舞台中心。它们都想以自己的方式重新建立统一的整合力量。国民党失败了，失去了资格，中共革命则取而代之，共和国是继帝国文明后的新的统一政权。

1949年到1976年，是计划经济模式主导了中国的发展。这种革命动员模式具有苏俄列宁主义组织的强大整合力量，足以控制中国这样的超级规模的大国，并取得巨大成就，但这种完全的计划经济与单位所有制，终究是难以引领中国实现现代化转变的使命的。

直到"文化大革命"结束后的1978年，中国进入改革开放时代，才重新通过社会主义市场经济，实现了从千年史上的"安分敬制"的文明结构，向多元竞争性的文明结构的大转变。

洋务运动与戊戌变法没有完成清帝国的开明专制化

在这里，让我们对近代中西文明发生冲突以来的大历史，从多次政治选择的角度，做一个简要的梳理。

让我们从清帝国的开明专制化过程谈起。清帝国在受到西方列强的挑战后，最早的选择只能是一种开明专制化运动，因为当时的精英只能在给定的条件下，运用当时的帝国体制来解决面临的问题。要仿效先进国家的军事力量，就必须在帝制条件下，进行政策创新。这一过程就是帝国的开明专制化，因为只有把专制帝制转变为开明专制，才有可能适应这一历史使命。

德国、日本、奥斯曼、中国都是传统帝国，但它们适应现代化的能力与现代化的成效都各不相同。有的成功地实现了现代化，有的则在现代化过程中走向崩溃。关键在于，这个帝国体制的制度结构是否具有相对的开放性，是否鼓励制度创新，其文化是否具有容纳自我更新的韧性。如果一个帝制文明具有足够的开放程度，能有效地进行政策创新，能有效地利用帝制传统来引进现代化，那么，它就有可能经过变革而发展成开明专制主义。德国的威廉二世改革、日本的明治维新在这方面比较成功，中国与奥斯曼帝国则相反。由于无法从传统专制转化为开明专制而不可避免地走向崩溃。

中国最早的现代化是洋务派发起的，洋务派就是帝制下的政策创新派。洋务运动的逻辑是想通过国防现代化来应对强敌,这种世俗理性觉醒的过程并不是人权和自由的启蒙意识,而是被民族生存危机而激发的以摆脱危机为目标的趋利避害意识。但这种运动一旦开启,就具有"弥散效应",只要在军事自强运动中走出第一步,就必须走第二步、第三步。要发展军事工业就不得不发展重工业、交通运输业、采矿业,这些则需要大量的资金投入,而小农经济很难积累如此大的资金,他们又要想其他的办法。为了培养懂现代工业技术的人才,他们不得不引进新式教育,建立同文馆、译书局等,这种弥散效应不可避免地发生。

洋务运动之所以效果很差,与中国文明的"砖墙结构"有关,中国文化的根基是"平争泯乱",各安其分,民智、民德、民力均已经衰退,难以适应变化的需要。

相反,日本文明的现代化转型,却比中国要顺利得多,日本转型的顺利,恰恰又与日本传统结构具有与欧洲文明相似的小共同体的多元性有关。众所周知,日本传统社会结构并不是中国那样的大一统郡县制,而是由两百多个藩的小共同体构成的,这些小共同体的多元性、自治性、竞争性、边界开放性与社会流动性的结构,更容易形成多元试错的机制。日本的浪人如同春秋战国时代游走于列国的客卿,他们可以自由地选择自己的发展方向,这样的结构很容易产生应对西方挑战的人才与制度,正因为如此,日本的明治维新比中国得以更快地、更有效地实现了现代化转变。中国与日本的巨大落差,就决定了中国甲午战争的命运,中国在这次战争中的惨败,不仅仅是现代化能力低于日本所致,而且是现代性的制度生长能力不足所致。中国的官僚士绅政治精英陷入了更沉重的焦虑和危机感中，在这种情况下，变法运动出现了。

戊戌变法由于主导者采取激进的战略而遭到失败。在甲午战争失败以后，中国精英中的危机感广泛形成，这时，一批没有经验的书生突然被皇帝赏识，并进入决策系统，他们在危机焦虑感的支配下，提出大而无当的大改革方案，却根本不考虑实施的可能性，光绪皇帝在短短百日内，发布了二三百道并非深思熟虑的改革上谕，这种毕其功于一役的激进变革，不仅大大地触犯了保守权贵的利益，而且也影响了普通士绅官僚的利益。于是就出现了顽固守旧派（徐桐、倭仁等）、曾经一度支持改革的既得利益者（慈禧和荣禄）、温和的改革派（张之洞、孙家鼐等）三股政治势力联合反对激进派。他们形成了反对激进改革的保守同盟。最终康有为在完全缺乏条件的情况下，又孤注一掷地要搞杀太后的政变，其失败是必然的。

这一事件说明了什么？百日维新的激进化与失败，可以说是对僵化的大一统官僚体制的因果报应，更具体地说，变法的实质是当集权帝国陷入巨大危机，士绅官僚陷入群体性的焦虑时，这种排斥多元文化的大一统体制、僵化封闭的官僚体制内注定难以产生适应这种挑战的人才。广大的官僚士绅阶层受体制约束，没有世界眼光，没有新的观念，对外部世界一无所知。当时的甲午战争前夕，整个北京书铺找不到一张世界地图出售。而恰恰在大一统体制中的边缘知识人中，由于不受体制的约束，由于他们处于相对自主的生活状态，反而能自由获得外部世界的知识，培育了世界眼光，又具有知识人的敏感性，因而得到皇帝的赏识，然而，这些知识分子却有一个致命的弱点，那就是他们缺乏体制内角色的训练，对于体制的复杂的操作过程，几乎是一无所知。由他们来推行改革的话，实际上就是"上负其君，下累其友"，是"书生误国"，是"庸医杀人"。

从戊戌变法失败可以看出，这个以"分"为组织原则的传统帝国体制本身就具有"反向淘汰机制"，它的传统科举制，把有新异思想的人都排除出去了。皇帝不得不把眼光投向那些民间人士，这些民间精英人士由于没有受过官僚体制的浸染、不受体制的约束，能自由思考与观察问题，从而具有鲜活思想与世界眼光。然而，此类人的致命弱点也恰恰在于他们与体制疏离，因而缺乏体制内的从政经验与历验。然而，这种经验又恰恰是在官僚体制内进行变革所必备的。例如，他们甚至提出把西藏卖掉，换钱来搞变法，他们要求全国老百姓穿西装，以示精神面貌焕然一新。皇帝就在他们的鼓动下，在短短一百天里，发布了二三百道变法诏令，其中绝大多数是不切实际，甚至无法操作的。在改革没有得到社会支持，他们觉得独立无援时，又听信社会上毫无根据的谣言，误认为慈禧即将于九月阅兵政变，于是先下手为强，策动袁世凯围攻颐和园，戊戌变法人士书生误国，成事不足，败事有余，是戊戌变法失败的原因，也是中国官僚体制变革的大悲剧所在。

因此，我们不能简单地怪罪变法人士无能，还要看到变法失败与中国"求定息争"传统文明的弱点有关。在这样的文明中，压抑个体的自主性与创新性，使体制内官僚阶层中难以产生应对国际局势的人才。这与日本明治维新时代从幕府与民间浪人中涌现大量适应环境挑战的新型人才恰形成鲜明对比。以"分"治国的原则，体现在宋儒吕祖谦对《周礼》的功能阐释之中："朝不混市，野不逾国，人不侵官……尺寸法度不敢逾，一毫分寸不敢易……贱不亢贵，卑不逾尊，一世之人皆安于法度分寸之内，志虑不易，视听不二。……何往而非五体六乐，三物，十二教哉？"这样的文化是以拒绝、压抑一切有可能破坏"分"的结构的竞争性为其特征的。严复在一百多年前的《论世变之亟》中，指出中国文化的关键就在于，"春秋大一统，一统者，平争之大局也""故宁以止足为教""生民之道，期于相安相养而已"。这样一种文化，它在近代与西方文明碰撞后的命运，就可想而知了。

戊戌变法失败后权贵保守派进入政治中心，形成一种反向运动，对所有的改革措施都一律严加取缔。这种反向运动几乎走到了极端，顽冥不化的保守派甚至挑动义和团去攻打外国使馆，从而引起八国联军的入侵，中国再次屈辱地签订了《辛丑条约》。

在这种危机下，清末统治者才意识到非进行大改革不可，慈禧太后也想迎合人们的改革愿望，用大幅度、广范围、高难度的改革，来克服危机，挽回统治者的威望。但这样做又形成了恶性循环。可以说，中国人陷入了前文所述的"急诊室效应"。这种"急诊室效应"的出现，是帝国文明适应西方挑战失败的明证。

清王朝在庚子国变后进行的新的改革运动，被称为清末新政运动,统治者下决心要通过大幅度改革,来挽救中国的命运。这场清末新政持续时间长达11年之久,禁鸦片,引进实业,奖派留学,发展新式教育,进行法制改革,建立巡警部,开设福利院,军事、国防,外交改革也齐头并进,其幅度之大、范围之广,远远超越洋务运动与戊戌变法。但统治者已经陷入了权威危机,排满民族主义思潮已经崛起。清王朝气数已尽。排满革命压倒了改革。清王朝也因近代化的失败而走向了崩溃。

严复早在《原强》《论世变之亟》中,就揭示了中国文明的"运会"的悲剧性,他说,"运会既成,虽圣人无所为力"。只有理解了传统中国文明以"分"为基础的"砖墙结构",才能理解中国的近代化为什么失败。

至于这种"砖墙结构"在多大程度上影响到20世纪中国的命运?我们可以在以后的讨论中来分析。

从20世纪革命到改革时代
——重新解释中国大历史（下篇）

帝国文明崩溃后的20世纪初期

在上篇中已经指出，中国两千年历史上形成的郡县制帝国文明，是一种以"安分敬制"为核心价值的文明，其特点是，根据各社会成员的角色与功能，例如君、臣、父、子、士、农、工、商，规定了相应的等级"各守其分，不得相侵"，并根据等级高下，来规定各自享有的稀缺资源（如财富、地位、荣誉、权力等），以此来避免"无分之争"。这样，整个社会就通过避免个体之间多元的竞争，形成静态的稳定与平衡。这种文明的中心价值是社会成员"安其分，敬其制"，通过类似于城墙上排列整齐的、功能不同的砖石的有序性，来保持刚性秩序的宏观稳定。中央集权郡县制是适合于这种分子排列结构的。这也是自秦汉以来，中央集权的大一统王朝在每次大分裂的乱世以后，仍然再次恢复的原因。严复在留学经历中观察中国与欧洲文明的区别之后，说"东西二化，绝然悬殊"，就是指出中国文明的分子结构类型与西方根本不同。

然而，近代中国的情况是，处于这种"城墙文明"结构中的社会成员，由于缺乏微观的竞争能力与变异能力，无法适应近代西方文明对中国的挑战，清王朝又无法通过变革而转变为开明专制主义，从而不得不走向崩溃。

专制体制推进中国近代化的失败，在20世纪初期的中国，就造成了以下两个消极后果。

第一，中国在北洋军阀混战时代，陷入"旧者已亡，新者未立"的失序状态。要重新建立一种新的国家权威，来重新统一幅员如此广阔的超大规模的落后国家，其难度之大就可想而知。须知帝国文明是在两千年的中国人的集体经验中磨砺出来的。中国的郡县制文化中，积淀着许多宝贵治理经验与智慧，这种自上而下的权威秩序，由于长期受到人们的尊顺，本来是统治精英可资利用的社会资本（social capital），通过改造与创新适应以后，可以用来形成一种"整体号召机制"，稳定社会，发展经济，推进富强大业。一个开明的皇帝如果有足够的权威，他甚至可以成为激励社会大变革的总指挥与改革的杠杆，而经过改良的有效的官僚系统，也可以用来推进帝国的变革运动，这样，中国的现代化过程就可以圆顺地进行，就如同当年俄国彼得大帝、德国威廉二世、日本的明治天皇那样。然而，由于清帝国的崩溃，再重新建立一个统一的、受到被统治者尊重的有效的权威，那就十分困难。这也是当时推翻帝制的政治精英们没有预料到的。

中华传统帝国文明的崩溃，辛亥革命后的民主体制的建立，对于中国现代化来说，造成了长期的脱序状态与失范危机。旧的文化价值与制度规范已经被革命摧垮了，新的制度规范却又缺乏足够的支持性条件，因而无法稳定地建立起来。当一个国家的新的规范与旧的传统规范都无法有效地制约人们的行为，无法整合社会秩序，这样的社会就陷入了持续的混乱状态。这就是社会学上所说的失范危机。严复说过，20世纪初的中国，"旧者已亡，新者未立，伥伥无归"，指的就是这样的状态。事实上，从辛亥革命开始，中国就开始进入这一文化失范过程。

帝国文明崩溃以后的第二个结果是，各种浪漫主义、激进主义、唯意志论式的乌托邦主义，就从此开始盛行起来。这是因为，原先维持秩序的各种传统文化与社会手段，随着王朝的崩溃而逐渐失效，中国的新一代革命者，不得不另起炉灶，重新选择新价值，创设新制度、新文化。

然而，这些新制度、新文化不是根据本民族千百年来在适应自身环境过程中形成的集体经验，而是根据当时人们主观的浪漫意愿，根据人们受到现实挫折之后产生的逆向情感为基础，或根据当时政治精英们想当然的"道德原则"或"理性原则"，或出于对外国先进制度的朴素惊羡，以此来作为选择新制度的标准的。尽管这些良好的意愿是发自内心的，对于许多政治与知识精英来说，也是出于爱国之心，但毕竟是主观的、情感化的、教条化的，甚至浪漫主义与唯意志论的各种因素都会干扰、支配政治精英与知识精英的选择倾向。这样，一些没有经过民族集体经验过滤的、想当然的、漫不经心的治国蓝图与政治选择，就会登堂入室，在20世纪的中国如入无人之境，横冲直撞，并影响到20世纪中国的历史命运。

换言之，当一个民族原有的传统不能成功地应对西方文明的挑战，这个民族陷入生死存亡的危机之中，新一代的人们为了保国图存，而否定了本民族作为集体经验的传统，这在当时被认为是天经地义的合理的选择，但这样做却又带来另外的严重问题。那就是，由于不曾受到本民族的集体经验与传统的筛选、检验与过滤，一些充满理想主义的知识分子所做出的、想当然的制度设计，就会被社会大众漫不经心地接受下来。

这种种与中国人的集体经验无关的、浪漫主义的、想当然的、粗糙而没有任何学理根据的治国方案，如入无人之境地在中国广泛流传并影响中国的历史选择。这些新的制度一旦实施，也会给中国人带来各种新灾难、失范困境与问题。20世纪中国作为老大弱国的内忧外患，与激进主义的制度创设导致的失范，这两方面的因素会叠加起来，并交织在一起，造成20世纪中国现代化的艰辛曲折。这种种灾难与不幸，也可以说是大清帝国近代化失败的结果，从更长远来说，也是两千年的刚性的"安分敬制"文明缺乏适应力的结果。

例如，最早表现出这种漫不经心的浪漫主义的，是清末筹备立宪时期的杨度。杨度到了北京，受到社会大众与士绅精英极为热烈的欢迎，到处请他讲立宪，处于鲜花与掌声中的他，被社会视为中国"头号立宪权威",他私下里都有些过意不去,因为他自己知道自己在这方面的政治知识十分有限,其实他知道的都是一些似通未通的"皮毛"。例如,杨度主张激进的"民定立宪",他的高论是,英国与日本采取的是保守的"钦定立宪",法国与美国等民主国家采取的是更先进的"民定立宪",至于中国采取哪种,关键是看先成立国会,还是先宣布宪法。在杨度看来,"民定立宪"比"钦定立宪"更先进,而能否享受这种先进立宪,并不取决于一个民族的历史文化与经济发展条件,而仅仅取决于主张立宪的人是否先发制人,是否行动得更快。因此,只要国人力争先成立国会,让国会制定宪法,就可以享有世界最先进的"民定立宪"制度,否则就只能退而求其次,不得不接受皇帝的"钦定立宪"制度了。

事实上,一个国家采取何种宪制,是历史上社会经济不同发展阶段的产物,与主观上争取国会开设的早晚并无任何必然的关联。如果缺乏支撑民主宪制的社会经济条件,"民定立宪"会引发政治参与的爆炸状态,会造成更大的失范危机。然而杨度这样一种皮相的、毫无根据的观点,居然被主流社会认为是毋庸置疑的至理,于是纷纷采取激烈的国会请愿运动,以为如此就可以实现让中国享有世界上最先进制度的美好目标。

另一个例子是,中国辛亥革命以后,直接采取了中国人根本不熟悉的多党议会民主制,来作为推进富强大业的工具。而这种制度设计同样也是浪漫主义的产物。孙中山就认为,既然西方花了数百年,才发明了议会民主这个好制度,而我们中国就可以方便地拿过来直接采用,孙中山比喻说,这就正如采用西方人制造了新型火轮车(火车),我们有了铁路,可以直接购用最新式的火车头一样。

在南北和谈期间,宋教仁一个人关在房间里,花一两个月时间,就设计出一部《临时约法》,该速成的宪法草案几乎没有经过修改与审读,就在中华民国的国会上顺利通过并加以实施。然而,从法理学上看,它却是由缺乏专业知识的人士粗制滥造的作品。它在政治上根本无法操作,且会造成无穷的纷争与党争,而当时却无人来指出这一点。

众所周知,正常的内阁制,一方面规定,国会可以通过表决行使对内阁的弹劾权,但同时又规定,受到弹劾的总理与内阁成员可以向总统申诉,总统则拥有解散国会、重新进行全国大选之权。这样的双向规定可以起到有效制约国会、防止其滥用权力的平衡作用。更具体地说,那些面临总统宣布解散国会实行全国大选的前景的国会议员,是不敢轻易弹劾内阁总理的提案的。然而,宋教仁制定的《临时约法》中,却故意取消了总统对议会的解散权。他只考虑到国民党作为反对党对袁世凯的"民主"监督权,而根本不考虑到总统应有的权力,以及国家大法应有的平衡性与可操作性。其势必引发宪法内无法解决的矛盾,导致"国会专制"与无穷的党争,最后发生二次革命。

1915年,美国当时著名的宪法学专家、哥伦比亚大学法学院院长古德诺来华对中国的宪政体制进行考察以后认为,即使按西方的标准,《临时约法》的设计也是矛盾百出、无法操作的"不及格"作品。虽然古氏受袁世凯之邀来华，袁氏有其打击国民党政敌的自私目的，但古德诺从宪法学的学理角度对《临时约法》的批评，也是有其学术价值的。

事实上，1913年袁世凯废止《临时约法》，在法理学上说是有充分理由的。袁世凯死后，黎元洪、段祺瑞这些军人，这些现代政治的门外汉，为了满足南方各省、各派系政客参与南北联合、统一中国的意愿，漫不经心地决定重新恢复《临时约法》。而这部《临时约法》早已经被多年来的政治实践证明，只会造成无穷分裂。对于《临时约法》的严重弊端，连梁启超这样的当时被称为"大师级"权威人物也都没有清醒的辨识力。此前，梁氏在回国后发表参政演说时，也承认，自己对议会政治一知半解，但却被社会公众公认为是"头等专家"。

当时只有严复才认识到《临时约法》问题的严重性，但人微言轻，没有多少人重视他的意见。其结果是《临时约法》被段祺瑞再次恢复后，"府院之争"再起，政见之争与利益之争交织在一起，严复警告过的"国家将因《临时约法》恢复而分裂"的预言，就不幸应验。民国成立后不久，中国就从党争不断而陷入全国性的南北军阀战争。整个国家也日益陷入碎片化的状态。此后的中国就不得不进入一个漫长的重建权威与重新整合的过程。

事实上，连中华民国的大总统袁世凯本人，对宪政与共和体制的理解都可以说是一头雾水。民国时期的外交家顾维钧回忆自己年轻刚回国在外交部工作时，有一次向袁世凯总统汇报某事，当时只有他们两人，当他转身离开总统办公室时，突然袁世凯叫住了他，问他："你说说，共和是怎么一回事。"这个小细节足以清楚说明，当时中国包括总统在内的政治精英层对已经在中国运行的西式民主体制是多么陌生。

到了1919年，五四新文化运动兴起，新文化运动主张打倒旧传统，主张启蒙理性主义，这对于批判旧传统的负面性，应该说是功不可没，但新文化运动中的激进反传统主义对民族集体经验的全盘否定，使这种本土的集体经验不再能发挥过滤、筛选外来制度文化的功能，从而进一步导致各种舶来的主义、信仰、制度、文化以及各种浪漫主义的唯意志论，在中国长驱直入，如入无人之境。这些也可以看作"旧者已亡，新者未立"的直接后果之一。

从碎片化中国到革命中国

如果说，从1840年鸦片战争到1928年北伐统一中国的这一段历史，就是帝制文明在应对西方挑战过程中经历持续不断的失败，中国由此陷入碎片化的过程。那么，从北伐统一到中共再次建国，就是一个从国民党的威权体制统治下的半碎片化状态，到重新走向共和国的大一统的历史过程。下面，让我们简要地回顾一下这段历史。

中国这样巨大规模的落后国家处于碎片化状态时，存在着两种历史前景。一种前景是，始终找不到形成统一政权的出路，中国将陷入持续的战乱与分裂的"失败的国家"的命运。各势力之间争战不断，生灵涂炭，就如同春秋战国、五代十国一样，或现在的海地、索马里一样。

另一种历史前景是，某一大国深深卷入中国事务，并支持某一政治军事势力，这样就会使之在军阀混战的中国鹤立鸡群，重新出现类似"秦灭六国"的历史趋势。更具体地说，在各势力的混争局面中，某一种政治势力得到外国支持而强势崛起，强大到足以统一全国，对军阀势力各个击破，最终统一全国。

从20世纪20年代以后的中国历史来看，后一种历史机遇出现了。十月革命以后的苏联，在第一次世界大战以后，为了摆脱受孤立的状态，努力通过支持中国民族资产阶级的反帝国主义的革命运动，在东方寻求同盟者。于是，在苏联的支持下，中共党员以个人名义加入了国民党，以此来实现"国共合作"，苏联则对国民党进行军事支持，帮助国民党打败北洋军阀，并统一中国。此后，源源不断的苏联军事专家与先进武器通过海参崴运送到广东。通过这种方式，国民党势力就在军阀林立的中国鹤立鸡群，在军事上强大起来，1926年，国民党通过北伐，把各路军阀各个击破，并于1928年进入北平，不久，张学良参加了国民党，东北军阀政权改旗易帜，国民党政权取得北伐后的全国统一。

在这个模式下，1928—1937年的国民党开始了新的现代化尝试，这一时期也被称之为"黄金十年"。据统计，当时中国经济增长年均11%左右。按理说，国民党的威权体制确实也起到重新整合社会秩序，并推进中国现代化的效果。它在20世纪30年代的努力，也为之后的抗战奠定了最低限度的基础。

然而随后抗日战争爆发，中华民国的现代化程度毕竟太低，国民党脆弱的组织力、凝聚力、意识形态感召力，均无力承受战争大风浪的持续冲击，这个政权如同一只用竹条编织起来的脆弱的木筏，在风平浪静的条件下可以驶向港湾，然而在风浪中却只能日渐松弛。抗战后期，国民政府军队与政府官僚的腐败已经进入失控状态，而抗战的突然结束，使得在军事上已经精疲力竭的国民党政权，突然成为胜利者，它的"接收大员"在缺乏制度监督的情况下贪污成风，各级官员陷入了"爆炸性腐败"全面失控状态。

以上种种现象表明，国民党政权是一个缺乏强大整合力的弱势威权体制，作为一种组织力量，本来可以作为中国现代化的一种新选择，但却被严酷的中日战争拖垮了。国民党在与共产党的竞争中最终败北。

从大历史的视角来看，20世纪初期中国帝制文明崩溃以后，不幸又陷入了北洋军阀的碎片化时代。对于中国来说，如果要摆脱碎片化状态，就必须有一种强大的组织力量崛起，由它来实现对国家的重新统一与整合。

就中国这样一个国家的巨型后发展国家的体量来说，就这个国家陷入的碎片化分裂程度的严重性来说，这种组织力量必须是强大的，具有足够的感召力与内部凝聚力的。在当时的情况下，中共就是根据苏俄的列宁主义制度建构起来的，它具有系统的革命理论，能以其强大的精神力量吸引知识分子与劳苦大众参加革命，与内部山头林立的国民党威权政权相比，在这方面具有很大的优势。

红色苏区革命经过了种种艰难曲折，抗日战争爆发，中共终于迎来了峰回路转，获得急速发展的机会。当国民政府被战争拖垮的同时又日趋腐败，失去了民心，中国共产党利用自己的强大组织力与思想号召力，在国共内战中打败了国民党。在传统帝国文明崩溃近四十年后，再次建立了新的统一的共和国，并由红色革命者来实现民族发展的使命。由帝国文明崩溃造成的碎片化状态到此终结。

从文明史的角度看中国变革

改革开放四十年以来，中国从计划经济体制转变为政府主导下的市场经济模式，中国现代化进入了真正的起飞阶段。中国改革开放的意义就在于，宏观整合力与微观竞争力这两个因素，历史地有机结合起来了。

一方面，在政治层面上，由红色革命而形成的强有力的政府权威，它能起到稳定政治、整合资源，并运用政府权威来推进改革开放的作用。另一方面，市场经济焕发的竞争活力，与社会经济与文化的多元化过程，激活了社会内部的微观个体、地方与企业的竞争活力。社会成员、企业、社团共同体、各省、各县、各乡镇、各村与个体，从板块型的计划体制中离析了出来，它们在市场经济领域与社会生活领域中，成为相对自主、相对多元的利益主体。这就使一种小规模、多元性、自主性与流动性相结合而形成的竞争性机制,在中华大地上得以重新演化出来。这样的一种体制,我们也称之为"中国模式"。

当然,强大国家威权下的强政府,如何从历史上传承下来的人治向法制转变,也将是今后中国面临的大课题。随着社会现代化程度的提升,进一步适应这一过程的制度变革也将水到渠成地到来。这是时代的大趋势。

总　结

最后,让我们以"分"作为观察焦点,对中国文明从帝国时代到近代、现代与当代的蜕变演化过程,做一个宏观的概述。

大体上可以认为,中国大历史的基本趋势是,千百年的中国人的集体经验中,形成了一种"安分敬制"为核心价值的传统文明。这种文明的形成,与农耕社会的同质化结构有关,在古代也有过自己的辉煌,甚至在欧洲进入中世纪以后相当长的时间内,曾经以巨大的体量与规模效应,在前现代世界上独领风骚。然而,在遭遇西方近代文明挑战后,无可避免地陷入了挫折失败的命运。

这种失败与挫折的原因是,以"分"为核心的"安分敬制"的中国传统文明,这是一种由缺乏自主性与生命活力的原子个体结构的砖墙式的结构。相比之下,西欧文明具有小规模、多元性、竞争性、自主性、边界开放性、流动性,这些特点相结合,使如同细胞个体的社会成员具有创新与变异优势。正因为如此,近代西方文明更具有变异能力与创新意识，并且具有持续择优选择的机制。经历过中世纪的雌伏之后，这种文明结构在近代以来重新焕发其多元创新的优势。西欧中世纪后发展出资本主义就是这种文明生命力的体现。

在近代中国应对资本主义化的西方文明的挑战时，缺乏个体微观变异能力的清王朝无法成功应对西方挑战，而不可避免地走向崩溃。20世纪的中国人不得不在丧失传统文明提供的集体经验的条件下，在没有传统集体经验过滤与筛选机制的条件下，凭自己的理性能力、价值观念，来做出新的制度选择。而这种理性能力受到浪漫主义、主观激情以及每个时代特有的偏见等因素的干扰，所有这些都使20世纪的中国人在寻找适合于本民族的现代化道路上备受艰难与挫折。20世纪初期中国的碎片化正是这种挫折的体现。

直到20世纪中期，新中国成立，完成了从碎片化到新的大一统，在这一过程中，强大的红色革命组织与意识形态力量的结合，对于实现统一具有重大贡献。直到邓小平的改革开放时代来临，中国在走向市场经济的过程中，化解了计划经济体制与极左革命动员政治的冲突。

中国改革开放的意义就在于，在执政党的强大权威的推动下，培育、引导并激活了社会内部的微观个体、地方与企业的竞争机制，从而使小规模、多元性、自主性与流动性相结合而形成的竞争机制在中华大地上得以形成。

中国改革开放还有另一层重要意义，那就是常识理性的觉醒，中国人在市场经济与国际交流中，改变了20世纪初以来盛行的建构理性主义，转向经验主义，用务实的方式来寻找解决问题的办法，这也是四十多来年中国发展成功的关键因素。

四十多年的改革启动了中国开放性的制度创新过程。从结构角度看，计划经济下的行政组织命令系统，转变为推进改革的高效集权体制，板块状计划经济的条块结构转变为多元竞争结构，中国人的思维通过"实践是检验真理的唯一标准"的思想大解放，转向常识理性与尊重多元的理性。

可以说，市场经济培育了的常识理性、尊重多元、开放性制度创新这三大特点，是中国改革开放体制得以成功的关键。中国能否成功走向美好未来，也离不开这些条件。

我们要珍惜中国改革开放的伟大成果，要看到改革开放所具有的摆脱以"分"为组织原则的"砖墙结构"，激发社会成员微观活力的千年史意义。中国的成功，就是培育、激发亿万人的竞争力中活力与智慧上所取得的成功。

竞争中会产生新问题，市场竞争会产生贫富分化，会产生新的不公平，会形成脱序与失范，会引发各种综合征。改革进入深水区，中国的农村也在经济变迁的初期阶段，成为市场经济化导致的极化效应的不得已的牺牲者，这些问题比改革初期还会更为严重。从大历史角度看，中国四十年变革具有了千年文明史上的变革意义，但中国仍然处于漫长的新改革历史运动的初期阶段。

在这种情况下，进入改革深水区的当今中国社会里，会出现一种与上述历史大趋势相反的思潮，人们会产生对改革前的时代的浪漫怀旧心理，如同当年欧洲人向往中世纪的牧歌社会一样，对"文化大革命"及此前的计划体制产生诗情梦幻般的美化心理。甚至还会有人要重新以"安分敬制"的方式，以重新回归"分"的文化的方式，来克服发展中的矛盾。这些怀旧浪漫派与思想回潮，在未来中国的思想精神的历程中，仍然会以各种方式顽强地表现出来。

在人类历史上，旧的传统，往往会在时代重新复活，"死的抓住活的"的现象在历史上是不乏先例的。重新回顾文明冲突史，强调文明史上的这个重点，千万不要被浪漫的怀旧心态迷失了方向，在当下中国就有其重要意义。

马克思曾经说过，为了人类能够愉快地与自己的过去告别，埃斯库罗斯悲剧中的普罗米修斯，在真正死亡以前，还要喜剧性地假死一次。旧事物的真正死亡，也要经历一个漫长的历史过程，我们这个古老的民族，在历经劫难与艰辛以后，也将迎来更美好的未来。

传统文化可以给我们什么精神资源

作者按：儒家文化在近代遭受了挫折，20世纪初期，在中国的新一代知识分子中，为了救亡图存，出现了激进的全盘反传统主义思潮，这种思潮影响了好几代中国人。到了21世纪，一方面，中国人的文化自信心也开始随着现代化的进展而日益生长，另一方面，中国人又面对整个世界的现代性导致的世俗化、平庸化与人际疏离感的挑战。在这种情况下，传统的中国文化能为当代中国人提供什么精神资源？作为传统主流文化的儒家，能为我们的安身立命，提供什么有价值的遗产？

我在这篇与一位海外留学生的通信中，提出这样一个看法，那就是，儒家最关键的东西，是发掘人的内在的善的资源，并使之充满人的心身，以此形成一种人格力量，可以立足于世界，可以与恶势力抗争，可以使他由于具有内在资源而对困苦环境无所忧惧。我们中国确实没有欧美与中东民族那种国教，然而，如果我们把儒家体认为自己内心的宗教，也许就会获得一种基于数千年祖辈传承的精神资源，就可以是个真正充满生活意义感的强者。

我还指出，在儒家文化中，人的内在良知与天道是合一的，如果我们把人的内心的善，与世界的大爱事业融为一体，也许，这就是人生的天人合一的新境界。而天人合一观让人在社会责任感中获得个体生命的人生意义，是避免个体主义虚无化的人文心理结构。

萧老师您好：

我是一名普通的海外留学生。前日回国，在上海文庙偶然看见了您的《中国的大转型》这本书，十分感兴趣。在旅馆和飞机上急着看完了。您在您书中提到的相当多的东西，都和我自己的独立思考暗合。因此它引起了我相当大的共鸣，也没有觉得读起来有什么艰难。看您的书，我在飞机上想了好久。

作为一群个体，我和我的同学早年在国内受到的是较为精英模式的教育：我们的中学是一个以外语为特色，学习气氛宽松，功课压力小的学校。因此，我们当年在很小的时候，就进行了相当多的阅读，以及因此产生的相当多的思想上的交流。课业可以有优劣，思想上却无人甘于人后。我们可以说是国内体制下，比较少有的在学生时代就获得自由思想启蒙的一群人。

我们中有相当一部分现在在海外留学。而也就是这样早期趋向于"西化民主"的人,在海外度过几年生涯之后,绝大多数成为温和的"左派",以及更主要地,成为您所主张的国家实用型权威体制的拥护者。但是我们最终成为体制的拥护者。

我的一名现在在哈佛念经济的好友这样总结自己:"我是一个民族文化主义者,在我看来,无论是'文革'反传统还是全盘自由化,都是非民族文化的。"这可以算作是我们的代表声音,也可以算作是海外留学生新的代表声音。海外留学生生活日趋改善,语言功底也比以前好,对西方的认识更加客观,也更容易融入西方社会。极左、极右的声音仍然存在,但是大部分人,都是温和的保守主义或者社会民主主义者。

一方面,我们看到社会的缺陷,更重要的一方面,我们也看到当前体制所继承的国家资源,对社会进步所能造成的积极作用。当然,历史地来说,我们也从这样一个低政治参与度的体制下成长起来,对它的合理性有着自然而然的拥护。以上算是读书的一点点不成文的感受。

另外,我也有一点个人的不成熟的见解,提出来,望先生指教。

还是以我同学为例。我的同学自称是民族文化主义者;而我却自称民族文化悲观主义者。您在书中提到了"安分守制"的"分"是中国文化的一种主流。在学习物理科学的我看来,中国文化还有另外一个特点始终贯穿中国文化。我无法表达这个特点。"中庸""灵活多变""经验主义""人治""东方神秘文化"……好的坏的,好像都是这种文化传统的体现。这种文化的形成,我个人以为,是因为农业立国时期,物资相对丰富,导致缺乏足够的竞争而形成的。总而言之,中国的文化当中,缺少西方的严谨、逐渐成形的周详、社会契约、科学的研究问题的方法和心态这样一些东西。

更进一步说,这种缺乏严谨的文化,至少在当前,是不适应"生产力发展"的。所以,我们要引进契约,引进制度,引进科学。但是当我们把这些东西都引进之后,中国的文化传统却就丢失了。

换句话说,作为一个文化悲观主义者,我以为,现代化本身,就是一种必然的传统文化丢失的过程。我们越先进,越努力地活得更好,在活得更好这条路上的成功越大,我们的儒家文化就丢失得越多,最终为类似于科学主义的东西所取代。例如法治本身,就是与我们的文化有着根本冲突的西方文化的一个核心价值。引用您和另一位学者辩论中"牛和羊"的比喻,我们没有把牛猛地一下子变成马,但是我们慢慢地,最终还是把牛变成马了,然后活得很好。它必然还是一只留有原来牛的痕迹的马,但是核心价值已经丢失了。

这就是我的"文化悲观主义"的看法。它和"如何让我们活得更好"没有关系,而是,要活得更好,最后文化会被潜移默化地改变掉,正如印第安人的实例:他们被自己所希望获得的西方技术文明所征服了。

我本人是纯粹的理科学生。上大学之后对时政的关注就几乎是零了。直到最近局势动荡,才让我对这些东西重新关注。以前看的书，不光大部分忘记了，当时产生的思想，多半也是不成熟的。所以，仅以此，向萧老师您请教。

此致

敬礼！

一名读者小胡

小胡：你好！

收到你发给我的信，不知道你的名字，只能这样称呼你了，你的信很有意思，你说，"'中庸''忠恕''修身齐家''东方神秘文化'……不论好坏，都是我们传统文化的体现。然而，中国的文化当中，缺少西方文化中严谨的逻辑、社会契约、科学理性的研究方法这样一些东西。所以，我们要引进西方的契约精神，引进制度，引进科学理性"。你的结论是，"现代化本身，就是一种必然的传统文化丢失过程。我们越先进，越努力地活得更好，在活得更好这条路上的成功越大，我们的儒家文化就丢失得越大，最终为类似于科学主义的东西所取代"。你还说，你是一个文化民族主义者，但又不得不是一个文化悲观主义者。

你在信中提出一个很有价值的问题，那就是文化民族主义者的两难。一方面，用你的话来说，你作为一个从小在国内受英语精英教育的中国学生，你们已经汇入了西方社会生活的主流，成为西方文明与科学主义、理性主义与科学技术的直接得益者；另一方面，你作为一个中国人，内心深处又有强烈的民族主义心结与寻根的文化心理需求，这样，你们就比国内的人们有一种更深刻的内心冲突。这是因为，民族主义就其本质而言，应该以本民族的文化信仰为归依的。然而，正如你信中表达的，被视为自己民族根性的祖宗文化，在逻辑上与理性上，又被判识为不得不走向消亡的东西。由于你长期生活在海外，时时受西方文化的冲击，老一代留学生所说的那种"花果飘零"之感，也许就体会得格外深切，当你说你是文化悲观主义者时，这里面一定包含着无奈、失落与无根的淡淡伤感。

其实，这个问题可以说是我们处于现代化时代的国人共同面临的文化矛盾：世界的未来是否只有这种被西方一统化的命运？如果不是这样，那么作为中国人的文化的根的基础是什么？我们可以在保持现代性的同时，又可以从传统文化中获得精神资源来滋育自己吗？传统文化似乎已经与现代生活完全脱离了关系，它有可能成为我们安身立命的基础，或至少成为其中的一部分吗？

你提出的中国人中的这种文化两难矛盾，也是当下以及未来数十年甚至更长时间内我们国人将挥之不去的大问题。有一位研究生在读了你的信以后，回信中提出一个观点很有参考价值，即传统文化不一定要以整体的方式被我们接受，这样是不是一个解决矛盾的方向？

以下，我从三方面谈谈我所理解的儒家的现代意义。

首先，是儒家以仁为本位道德自主性。我个人认为，两千多年来的儒家思想，是可以分层次的，有作为官方化的纲常礼教意识形态的一面,也还有更深层的、以"求仁得仁"为核心的、作为知识分子安身立命的人生哲学的一面,这种以仁为本体的儒家人生哲学,仍然对我们有重要价值与吸引力。儒家思想中的"贵在自得""为仁由己""己欲仁,斯仁至矣",其中强调的道德自主性与通过个人修养,来摆脱动物性,以及拒绝媚俗的人生哲学,均能对现代人有所启示。

所谓的"仁",就是一种内在的良知良德,获得这种仁的人,能在困难环境中,有一种内在的、近乎宗教的精神资源,乐在其中。20世纪30年代的文化学家缪凤林在他的《中国通史要略》中说过一段话,给我印象很深:

> 儒家重修身成己,充满心身之本能,一切觉民之方,乃从中自然发露于外,其遇虽穷,其心自乐,人间名利,视之漠然,服其教者,往往力争人格,孔子以为人生最大之义务在努力增进其人格,而不在外来之富贵利禄,即使人莫我知,境遇极穷,而我胸中浩然,自有坦荡之乐,儒教真义,惟此而已。

在我看来,儒家人生哲学中最关键的东西,是发掘人的内在的善的资源,并使之充满人的心身,从而形成一种人格力量,它可使人立足于世界。有了这种精神资源,就可以与恶势力抗争,使他对恶劣的环境也无所忧惧。他就可以始终如宗教信仰者一样,有丰富充沛的精神资源充满其心身,我们中国确实没有欧美与中东民族那种国教，然而，如果我们把儒家看作自己内心的宗教，也许就会获得一种基于数千年祖辈传统精神资源。孔子说，"岁寒，然后知松柏之后凋""三军可夺帅也，匹夫不可夺志也"。其实强调的是，只要一个人有了内在的精神资源，他就可以是个真正的强者。

儒家强调"贵在自得"，这句话典出于宋儒张栻，梁启超曾经把做学问时的超功利态度称之为"为而不有"。大意就是只问耕耘，不问收获，因为我们在耕耘中已经获得精神之乐，孔子说"知之者不如好之者，好之者不如乐之者"，可见中国传统文化中有一种超功利的价值观，这样一种以知识审美为追求的人生态度。

其次，天人合一的文化心理结构，提供了人生的责任伦理与价值感。长期以来学术界与思想界。对儒家"天人合一"的观念，往往有一种比较狭窄的、片面的理解。人们总以为"天人合一"仅仅涉及的是人和自然的关系，认为是人要敬畏自然，与自然和谐。这就是天人合一。其实儒家的"天人合一"的内涵，远比这样的解释要广泛得多，深刻得多。

天人合一，实际上指的是一种主体与外在的天道之间的"二元同一"结构。"天"就是外在于个人的天道，是为一元，"人"就是作为主体的个人，是为另一元。这种二元，在中国人的宇宙观里，则又是具有同一性的。在古代中国人看来，天道与人性并不是彼此隔绝、无从贯通的，外在的天道，以"性"即良知的形式，潜存于每个人心中。人性中的良知，是天道的一种表现形态,朱熹说,"理在人心,是谓之性,性就是许多道理,得之于天而具于心者"。这是对"天人合一"最通俗而又清晰的解释。

儒家认为,每个人潜含的良知,不会自动地发挥作用,主体必须通过修身养性的方式,通过"尽性"的方式,来体承天道,只有这样,才能把潜含的良知与善发挥出来,再经过躬行实践去践仁,这样就可以与天道相通。达到天人合一的完美境界。内在的仁,与外在的天道相通。每个人也就在躬行实践的过程中,获得了有限个人生命的充实的意义。孔子说,"己欲仁,斯仁至矣","以仁为己任,不亦君子乎?"指的就是这种充沛的精神内在力量。

根据这种"天人合一"观念的二元同一结构,有限主体和外部世界之间,存在着彼此渗透的结构关系,这是中国文化最本质的东西。

而这一思想内核的意义何在呢?个体生命是有限的,个人在宇宙空间中是渺小的,这种有限性和渺小感,会让人产生自卑感。然而,根据天人合一的观念,人性中潜含着让个人超越有限性与超越动物性的、使人变得伟大崇高的内在因素。这样就可以充分调动人作为主体的意志能力,通过调动主体的内在资源,达到"天人合一"的境界,按照元代理学家虞集的说法,个人就可以与"天地同其大,日月同其明,江河同其行,眇然之身与天地参立"。这样就摆脱了我们个体有限性产生的缥缈感和自卑感。

儒家思想的现代意义在哪里?西方文明的个体本位的自由主义,在调动个体的竞争活力方面,虽然也有其积极作用,西方文明确实有着许多值得我们欣赏与学习的东西，但是另一方面，西方文明中的个体主义没有更深的根基，缺乏与天道之间的贯通，往往会导致生命的虚无主义。

在我看来，一个没有自我以外的立足点的人生观，一个把自我无限放大的人生哲学，就会陷入游谈无根，一旦异化，就很难避免福柯式的虚无感与无根感。这是西方文明进入后现代主义时代的普遍困境。当然西方传统也是非常复杂的，他们也总是不断在古希腊的形而上学与希伯来的上帝敬拜中，寻求对虚无主义的超越。中国的"天人合一"观所建构的心理意志结构，使我们能够在追随天道的过程中，获得人生的意义。

那么，这种天道是什么？不同时代有不同的理解，在我看来，在新的时代，天人合一的心理结构中，天道就是社会责任，是个人对生活于其中的这个世界的责任，是对人类种群的责任。

正是在这个意义上来说，把天人合一的观念，创造性地运用于我们的生活实践，它可以充分调动主体的意志力，起到对个体主义纠偏的作用，可以起到抑制现代性所产生的平庸化、动物化、低俗化与个体虚无化的作用，这正是中国传统文化通过创造性转化，从而具有现代性的所在。

作为中国传统文化的主流的儒家思想，是非常强调主观意志能力的，儒家思想其最核心的东西，就是通过自我体认的社会责任，形成一种精神力量，来充满人的心身。而这种主体意志能力又与天道相通，从而具有厚重的精神资源与社会基石。"三军可夺帅也，匹夫不可夺志也"，"岁寒而知松柏之后凋"，胸中浩然，自有坦荡之乐。

我认为，在当代与未来，对人的这种内在资源的肯定，对自我体认的社会责任的肯定，在实践社会责任与人类福祉过程中，完善个体生命，以抑制个体主义的虚无与异化，这种思想可以说是儒家文化对世界文化最重要的贡献。

让我们回到你提出的问题上来，在我看来，正因为如此，中国也许可以在全球化过程中仍然保持着文化的自我而同时享有现代化的价值。中国之所以完全不必担心被迫或自愿地全部西化，还因为中国实在太大了，十四亿人的国家至今还是统一的，很难想象这样一个文明大国，具有如此的规模效应，会被另一种文化完全同化。其实，严复在一百年前，就用一句很精辟的话概括了中国文化与西方现代性之间结合的必要性。他说"非新无以为进，非旧无以为守"，"且守且进，此其国之所以骏发而又治安也"。这里的"守"，就用得再精妙不过了。他还说："统新故而视其通，苞中外而计其全。"他认为，只有这样的阔视远想，才能使中国进入富强之境。

你们比我们这一代人要顺利得多，少年时代就有了出国深造的机会，我要引用我自己写的一篇文章中的一段感言来与你分享：

> 在这个世界上，别人可以夺去你的一切，只有一件东西别人无法剥夺，那就是你对知识的热爱，对世界的由衷的好奇心。以及为这个生活世界增加自己一分力量的愿望，在这

个世界上，你可以拥有一切，但如果你失去了一件东西，那你就变得精神上一无所有，那就是生活中的一颗赤子之心。

或许，其中也有着一种儒家所说的坦荡之乐在鼓舞着我。

而这些精神资源，在我们先哲的思想与价值中是相当丰富的。这些话也许有点高调，但也是出于我内心。做学问的人与真正的艺术家很相似，据说，古希腊的画家在大街的地上作画，虽然一场大雨会使他们的作品化为乌有，但他们仍然乐此不疲。支撑他们的就是这种"贵在自得"的精神。看来中国文化与西方文明中的超越性因子也是彼此相通的。

很高兴能与你交流，有空时可来信谈谈国外新一代留学生与白领的民族主义与20世纪80年代的留学生相比有什么变化。祝你一切顺利。

萧功秦

光启随笔书目

（按出版时间排序）

《学术的重和轻》　　　　　　　　李剑鸣 著
《社会的恶与善》　　　　　　　　彭小瑜 著
《一只革命的手》　　　　　　　　孙周兴 著
《徜徉在史学与文学之间》　　　　张广智 著
《藤影荷声好读书》　　　　　　　彭　刚 著
《生命是一种充满强度的运动》　　汪民安 著
《凌波微语》　　　　　　　　　　陈建华 著
《希腊与罗马——过去与现在》　　晏绍祥 著
《面目可憎——赵世瑜学术评论选》　赵世瑜 著
《中国的近代：大国的历史转身》　罗志田 著
《随缘求索录》　　　　　　　　　张绪山 著
《诗性之笔与理性之文》　　　　　詹　丹 著
《文学的异与同》　　　　　　　　张　治 著
《难问西东集》　　　　　　　　　徐国琦 著
《西神的黄昏》　　　　　　　　　江晓原 著
《思随心动》　　　　　　　　　　严耀中 著
《浮生·建筑》　　　　　　　　　阮　昕 著
《观念的视界》　　　　　　　　　李宏图 著

光启随笔书目

《有思想的历史》　　　　　　　　　　王立新 著
《沙发考古随笔》　　　　　　　　　　陈　淳 著
《抵达晚清》　　　　　　　　　　　　夏晓虹 著
《文思与品鉴：外国文学笔札》　　　　虞建华 著
《立雪散记》　　　　　　　　　　　　虞云国 著
《留下集》　　　　　　　　　　　　　韩水法 著
《踏墟寻城》　　　　　　　　　　　　许　宏 著
《从东南到西南——人文区位学随笔》　王铭铭 著
《考古寻路》　　　　　　　　　　　　霍　巍 著
《玄思窗外风景》　　　　　　　　　　丁　帆 著
《法海拾贝》　　　　　　　　　　　　季卫东 著
《走出天下秩序：近代中国变革的思想视角》　萧功秦 著
《游走在边际》　　　　　　　　　　　孙　歌 著
《古代世界的迷踪》　　　　　　　　　黄　洋 著
《稽古与随时》　　　　　　　　　　　瞿林东 著
《历史的延续与变迁》　　　　　　　　向　荣 著
《将军不敢骑白马》　　　　　　　　　卜　键 著
《依稀前尘事》　　　　　　　　　　　陈思和 著
《秋津岛闲话》　　　　　　　　　　　李长声 著